COACHING GUIDE

금융인을 위한 코칭 가이드

| 저자 **최철순** |

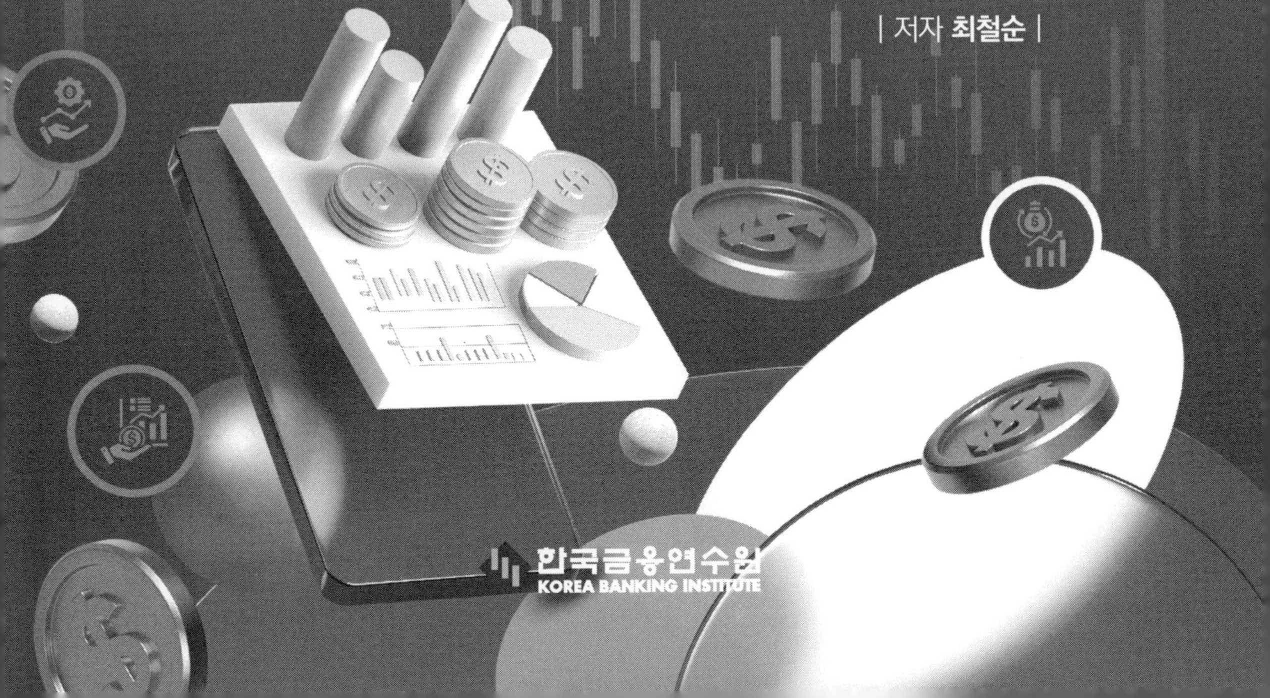

한국금융연수원
KOREA BANKING INSTITUTE

발간사

급변하는 금융 환경 속에서 금융 리더의 역할은 더욱 중요해지고 있습니다. 고객의 다양한 요구에 민감하게 반응하고, 급속히 변화하는 디지털 시대의 흐름을 이해하며, 조직 내에서 신뢰와 협업을 바탕으로 리더십을 발휘해야 하는 오늘날, 리더에게는 단순한 금융 지식 이상의 역량이 요구되고 있습니다.

이에 우리 원은 금융인의 성장과 역량 강화의 일환으로, 『금융인을 위한 코칭 가이드』를 발간하였습니다. 본 도서는 금융 분야 임직원들이 조직 내에서 리더로서, 또는 후배를 양성하는 멘토로서 효과적인 커뮤니케이션과 코칭 기술을 익히는데 실질적인 도움을 줄 수 있도록 구성되어 있습니다. 특히 실제 금융 현장에서 쉽게 적용할 수 있는 사례와 실전 체크리스트를 담아, 코칭을 처음 접하는 분들부터 이미 실무에서 활용 중인 관리자분들까지 폭넓게 활용하실 수 있도록 하였습니다.

본 도서가 금융인들이 코칭을 통해 자신의 잠재력과 리더십 역량을 최대한 발휘할 수 있게 함으로써, 개인의 성장과 만족도를 높이고 조직의 성공과 발전을 촉진하는데 실질적인 변화를 끌어내는 소중한 지침서가 되기를 바랍니다.

끝으로 본 도서가 나오기까지 많은 노력을 기울여주신 저자와 관계자 여러분께 깊이 감사드리며, 금융인은 물론 리더십에 관심이 있는 일반인들도 코칭과 리더십 역량을 향상하는데 큰 도움이 되기를 바랍니다.

2025년 8월

한국금융연수원 원장 **이 준 수**

추천사

같은 돌인데, 어떤 이는 이 돌을 걸림돌이라고 여기지만, 또 다른 이는 디딤돌로 생각합니다. 걸림돌과 디딤돌은 결국 생각의 차이일 뿐입니다. 옳고 그름을 떠나 나와 다른 다양한 시선들은 존중되어야 하며, 그러기 위해서 우리는 구성원들과 소통합니다. 이를 구성원의 성장 관점에서 보면 코칭과 피드백이 반드시 필요한 이유입니다.

누구나 조직 구성원으로서 성장하고픈 목표를 가지고 있습니다. 일에서 의미와 목적을 찾고, 일로써 성장하고 하는 분들은 당연히 조직에서의 리더를 꿈꾸어야 합니다. 제가 생각하는 리더의 가장 중요한 덕목은 바로 “솔선수범은 기본, 구성원의 성장에 기여하는 사람”입니다. “솔선수범”은 리더의 행동 양식을 말하는 것이고, “구성원의 성장에 기여”하는 것은 리더가 가져야 할 핵심 역량이라 생각합니다. “구성원의 성장에 기여”하기 위해 고민하는 미래의 리더들에게 이 책은 훌륭한 길잡이 역할을 해주리라 기대합니다.

코칭에 대한 이해와 이유에 대해서 살펴보고, 금융인을 위한 코칭 방법과 전략, 그리고 도구들에 대해서 저자가 현장에서 쌓아올린 경험과 혜안을 바탕으로 잘 정리되어 있습니다. 많은 금융인들에게 일독을 권해드리며 자신 있게 추천합니다.

끝으로 잘할 수 있는 것과 하고 싶은 것 사이에서 치열하게 고민해보세요! 자신이 가장 잘할 수 있는 것을 찾아내시고, 시야를 좁혀서 집중해보세요! 그리고 동료들의 성장에 기여해보세요! 여러분들은 어느새 리더가 되어 있을 것입니다.

KB국민은행 직원만족본부장 **공 영 환**

추천사

'답변하기'보다 '질문하기'가 중요한 시대다. 과거 선진국을 쫓아만 갔던 시대에는 정답은 정해져 있었다. 암기하고, 계산하는 능력을 요구했던 시대다. 이제 없던 길을 찾아가야 한다. 정답이 정해져 있지 않다. 어디로 가야 할지 질문을 던지고, 왜 그래야만 하는지 의문을 품어야 하며, 이 길이 맞는지 문제를 제기할 수 있어야 한다. 이러한 전환점에서 조직의 성과는 구성원이 주도적으로 사고하고 성장할 수 있는 기반에서 비롯된다. 바로 그 중심에 '코칭'이 있다.

『금융인을 위한 코칭 가이드』는 금융산업의 특수성과 조직문화를 깊이 이해한 저자가 금융 현장에 꼭 맞는 코칭의 이론과 실천을 정교하게 녹여낸 책이다. 특히 '대화의 기술'을 넘어 '관계의 기술'로 확장되는 코칭의 의미를 금융 리더와 실무자들이 체감할 수 있도록 풀어낸 점에서 인상 깊다.

금융산업은 이제 데이터를 다루는 스킬뿐 아니라, 사람을 이해하고 변화시킬 수 있는 리더십 역량 또한 매우 중요하다. 이 책은 그 역량의 근육을 키우고자 하는 모든 금융인에게 나침반이 되어줄 것이다.

목표를 제시하고 지시하는 리더에서, 방향을 함께 찾고 동행하는 리더로 변화하고 싶은 분들에게 이 책은 든든한 길잡이가 되어줄 것이다. 이 책이 독자들에게 더 나은 질문을 던질 수 있는 용기와 역량을 길러주길 기대한다.

한국경제산업연구원 경제연구실장, 한양대학교 겸임교수 **김 광 석**

추천사

『금융인을 위한 코칭 가이드』를 처음 접하고 든 생각은 "금융 리더들이 그토록 원했던 바로 그 책"이라는 것이었습니다. 이 책은 금융이라는 특수한 맥락에서 코칭이 왜 필요하며 어떻게 실행돼야 하는지 생생하고도 명료하게 풀어냈습니다. 이 책의 세 가지 탁월한 장점을 주목해보고자 합니다.

첫째, 이 책은 금융기관에서 일어나는 코칭을 철저하게 '현실의 언어'로 옮겨 놓았습니다. 현장에서 자주 발생하는 9가지 주요 상황을 엄선하고, 실제 축어록을 가감없이 제시하고 있습니다. 연간 목표 설정, 신입 직원 성장 관리, 성과 면담에 이르기까지, 금융 리더가 일상에서 자주 마주하는 이슈들을 담았습니다. 덕분에 독자는 마치 옆자리에서 실제 코칭 대화를 지켜보는 듯 생생하게 배우고, 바로 현장에서 시도해볼 수 있는 자신감을 얻을 수 있습니다.

둘째, 이 책은 기존의 유명한 코칭 모델에 그치지 않고 금융산업의 특성을 반영한 저자 고유의 프레임워크를 개발하여 제시했습니다. 바로 FLOWER 모델입니다. 기존의 GROW 모델이 목표지향적이고 논리적인 흐름을 강조한다면, FLOWER 모델은 정서적 신뢰, 협력과 개방성 같은 '관계 중심적' 요소를 적극적으로 보완하여 금융 조직의 특수성을 반영한 탁월한 모델입니다.

셋째, 책의 전반에 걸쳐 꼼꼼히 마련된 현장 적용 템플릿은 독자에게 주어지는 가장 큰 선물입니다. 이론이나 개념만 소개한 채 독자를 방치하는 것이 아니라, 실제 금융 업무 현장에서 바로 출력해서 활용할 수 있는 코칭 계획표, 경청 체크리스트, 피드백 양식, 그리고 ERRC 성찰 템플릿 등을 담았습니다. 금융 리더들이 '읽는 책'에서 한 발 더 나아가 '쓰고 바로 적용하는 책'으로 만들겠다는 저자의 세심한 노력이 돋보이는 부분입니다.

금융권 리더라면 누구나 구성원과 소통에 고민과 갈증이 있을 것입니다. 『금융인을 위한 코칭 가이드』는 질문과 소통으로 성과를 끌어올리고 조직의 문화를 근본적으로 개선하는 길까지 열어줍니다. 페이지를 넘기는 순간, 당신은 이미 금융 조직에서 꼭 필요한 '질문하는 리더', '직원을 성장시키는 리더'로 한 걸음 나아가 있을 것입니다.

국민대학교 경영대학원 리더십과코칭MBA 교수 **김 성 준**

추천사

전문 코치로서, 저는 코칭이 조직과 개인 모두에게 얼마나 깊은 변화를 만들어낼 수 있는지 수없이 경험해왔습니다. 『금융인을 위한 코칭 가이드』는 코칭을 통해 신뢰 기반의 조직을 만드는 방법, 팀원 개개인의 동기를 이끌어내는 질문법, 그리고 성과를 높이는 실행계획 수립 방법까지 상세히 설명하고 있습니다. 이 책은 단순한 정보 전달을 넘어, 독자가 '지금 당장 실천할 수 있는 코칭'을 가능케 합니다. 금융 현장에서의 사례를 통해 쉽게 이해할 수 있고, 실습을 통해 바로 적용해볼 수 있습니다. 이 책과 함께라면 누구든 '코칭'의 영역에 쉽게 다가갈 수 있을 것입니다.

변화는 한 사람의 코칭 대화에서 시작됩니다. 이 책을 통해 그 변화의 첫걸음을 내딛으시길 바랍니다.

전문코치 (ICF 인증코치 MCC) **석 진 오**

『금융인을 위한 코칭 가이드』는 급변하는 세상 속에서 경제의 중추적 역할을 담당하는 금융권 리더들에게 특히 중요한 지침서가 될 것입니다. 어느 누구도 예측이 어려워진 거대한 변화의 물결 속에서 질문과 경청을 핵심으로 하는 코칭 접근법은 그 중요성이 더욱 부각되고 있으며, 본 가이드에서는 금융 현장에서의 실질적인 경험을 바탕으로 특히 금융인 독자들에게 필요한 코칭의 본질과 실행을 이해시키기 위해 노력을 기울인 흔적을 찾아볼 수 있습니다. 2005년부터 시작된 인연으로 오랜 시간 함께 조직 생활을 해온 최철순 코치님은 관계를 중시하는 분이며, 이 책에서 강조하는 FLOWER 코칭 모델에도 이러한 그의 철학이 잘 반영되어 있다고 생각합니다. 이 책을 통해 독자 모두가 FLOWER처럼 활짝 피어나며, 금융권 내 리더십 강화와 조직 발전에 크게 기여하시길 진심으로 기원합니다.

한국스탠다드차타드은행 인사그룹장 **이 형 미**

들어가면서 - 금융 리더, 질문으로 길을 밝히다

이 책을 펼쳐주신 금융업계의 리더 여러분, 그리고 미래의 리더가 되실 여러분께 인사드립니다. 우리는 지금 누구도 경험해보지 못한 VUCA 시대 한가운데에 서 있습니다. 들어보셨지요? 변동성(Volatility), 불확실성(Uncertainty), 복잡성(Complexity), 모호성(Ambiguity). 이 네 단어가 지금 우리가 마주한 현실을 가장 잘 설명합니다.

아침에 확인한 주가가 퇴근길에 폭락해 있고, 어제까지 통하던 전략이 오늘은 전혀 힘을 쓰지 못합니다. 금융 시장은 하루가 다르게 요동치고, 규제는 예고 없이 바뀌고, 고객의 기대는 눈 깜짝할 사이에 높아집니다.

이런 환경에서 우리는 묻지 않을 수 없습니다.

"나는 과연 이 변화 속에서 살아남을 수 있을까?"
"내가 이끄는 팀은 이 험난한 길을 잘 헤쳐 나갈 수 있을까?"
"그리고 나는 진정… 성장하고 있는가?"

여러분도 이런 고민 해보신 적 있으시지요? 저 역시 그렇습니다. 금융인으로 살아가면서, 또 리더로서 팀의 구성원들을 이끌면서 수없이 저 자신에게 던져왔던 질문들입니다.

그리고 그 과정에서 저는 한 가지 중요한 사실을 깨달았습니다.

결국 사람입니다!

시장이 변해도, 기술이 발전해도, 우리가 함께 일하는 것은 결국 사람입니다. 고객도 사람이고, 동료도 사람이고, 내가 이끄는 팀 구성원들 역시 사람입니다. 그래서 저는 확신합니다. VUCA 시대를 돌파해 나갈 힘, 이 변화를 기회로 바꿀 수 있는 힘은 결국 사람과 사람 사이에서 만들어진다는 것을요.

* VUCA의 개념은 미국 육군전쟁대학(U.S. Army War College)에서 1990년대 초 처음 사용

그렇다면 우리가 사람들과 더 잘 소통하고, 함께 성장하기 위해 가장 필요한 것은 무엇일까요? 바로 '코칭'입니다. 리더십 하면 어떤 모습이 떠오르시나요? 지시하고, 결정하고, 이끄는 강한 모습이 떠오르시나요? 물론 그런 힘도 중요합니다. 하지만 VUCA 시대의 리더는 조금 달라야 합니다.

한 사람 한 사람의 잠재력을 끌어내고, 함께 고민하며 길을 찾고, 결국 스스로 성장하도록 돕는 사람이어야 합니다.

저는 그 힘이 아래 다섯 가지 역량에서 나온다고 믿습니다.

- 리더십(Leadership): 모호한 상황에서도 사람들에게 방향을 제시하는 용기
- 불확실성의 수용(Uncertainty Tolerance): 답이 보이지 않을 때도 흔들리지 않고 중심을 잡는 힘
- 문제 해결 능력(Problem-Solving): 꼬이고 앞이 보이지 않는 복잡한 상황 속에서도 길을 찾아내는 사고력
- 변화에 대한 열린 자세(Adaptability): 변화에 빠르게 적응하고 유연하게 방향을 전환하는 힘
- 지속적인 학습과 성장(Lifelong Learning): 변화 속에서도 배움을 멈추지 않는 자세

이 다섯 가지야말로 VUCA 시대를 이겨낼 금융 리더의 핵심 역량입니다. 그리고 그 중심에는 바로 '코칭'이 있습니다.

그런데 여러분, 이런 힘들이 저절로 생길까요? 책상 앞에서 혼자 다짐한다고 생기지 않습니다. 사람 사이에서 만들어집니다. 질문하고, 경청하고, 함께 답을 찾아가는 과정에서 우리는 조금씩 성장합니다. 그리고 그 과정의 핵심에 바로 '코칭'이 있습니다.

들어가면서 - 금융 리더, 질문으로 길을 밝히다

코칭은 가르치는 게 아닙니다. 정답을 주는 것도 아닙니다. 상대가 스스로 답을 찾게 돕고 지원하는 것, 그 사람이 성장하도록 묻고 기다려주는 것입니다.

팀 구성원이 힘들어할 때, 길을 잃고 방황할 때, 성과가 나오지 않아 좌절할 때, 리더가 던지는 단 한마디의 질문이 그 사람을 다시 일으켜 세울 수 있습니다.

"지금 가장 고민되는 게 뭔가요?", "어떻게 하면 좋을 것 같다고 생각하나요? 우리 같이 다시 한 번 도전해볼까요?" 이러한 질문들이 사람을 성장시키고, 팀을 변화시키고, 결국 우리 금융 리더 자신의 리더십까지 키우는 힘이 됩니다. 이 책은 바로 그 '코칭'을 여러분과 함께 배우고 익히고자 씌어졌습니다. 코칭이 무엇인지, 어떻게 질문해야 하는지, 업무 현장에서 어떤 대화를 하면 좋은지, 금융인의 현실에 맞게 차근차근 풀어나갈 것입니다.

이 책을 통해 여러분이 스스로 성장하고, 팀 구성원을 성장시키는 21세기의 바람직한 리더가 되시기를 바랍니다. 그리고 저는 믿습니다. 여러분의 리더십이 한 사람의 인생을 바꾸고, 팀의 문화를 바꾸고, 결국 금융의 미래까지 바꿀 수 있다는 것!

VUCA 시대에 변화는 두렵습니다. 하지만 진짜 리더는 그 두려움을 뚫고 사람들과 함께 앞으로 나아가는 사람입니다.

이 책이 여러분의 코칭의 첫걸음이 되기를 진심으로 바랍니다. 그리고 이 책이 세상의 빛을 보기까지 변함없는 지원과 진심 어린 도움을 아끼지 않으신 SC제일은행 인재개발부의 김남희님, 박경아님, 조태연님, 홍신영님께 깊은 감사의 마음을 전합니다. 여러분의 헌신과 노력 없이는 이 여정을 완성할 수 없었습니다.

2025년 봄을 맞이하는 길목에서 **최 철 순**

책의 목적

급변하는 금융 환경 속에서 조직이 지속 가능한 성장을 이루기 위해서는 새로운 리더십 역량이 필요하다. 특히 신뢰와 협력을 바탕으로 한 조직 문화를 조성하는 것은 리더(관리자)의 핵심 역할이며, 이를 효과적으로 실천하는 데 있어 '코칭'이 중요한 도구이다.

이 책은 금융업계 리더를 위한 실용적인 코칭 가이드이다. 코칭을 통해 조직 구성원의 잠재력을 최대한 이끌어내고, 성장을 지원하며, 조직이 원하는 성과를 달성할 수 있도록 지원하는 것이 목적이다.

코칭은 단순한 지시나 통제가 아닌, 구성원의 자율성과 문제 해결 능력을 키우는 과정이다. 경청, 질문, 인정과 칭찬, 피드백 등 핵심 코칭 스킬을 익히고 이를 실무에 적용함으로써, 리더는 보다 효과적인 소통과 동기부여를 실현할 수 있다. 또한 구성원 개개인의 성장을 도모함으로써 조직 전체의 경쟁력을 높이는 데 기여할 수 있다.

이 책에서는 금융업계 리더가 코칭을 실무에서 어떻게 활용할 수 있는지를 이론과 더불어 다양한 사례와 함께 제시한다. 이를 통해 코칭을 단순한 이론적 개념이 아니라, 코칭을 조직 내에서 실제로 적용하고 효과를 최대화할 수 있는 실질적인 방법으로 이해할 수 있도록 구성하였다.

변화와 도전이 끊임없이 요구되는 금융업계에서, 코칭을 활용한 리더십은 구성원의 성장을 이끄는 동시에 조직의 장기적인 성과를 견인하는 리더십의 핵심이다. 이 책이 금융업계 리더들에게 보다 효과적이고 탁월한 리더십을 발휘하는 데 있어 유용한 길잡이가 되기를 바란다.

주요 독자층

이 책의 주된 독자는 다음과 같다.

금융업계의 리더(관리자): 직원의 몰입도(Engagement)를 높이고 조직 성과를 향상시키기 위해 코칭을 실무에 적용하고자 하는 리더들을 위한 책이다. 이를 통해 리더는 직원들의 잠재력을 최대한 이끌어내고, 코칭을 활용해 조직 목표를 효과적으로 달성할 수 있다.

금융업계의 미래 리더: 리더십 역량을 강화하고 조직 내에서 긍정적인 영향력을 발휘하고자 하는 차세대 리더들에게 유용하다. 이 책은 그들이 성장하는 과정에서 필요한 코칭 스킬을 익히고 실전에 적용할 수 있도록 가이드를 제공한다.

코칭에 관심 있는 금융업계 종사자: 코칭의 기본 개념과 핵심 스킬을 배우고, 실무에 활용하고 싶은 금융업계 종사자들에게 적합하다. 이 책은 코칭을 쉽게 이해하고 실전에서 효과적으로 활용할 수 있도록 구성된 실무 지침서이다.

이 책이 금융업계에 종사하는 분들에게 실질적인 도움을 제시하고, 더 나아가 개인과 조직이 함께 성장하는 디딤돌이 되기를 기대한다.

CONTENTS

제1장 [Why] 금융 코칭의 모든 것: 코칭의 기본 이해와 코칭이 필요한 이유

CONTENTS

제3장 [So what?] 금융 분야별 맞춤형 코칭 전략: 현장에서 바로 쓰는 금융 코칭 사례집

CONTENTS

당신이 배를 만들고 싶다면,
사람들에게 목재를 가져오게 하고
일을 지시하고 일감을 나눠주는 일을 하지 말라.
대신 그들에게 저 넓고 끝없는 바다에 대한 동경심을 키워줘라.

앙투안 드 생텍쥐페리(Antoine de Saint-Exupéry)

『어린 왕자』 저자

제 1 장

[Why] 금융 코칭의 모든 것: 코칭의 기본 이해와 코칭이 필요한 이유

학습 목표

제1장의 학습 목표는 다음과 같다.

- 코칭의 기본 개념과 본질을 이해하고, 개인과 조직 성장에 미치는 영향을 설명할 수 있다.
- 코칭이 리더십 개발과 심리적 안전감 형성에 어떻게 기여하는지 이해하고, 이를 실무에 활용할 수 있다.
- 금융업계가 직면한 주요 도전 과제와 블랙스완 효과(Black Swan Effect)의 개념을 이해하고, 변화하는 환경 속에서 코칭이 필요한 이유를 논리적으로 설명할 수 있다.
- 효과적인 리더십을 발휘하기 위한 코칭 스킬을 습득하고, 이를 활용하여 구성원의 잠재력을 극대화하고, 목표 달성을 지원할 수 있다.
- 다양한 코칭 유형과 컨설팅, 카운슬링, 멘토링, 교육훈련과의 차이를 이해하고, 실무에서 적절한 코칭 방식을 선택해 활용할 수 있다.

학습 개요

코칭(Coaching)은 단순한 조언을 넘어 개인과 조직의 성장을 촉진하는 과정이다. 급변하는 경제 환경, 급속한 디지털 전환, ESG 경영 확산 등 금융업계가 직면한 변화 속에서, 코칭은 리더와 구성원이 유연하게 주어진 환경에 적응하고 성장할 수 있도록 하는 중요한 비즈니스 도구이다.

제1장에서는 리더십과 코칭의 관계를 심층적으로 다룬다. 리더의 인식, 지시형 리더와 코치형 리더, 매니저와 리더의 차이, 리더십의 균형 등 핵심 개념을 통해 21세기 리더가 갖추어야 할 핵심 역량에 대해 살펴본다. 단순한 지시가 아닌, 코칭을 통해 팀원들의 잠재력을 이끌어내는 것이 진정한 리더십이며, 이를 위해서는 코칭의 핵심 원칙과 철학을 이해하는 것이 필요하다.

X이론과 Y이론, 동기 이론, 코칭 프레즌스(Coaching Presence) 등을 통해 코칭이 단순한 스킬이 아니라 인간을 대하는 태도와 신념에서 출발한다는 점을 이해하게 된다. 또한 코칭의 유형을 학습하며, 컨설팅, 카운슬링, 멘토링, 교육훈련과의 차이를 비교하여 코칭의 독자적인 역할과 고유한 영역과 가치를 이해할 수 있도록 한다.

제 1 장

[Why] 금융 코칭의 모든 것: 코칭의 기본 이해와 코칭이 필요한 이유

1절 코칭이란 무엇인가?

1 코칭의 정의

우리는 일상에서 '코칭(Coaching)'이라는 말을 자주 사용한다. 하지만 우리가 알고 있는 코칭의 개념, 즉 코칭이란 과연 무엇일까? 기존에 막연히 생각해왔던 코칭의 개념과 실제 코칭의 차이를 여러 정의를 통해 살펴보자.

한국코치협회는 "개인과 조직의 잠재력을 극대화하여 최상의 가치를 실현할 수 있도록 돕는 수평적 파트너십"으로 정의한다.[1]

한국코칭심리협회는 "자신 안에 잠들어 있는 거인을 깨우는 일. 코칭이란 개인의 목표를 성취할 수 있도록 자신감과 의욕을 고취시키고, 개인이 가진 실력과 잠재력을 최대한 발휘할 수 있도록 돕는 일"로 정의한다.[2]

국제코칭연맹(ICF)은 "고객의 개인적·전문적 잠재력을 최대한 발휘할 수 있도록 영감을 불어넣고, 사고를 자극하여 창의적인 프로세스 안에서 고객과 파트너 관계를 맺는 것"으로 정의한다. ("ICF defines coaching as partnering with clients in a thought-provoking and creative process that inspires them to maximize their personal and professional potential.")[3]

일본의 코칭 전문가 에노모토 히데타케는 코칭을 “모든 사람에게는 무한한 가능성이 있다”, “그 사람에게 필요한 해답은 모두 그 사람 내부에 있다”, “해답을 찾기 위해서는 파트너가 필요하다”고 설명한다.[4]

코칭이란 사람들이 이상적이고 바람직한 미래를 성취할 수 있도록 지원하는 체계적이고 구조적인 쌍방향 대화이다. 코칭은 일방적인 지시나 조언이 아니라, 사람들이 스스로 목표를 발견하고 구체화할 수 있도록 지원하는 과정인 것이다. 이 과정에서 사람들은 자신의 내면에 잠든 거인이라고 하는 동기를 일깨우고, 목표를 명확히 설정하여, 실질적인 행동 계획을 수립하게 된다.

궁극적으로, 코칭은 사람들이 주도적으로 성장과 변화를 이끌어갈 수 있도록 지원하는 협력적인 대화 방식이다.

2 코칭(Coaching)의 역사

우리가 흔히 말하는 코칭, 과연 이 말은 언제, 어디에서 시작되었을까? ‘코칭(coaching)’이라는 용어가 어디서부터 시작되었는지, 그 어원과 의미의 변천 과정을 알아보자.

코칭(coaching)이라는 용어는 1500년대 헝가리의 네 마리의 말이 끄는 마차에서 유래되었다. 당시 헝가리의 “코치(kocs)”라는 마을에서 제작된 네 마리 말이 끄는 마차가 유럽 전역으로 퍼지며 “코치(coach)” 또는 “코트드지(kocsi)”라는 이름으로 불리게 되었다. 영국에서는 이 마차를 ‘코치(Coach)’라고 불렀다. 이 마차는 사람들을 목적지까지 안전하게 데려다주는 역할을 했으며, 이후 “코치”라는 용어는 누군가를 목표한 곳으로 안내하고 이끄는 것을 상징하게 되었다. 코칭이라는 용어는 처음에는 교육이나 훈련의 의미로 사용되지 않았으나 시간이 지나면서 사람들의 잠재 능력을 끌어내는 과정으로 의미가 변경되었다.

(1) 스포츠 코칭(Sports Coaching)

1880년대에 스포츠 코치라는 용어가 사용되기 시작했다. 하버드대학의 티모시 갤웨이(Timothy Gallwey)는 1971년 테니스를 가르치면서 스킬(Skill)보다는 선수들이 가지고 있는 고유한 잠재 능력에 집중하는 방법을 활용하여 테니스를 쉽고 재미있게 배울 수 있다는 것을 알게 되었다. 그는 이 교육 방식을 '이너 게임(Inner Game)'이라고 명명했다.[5] 이후 스포츠 코칭은 다양한 스포츠 분야로 확산되었고, 스포츠 선수들의 스킬 향상과 멘탈 관리를 돕는 역할을 하게 되었다.

이너 게임(Inner Game): 스포츠뿐만 아니라 비즈니스, 교육, 리더십, 코칭 등 다양한 분야에 적용되는 중요한 심리적 원칙으로, 외부의 경쟁보다 개인 내부에서 벌어지는 심리적 게임이 성과를 결정하는 핵심 요소라는 점을 강조하는 용어

(2) 비즈니스 코칭(Business Coaching)

1980년대 중반, 미국의 기업들은 코칭을 도입하기 시작했다. 재무설계사 토마스 레너드(Thomas Leonard)는 1992년에 코칭 전문 훈련기관인 코치 대학(Coach U)을 설립하였고, 1995년에는 국제코칭연맹(ICF: International Coaching Federation)이 설립되었다. 이 시기부터 비즈니스 코칭이 본격적으로 시작되었다. 비즈니스 코칭은 기업 리더의 리더십 개발 및 향상, 직원들의 성과 향상, 팀워크(Teamwork) 증진 등을 목적으로 다양한 산업 분야에서 널리 활용되고 있다.

(3) 한국의 코칭 도입

한국에는 2000년대 초반 처음으로 코칭 개념이 도입되기 시작했으며, 2003년 12월 한국코치협회가 설립되었다. 한국에서도 스포츠 코칭, 비즈니스 코칭, 성과 코칭, 경력개발 코칭, 교육 코칭 등 다양한 분야에서 활발히 이루어지고 있다.

(4) 현대 코칭의 발전

① 코칭의 전문화와 세분화: 현대 사회에서 코칭은 점차 다양한 분야에서 전문화·세분화되어가며, 각 분야에 특화된 접근 방식과 정교한 스킬을 통해 개인과 조직에 효과적인 지원을 하는 핵심 도구로 자리 잡고 있다.

② 코칭의 국제화: 국제코칭연맹(ICF)과 같은 국제적인 조직들이 설립되어 코칭의 표준화와 전문화를 촉진하고 있다. 이들 조직은 전문 코치가 되기를 원하는 코치들과 전문 인증 코치들을 위한 인증과 교육을 통해 국제 코칭의 표준화와 코칭의 질을 높이기 위해 노력하고 있다. 또한 국제적인 코치 네트워크와 학술 교류를 통해 코칭이 전 세계적으로 통합적이고 체계적으로 발전할 수 있도록 하고 있다.

코칭은 스포츠에서 시작하여 20세기에 접어들며 비즈니스, 개인 개발, 교육 등 다양한 영역으로 확장되었다. 오늘날에는 전문적인 교육과 표준화된 방식을 통해 하나의 체계적인 분야로 자리 잡았다. 그 목적은 분야를 막론하고 개인의 잠재력을 최대한 끌어내고, 성장과 성과 향상을 지원하는 데 있다. 현대의 코칭은 단순한 지도에서 벗어나, 맞춤형 지원을 통한 목표 달성과 동기부여를 제공하는 중요한 역할을 수행하고 있다.

3 리더십의 개념

(1) 리더십의 정의

리더십(Leadership)이란 무엇일까? 이 질문에 대한 답은 시대와 상황에 따라 수없이 달라질 수 있다. 그러나 리더십의 본질은 시간이 흘러도 변하지 않는다. 그것은 단순한 명령이나 통제가 아닌, 구성원들에게 비전과 방향을 제시하고, 그들이 스스로의 잠재력을 발휘하여 공동의 목표를 달성할 수 있도록 이끄는 긍정적인 영향력이다.

리더십의 핵심은 신뢰를 통해 조직 구성원들이 자발적으로 움직이게 하고, 긍정적인 변화를 만들어내는 데 있다. 뛰어난 리더는 단순히 지시하는 사람이 아니라, 구성원들과 함께 성장하고 변화하는 과정을 만들고 이끄는 사람이다. 뛰어난 리더는 구성원들이 각자의 역할 속에서 의미를 찾아, 목표를 향해 앞으로 나아갈 수 있도록 동기를 제공한다.

리더십의 정의와 유형은 바닷속을 유영하는 물고기의 종류만큼이나 다양하다. 전 세계적으로 바다에 서식하는 어류의 종류가 약 15,000종에 이른다고 한다. 마찬가지로 리더십 역시 문화, 환경, 조직의 특성에 따라 무수히 많은 형태로 존재한다. 하지만 어떤 시대, 어떤 조직이든 리더십의 본질적인 가치는 변하지 않는다. 리더십은 한 개인이 공동의 목표를 이루기 위해 구성원들에게 긍정적인 영향을 미치는 과정이다. 필자는 수많은 리더십 정의 중에서도 피터 G. 노스하우스(Peter G. Northouse)의 정의를 가장 좋아한다.

"리더십이란 공동 목표를 달성하기 위하여 한 개인이 집단의 성원들에게 영향을 미치는 과정이다(Leadership is a process whereby an individual influence a group of individuals to achieve a common goal.)"[6]

노스하우스의 정의가 특히 인상적인 이유는 그 실용성과 포괄성에 있다. 그는 리더십을 단순히 권위나 명령의 개념이 아니라 영향력과 관계의 과정으로 설명한다. 이러한 관점은 현대 사회에서 효과적인 리더가 되기 위해 무엇이 중요한지를 다시금 생각하게 한다. 구성원들에게 긍정적인 영향을 미치고 협력적인 관계를 형성하는 것이야말로 진정한 리더십의 핵심이라는 점을 일깨워준다.

결국 리더십이란 단순히 위에서 아래로 명령을 내리는 것이 아니라, 조직 구성원들이 스스로 움직이고 성장할 수 있도록 영감을 주고 방향을 제시하여 영향력을 발휘하는 일련의 과정이다. 좋은 리더는 목표를 함께 설정하고, 그 목표를 향해 조직이 한마음으로 나아갈 수 있도록 지원한다. 리더십은 사람이 사람을 움직이는 힘이며, 변화와 성장을 이끄는 원동력이 된다.

4 코칭(Coaching)과 성장 마인드셋(Growth Mindset)

다음과 같이 혼자 무엇인가를 속삭이는 직원의 혼잣말을 우연히 들었다고 생각해보자. 어떤 직원이 성장할 가능성이 높을지 상상해보자.

- 김 제일 대리: "지금은 내 능력이 부족해 보일지 모르지만, 매일 꾸준히 노력하고 최선을 다하면 나는 충분히 실력을 향상시킬 수 있을 거야."

- 나 은행 과장: "나는 이 업무를 잘하지 못해. 원래 이런 일은 내 적성이 아닌 것 같아. 잘하는 사람은 타고나는 거지, 아무리 노력해도 나는 소질이 없어."

물론 긍정적인 생각의 소유자인 김 제일 대리가 미래에 성장할 가능성이 훨씬 더 높다.

성장 마인드셋(Growth Mindset)과 고정 마인드셋(Fixed Mindset)이라는 말을 들어보았을 것이다. 사람들이 자신의 잠재력, 가능성, 그리고 능력에 대해 가지고 있는 믿음을 나타내는 개념으로서의 성장 마인드셋과 고정 마인드셋은 학습, 성장, 실패, 도전 등에 대한 개개인의 마음가짐과 태도에 대한 관점이다.[7]

성장 마인드셋을 가진 사람들은 자신의 실패나 본인이 처한 어려움과 위기를 학습과 성장을 위한 발판으로 여기며, 주요 특징은 다음과 같다.

- 실패를 성장의 발판으로 삼는다. 실패를 단순한 좌절이 아니라, 자신의 능력을 키울 수 있는 중요한 경험으로 받아들인다.
- 배움에는 한계가 없다고 믿는다. '내가 배우고자 하면 배우지 못할 것은 없다'는 신념을 가지고, 노력과 의지를 통해 무엇이든 익힐 수 있다고 생각한다.
- 어려움 속에서 성장의 기회를 찾는다. 도전과 어려움은 자신을 더 강하게 만들고, 한계를 확장하는 과정이라고 긍정적으로 받아들인다.
- 노력과 태도가 능력을 결정한다고 믿는다. 타고난 재능보다 후천적인 노력과 태도가 더 중요한 요소라고 여기며, 지속적인 발전을 위해 스스로를 단련한다.
- 피드백을 성장의 도구로 활용한다. 타인의 피드백 혹은 비판을 두려워하기보다 개선할 수 있는 영역을 찾고 더 나은 방향으로 나아가려고 노력한다.
- 타인의 성공을 동기부여의 원천으로 삼는다. 우리 옛말에 '사촌이 땅을 사면 배가 아프다'라는 말이 있다. 하지만 성장 마인드셋을 가진 사람은 남의 성공을 시기하고 질투하는 대신 그것을 기회 삼아 자신도 성장할 수 있다는 마음가짐을 갖는다.
- 새로운 도전을 즐긴다. 익숙하지 않은 일에도 과감히 도전하며, 배움과 경험을 쌓는 것을 즐긴다.

반면 고정 마인드셋을 가진 사람들은 자신의 능력을 고정되고 고착된 것으로 여기며, 실패나 도전을 회피하려 한다. 주요 특징은 다음과 같다.

- 실패를 내 자신의 능력의 한계로 본다. 실패는 자신의 부족함을 드러내는 것으로 보고 두려워한다.
- 내가 잘하는 것과 못하는 것은 이미 정해져 있다고 믿는다. 재능이나 능력은 선천적으로 타고나는 것이며, 후천적 노력을 통해 의미 있는 변화를 할 수 없다고 생각한다.
- 도전하지 않고 안전 지대(Safety Zone)를 선호한다. 도전으로 인한 실패의 결과를 두려워하고 새로운 도전을 회피한다.
- '내가 할 수 있는 것과 없는 것은 이미 정해져 있다'는 이분법적인 생각을 한다. 노력을 통해 변화하려고 하기보다 기존에 성공적으로 경험했던, 할 수 있는 일에만 집중하고 자신이 할 수 없는 것에 대한 한계를 설정한다.
- '나의 잠재력은 이미 정해져 있다'고 믿는다. 현재 상태를 바꿀 수 없다고 믿고 더 나은 미래의 내 자신의 모습을 추구하려고 하지 않는다.
- 피드백을 개인적인 공격으로 받아들인다. 건설적인 피드백(Constructive Feedback) 조차도 자신을 공격하거나 비난하는 것으로 받아들이고 상대방에게 방어적인 태도를 취한다.
- 아는 것만 고수하며 새로운 것을 알기 위한 시도를 하지 않는다. 실패할 가능성이 있는 미지의 분야에 도전하기보다 이미 익숙한 환경과 분야에만 머물기를 원한다.

위에서 살펴본 것처럼 성장 마인드셋(Growth Mindset)은 도전과 실패를 통해 발전과 성장을 할 수 있다는 믿음을 바탕으로 하며, 후천적인 학습과 노력의 중요성을 바탕으로 한다. 반면 고정 마인드셋(Fixed Mindset)은 능력을 선천적으로 타고난 고정된 것으로 보고, 변화나 실패를 두려워해 현재 상태에 안주하거나 머무르려는 경향을 보인다. 모든 것이 불확실한 VUCA 시대에 필요한 마인드셋은 무엇일까? 당연히 성장 마인드셋이다. 어떻게 성장 마인드셋의 근육을 강화할 것인가? 성장 마인드셋은 선택이 아니라 필수이다. 변화가 빠른 시대일수록 끊임없이 배우고, 도전하며, 성장하는 태도가 필요하다. 오늘부터 작은 것부터 실천하며, 성장 마인드셋을 키워보자.

5 심리적 안전감(Psychological Safety)과 코칭

피곤한 어느 월요일 아침, 상사와 함께 참석한 주간 부서장 미팅. 갑자기 최근 뜨거운 논쟁이 되는 안건(Agenda)이 화두에 오른다. 당신은 이 주제에 대해 확고한 의견을 가지고 있지만, 혹시 반대하는 사람이 있을까 망설여진다. 과연 당신은 마음속에 담아두고 있는 이야기를 꺼낼 수 있을까? 많은 사람들이 비슷한 상황을 경험한다. 중요한 회의에서 자신의 생각과 의견을 말할 기회가 있지만, 회의에 참석한 다른 사람들에게 비판을 받을까봐, 분위기를 해칠까봐, 혹은 상사의 눈치를 보느라 굳게 입을 닫아버리곤 한다.

심리적 안전감(Psychological Safety)은 조직이나 팀 내에서 개인이 자신의 의견, 아이디어, 또는 우려를 자유롭게 표현할 수 있으며, 실수나 실패에 대한 비난이나 처벌에 대한 두려움 없이 행동할 수 있는 심리적 상태를 의미한다.[8]

심리적 안전감은 조직에서의 학습, 혁신, 그리고 성과 창출을 위한 필수 요소이다. 심리적 안전감은 조직과 팀의 성공을 위한 핵심 요소이며, 이를 강화하기 위해 리더, 팀, 조직 차원에서의 다각적인 노력이 필요하다. 심리적 안전감이 형성된 환경은 직원들의 자발적인 참여와 혁신, 학습, 그리고 성과 창출로 이어진다. 이를 통해 조직은 장기적으로 경쟁력을 갖추고 지속 가능한 발전을 이룰 수 있다.

(1) 심리적 안전감의 정의와 특징

심리적 안전감은 단순히 개인이 편안함을 느끼는 것을 넘어 팀 내 신뢰와 존중을 바탕으로 구성원들이 자유롭게 의견을 나눌 수 있는 환경을 의미한다. 이러한 분위기가 조성되면, 조직 내에서는 다음과 같은 긍정적인 변화를 관찰할 수 있다.

- 자유로운 의견 개진: 구성원들이 비판받을 걱정 없이 자신의 생각과 아이디어를 적극적으로 공유한다.
- 실패를 배움의 기회로 인식: 실수에 대한 두려움 없이, 이를 성장의 과정으로 받아들이며 개선점을 찾는다.
- 건설적인 피드백의 수용: 피드백을 비판적이거나 방어적으로 받아들이지 않고, 발전과 성장을 위한 기회로 활용한다.

- 창의적이고 혁신적인 시도: 실패에 대한 부담 없이 새로운 아이디어를 적극적으로 실험하며, 혁신적인 해결책을 모색한다.

이처럼 심리적 안전감이 높은 조직은 단순히 안정적인 분위기를 넘어 창의성과 효율성을 극대화할 수 있는 환경을 조성한다. 구성원들이 소극적인 태도를 벗어나 심리적인 안전감을 가지고 적극적으로 참여할 때, 팀의 역량은 더욱 강화되며, 조직의 성과 또한 향상된다. 심리적 안전감은 단순한 배려의 차원을 넘어 지속적인 성장과 성공을 이끄는 핵심 요소이다.

(2) 심리적 안전감의 중요성

심리적 안전감은 조직과 팀, 그리고 개인의 발전을 위한 핵심적인 역할을 한다. 이는 다음과 같은 이유로 중요하다.

- 학습과 성장의 촉진: 심리적으로 안전한 환경에서는 직원의 실수를 처벌의 대상이 아닌 학습의 기회로 여긴다. 직원들은 새로운 시도를 두려워하지 않으며, 이를 통해 지속적으로 성장하고 발전한다. 이는 장기적으로 조직의 경쟁력을 강화하는 원동력이 된다.
- 혁신과 창의성 증진: 새로운 아이디어는 실험과 도전을 통해 나온다. 하지만 실패에 대한 두려움이 크다면, 누구도 혁신적인 시도를 하지 못한다. 심리적 안전감이 보장된 조직에서는 직원들이 창의적인 아이디어를 자유롭게 제안하고, 새로운 방식을 시도할 가능성이 높아진다.
- 문제 해결과 의사소통의 활성화: 심리적 안전감이 높은 팀에서는 문제를 숨기기보다 적극적으로 공유한다. 이는 신속한 문제 해결을 가능하게 하며, 원활한 협업과 효율적인 의사소통을 가능하게 한다.
- 직무 만족도와 몰입도 향상: 사람들은 자신이 존중받고 있다고 느낄 때, 더 크게 동기부여 된다. 심리적으로 안전한 환경에서 일하는 직원들은 조직에 대한 소속감을 느끼며, 애사심을 가지고 직무 만족도와 몰입도가 증가한다. 이는 높은 성과뿐만 아니라 이직률 감소로도 이어진다.

- 팀워크(Teamwork) 강화: 심리적 안전감은 팀원들 간의 신뢰와 상호 협력을 강화한다. 서로의 의견을 존중하고 개방적으로 소통하는 문화는 더 강한 팀워크를 형성한다.

(3) 심리적 안전감이 부족한 경우

심리적 안전감이 부족한 조직에서는 자유로운 소통과 신뢰 기반의 협력이 어려워지며, 이는 다양한 부정적인 결과로 이어진다. 구성원들이 심리적으로 위축된 환경에서는 의견 개진이 줄어들고, 창의성은 저하되며, 조직 문화는 경직될 수밖에 없다.

- 침묵의 문화 형성: 구성원들이 비판받을까봐 두려워 의견을 내지 않는 분위기가 형성되면, 중요한 정보가 공유되지 않고 문제 해결이 지연되거나 어려워진다. 이러한 문화가 지속되면, 조직은 변화에 둔감해지고 혁신의 기회를 놓치게 된다.
- 창의성과 혁신 저하: 실패를 용납하지 않는 조직에서는 새로운 시도를 꺼리고 회피하는 분위기가 형성된다. 직원들은 창의적인 아이디어를 내는 대신 과거에 경험해보았거나 검증된 방법만을 따르려 하며 조직은 점점 보수적으로 변해간다. 결국 장기적으로는 경쟁력을 잃고 정체될 위험성이 커진다.
- 스트레스와 번아웃(Burnout) 증가: 심리적 안전감이 부족한 조직에서는 직원들이 실수를 두려워하며, 상사의 눈치를 보며 소극적으로 일하는 환경이 조성된다. 이러한 지속적인 스트레스는 직원들의 업무 몰입도를 떨어뜨리고, 금요일 퇴근 무렵이면 탈진하는 번아웃 현상을 초래한다.
- 팀 내, 부서 간 갈등 증가: 심리적 안전감이 없는 환경에서는 서로 신뢰가 부족하고, 협력보다 경쟁이 우선되기 쉽다. 이로 인해 팀원 간 불신이 커지고, 부서 간 사일로(Silo) 현상이 발생하여 협업이 어려워진다. 조직 내 갈등이 증가하면 업무 진행 속도도 느려지고, 성과 역시 저하될 수밖에 없다.
- 전반적인 성과 저하: 심리적으로 위축된 환경에서는 직원들이 소극적인 태도를 보이며, 업무 효율성이 떨어진다. 창의적인 문제 해결 능력이 약화되고, 직원들의 주도적인 참여가 줄어들면서 조직 전체의 생산성이 떨어지게 된다.

6 코칭과 실패

(1) 코칭 관점에서 실패를 어떻게 바라볼 것인가?

인생을 살아가면서 단 한 번도 실패해보지 않은 사람이 과연 있을까? 누구나 크고 작은 실패를 경험하며, 그 과정에서 성장해 나간다. 필자가 좋아하는 말이 있다. "실패하지 않았다는 것은 곧 아무것도 행동으로 옮기지 않았다는 것이다." 그렇다면 실패란 단순히 피해야 할 실수일까, 아니면 성장과 학습을 위한 기회일까? 우리는 흔히 실패를 부정적인 결과로만 인식하지만, 코칭의 관점에서는 실패를 통해 무엇을 배웠고, 그것을 통해 무엇을 깨달았는지 성찰(Reflection)하는 과정이 매우 중요하다.

그렇다면 실패를 효과적으로 활용하고 이를 성장의 발판으로 삼으려면 어떻게 해야 할까? 이를 위해 실패를 기본적/예방 가능한 실패, 복합적 실패, 창조적 실패의 세 가지 유형[9]으로 나누어 살펴보고, 각각의 실패를 극복하여 개인과 조직의 성장을 이끄는 방법에 대해 모색해보자.

1) 기본적/예방 가능한 실패: 어떻게 방지하고 개선할 것인가?

어떤 실패는 철저한 준비와 규정, 준칙, 가이드라인(Guideline) 등의 절차를 준수함으로써 충분히 예방할 수 있다. 그렇다면 기본적인 실수를 줄이거나 없애기 위해 우리는 무엇을 어떻게 해야 할까? 기본적/예방 가능한 실패는 필요한 해당 스킬의 부족, 규정 및 절차 미준수, 가이드라인의 부재 또는 오해 등으로 인해 발생할 수 있으며, 사전에 충분히 방지할 수 있는 유형의 실패다.

이를 개선하기 위한 코칭 방법은 다음과 같다.

- 실수를 반복하는 구성원에게 근본 원인을 탐색하도록 한다. 단순히 실수를 지적하는 것이 아니라, "왜 이런 일이 발생했을까?"라는 질문을 던져 근본 원인(Root Cause)을 스스로 탐색할 수 있도록 한다. 또한 해결책(Solution)을 고민하고 제시할 수 있는 시간과 기회를 제공한다.

- 규정과 절차 미준수의 영향에 대해 명확한 피드백을 제공한다. 규정이나 가이드라인을 따르지 않았을 때, 단순히 "이렇게 해야 한다"고 지시하기보다는 그 행동의 결과와 지속적인 미준수가 미래에 초래할 파급 효과를 인지할 수 있도록 구체적인 피드백을 제공한다.
- 지식이나 스킬 부족이 원인이라면 관련된 학습 기회를 제공한다. 관련 지식이나 스킬 부족으로 인한 실수라면, 추가적인 학습 기회를 제공하거나 코칭 및 멘토링을 통해 직원이 더 이상 관련된 실수를 반복하지 않도록 지원한다.
- 프로세스 자체의 결함을 점검하고 개선한다. 개인의 실수가 아니라 프로세스 자체의 문제라면, 관련된 절차를 면밀히 검토하여 보다 효과적인 방식으로 다시 설계하고 실행해야 한다.

2) 복합적 실패: 복잡한 문제를 어떻게 해결할 것인가?

실패는 단순한 개인적 실수에서 비롯되는 경우도 있지만, 때로는 복합적인 원인이 얽혀 다양한 방식으로 발생한다. 그렇다면 이런 복합적인 실패를 해결하기 위해 우리는 어떤 접근 방법을 선택할 수 있을까? 복합적 실패는 조직 내 다양한 원인이 연결되면서 발생하는 실패로, 단일한 해결책으로는 문제를 완전히 해결할 수 없다.

이를 개선하기 위한 코칭 방법은 다음과 같다.

- 팀원 간 소통이 부족할 때, 어떻게 해결할까? 팀 내 원활한 커뮤니케이션이 이루어지지 않으면 업무가 지연되고, 결국 실패로 이어질 수 있다. 이를 방지하려면 각자의 역할과 기대하는 바를 명확히 정의하는 것이 중요하다. 예를 들어 "이 프로젝트에서 각자의 역할은 무엇이고, 기대하는 결과는 무엇인가?"와 같은 질문을 통해 서로의 입장을 조율하고 명확하게 정리하면 협업이 훨씬 원활해질 것이다.
- 부서 간 협업에서 갈등이 발생했다면? 서로 다른 부서가 협업하다 보면 우선순위가 서로 다르거나 이해관계가 충돌하는 경우가 종종 발생하고는 한다. 이런 갈등을 해결하려면 먼저 상대의 입장을 이해하고, 공통 목표를 찾는 것이 중요하다. 예를 들어 "어떻게 하면 서로 더 효과적으로 협력할 수 있을까?"와 같은 질문을 통해 의견을 경청하고 조율하는 과정에서 더 좋은 해결 방안이 제시될 수 있다.

- 복잡한 문제, 어떻게 접근해야 할까? 복잡한 문제는 한 가지 접근 방법만으로 해결하기는 어렵다. 이럴 때는 브레인스토밍 세션(Brainstorming Session)을 활용해 다양한 의견을 모으는 것이 효과적이다. 팀원들이 자유롭게 아이디어를 제안할 수 있도록 장려하고, 창의적인 해결책을 논의하는 과정에서 최적의 방안을 도출할 수 있다. 또한 실행 가능성을 고려해 실질적인 실행 계획(Action Plan)을 세우는 것이 중요하다.
- 조직 차원의 변화, 효과적으로 이끌기 위해서는? 조직의 변화는 단순한 지시나 정책 변경만으로 이루어지기는 어렵다. 구성원들이 변화의 필요성을 공감하고, 자발적으로 참여할 수 있도록 분위기를 형성하는 것이 핵심이다. 리더는 열린 소통을 통해 의견을 경청하고, 피드백을 반영하는 과정을 거쳐 조직 내 공감대를 형성해야 한다. 변화를 자연스럽게 받아들이도록 하는 것이 성공적인 변화 관리의 핵심이다.

3) 창조적 실패: 혁신을 위해 실패를 어떻게 활용할 것인가?

새로운 시도를 했지만 기대했던 결과를 얻지 못했다면, 이는 단순한 실패가 아니라 학습의 과정이라고 볼 수 있다. 실패를 어떻게 받아들이고 활용하는가에 따라 조직의 성장 방향이 결정되기 때문이다.

우리는 실패를 '목표 달성의 반대'로 정의하기 쉽지만, 실험과 도전이 필수적인 환경에서는 실패 자체가 곧 데이터가 되고 경험이 된다. 창조적 실패는 혁신적인 아이디어를 검증하는 과정에서 발생하는 자연스러운 현상으로, 이를 학습의 기회로 삼으면 더 좋은 해결책을 도출할 수 있다.

중요한 것은 어떻게 실패를 분석하고 활용하는가이다. 단순히 실패를 반복하는 것이 아니라, 실패의 원인을 충분히 파악하고 관련된 피드백을 반영해 개선점을 도출해야 한다. 예를 들어 애자일(Agile) 방식의 기업들은 빠르게 작은 실험을 반복하면서 지속적으로 프로세스를 조정하고, 실패를 통해 최적의 해결책을 찾아간다. 창조적 실패를 어떻게 받아들이고 활용하는가에 따라 경쟁력이 달라진다. 실패를 두려워하기보다 배움의 기회로 인식하고, 다음 도약을 위한 발판으로 삼는 것이 중요하다.

이를 개선하기 위한 코칭 방법은 다음과 같다.

- 새로운 시도가 실패로 끝났다면? "이 경험을 통해 무엇을 배우고 학습할 수 있었는가?"라는 성찰 질문을 통해 실패 속에서 긍정적인 인사이트(Insight)를 찾는 것이 중요하다. 실패에서 학습한 내용을 정리하고, 다음 시도에서는 똑같은 오류를 반복하지 않도록 개선 방안을 마련해야 한다.
- 실패한 아이디어를 그냥 폐기해야 하는 것일까? 실패했다고 해서 모든 아이디어를 포기할 필요는 없다. 기존 아이디어 중 발전 가능성이 있는 요소를 찾아 개선할 수 있는지의 여부를 검토해야 한다. 작은 조정이나 새로운 접근 방식을 적용하면 더 나은 결과를 도출할 수 있다.
- 창조적 시도를 장려하는 조직 문화를 조성하려면? 실패를 통해 얻은 인사이트를 공유하는 문화를 조성하는 것이 중요하다. 실패한 경험을 팀원들과 공유하면서 인사이트를 나누고, 이를 바탕으로 더 나은 전략을 도출할 수 있는 환경을 만들어야 한다.
- 도전적인 목표를 설정했는데 실패했다면? 도전적인 목표를 달성하지 못했다고 해서 좌절할 필요는 없다. 실패를 성장 과정의 일부로 받아들이고, 이를 기반으로 새로운 전략을 수립하는 것이 중요하다. 어떤 부분이 부족했는지 철저하게 분석하고, 다음 도전을 위한 실질적인 개선책을 수립하면 한 단계 더 발전할 수 있다.

실패 이후 우리는 무엇을 배우고 학습할 것인가?

코칭 관점에서 실패는 단순한 좌절이 아니라, 새로운 배움과 성장의 기회이다. 실패를 어떻게 받아들이고 활용하는가에 따라 조직의 역량이 달라진다. 기본적/예방 가능한 실패는 절차와 원칙을 준수함으로써 방지할 수 있다. 명확한 프로세스를 수립하고, 실수를 줄이는 시스템을 마련하는 것이 중요하다. 복합적 실패는 조직 내 협력과 커뮤니케이션을 통해 해결해야 한다. 부서 간 소통을 강화하고, 문제 해결을 위한 협업 문화를 조성하면 더 나은 해결책을 찾을 수 있다. 창조적 실패는 혁신과 지속적인 성장을 위한 필수 과정이다. 새로운 아이디어를 실험하는 과정에서 실패는 불가피하지만, 이를 통해 중요한 인사이트를 얻고 개선해 나갈 수 있다.

실패 이후의 태도가 가장 중요하다. 궁극적으로 중요한 것은 실패 자체가 아니라, 실패 이후의 태도와 대응 방식이다. 실패를 두려워하기보다 "이 실패를 통해 무엇을 배울 수 있을까?"라는 질문을 통해 성장의 기회로 삼는 것이 필요하다.

코칭의 핵심 역할은 구성원들이 실패를 극복하는 방법을 학습할 수 있도록 지원하는 것이다. 코칭을 통해 구성원들은 실패를 성장과 혁신의 발판으로 삼는 법을 배우고, 이를 바탕으로 실패를 두려워하지 않는 조직 문화를 형성할 수 있다. 왜냐하면 실패는 끝이 아니라, 더 나은 성공을 위한 준비 과정이기 때문이다.

2절 금융업계에서 코칭의 필요성

1 블랙스완 효과와 금융 산업

“이 세상에 과연 검은 백조(Black Swan)가 존재할까? 이 질문에 대해 어떻게 생각하는가? 당신의 답은 무엇인가?”

대부분의 사람들은 백조를 떠올릴 때 자연스럽게 흰색을 연상한다. 우리가 직접 본 적이 있는 백조는 모두 흰색이었기 때문이다. 그렇다면 흑조(검은 백조)는 정말 존재하지 않는 것일까? 사실, 호주에는 검은 깃털을 가진 백조가 실제로 서식하고 있다. 한때 유럽인들은 ‘백조는 모두 흰색이다’라고 굳게 믿었지만, 흑조가 발견되면서 그들의 오랜 신념은 무너졌다. 이처럼 우리가 알고 있는 지식이나 경험이 반드시 절대적인 진리는 아니다. 블랙스완 효과(Black Swan Effect)란 바로 이런 예측 불가능한 사건이 기존의 통념을 뒤집고 큰 영향을 미치는 현상을 뜻한다. 심리학자 대니얼 카너먼(Daniel Kahneman)은 이에 대해 “우리는 자신이 모르는 무언가가 자신이 믿는 모든 것을 무효화할 수도 있다는 생각을 아예 하지 못한다”라고 말했다. 이는 곧 우리가 진실이라고 믿는 사실들도 언제든지 의심받고 반박될 수 있다는 의미이다.

우리는 현재 이 세상에서 어떤 일이 일어나고 있는지조차 완전히 파악하지 못하며, 미래를 정확히 예측하는 것은 더욱 불가능하다. 그러나 중요한 것은 기존의 신념과 믿음에 얽매이기보다 새로운 가능성을 받아들일 준비가 되어 있는가 하는 점이다. 검은 백조는 언제 어디서든 나타날 수 있으며, 그것을 발견하고 인정하는 순간, 우리의 시야는 한층 더 넓어질 것이다.

블랙스완 효과는 예측이 불가능하며, 발생 가능성이 매우 낮고, 일단 발생하면 엄청난 충격과 파급력을 가져오는 사건을 의미하는 용어이다. 즉 사람들이 ‘설마 그런 일이 일어나겠어! 그런 일은 절대로 일어나지 않아!’라고 생각하는 확증편향(Confirmation Bias)의 신념들이다. 이 개념은 나심 니콜라스 탈레브(Nassim Nicholas Taleb)가 그의 저서 『블랙스완(The Black Swan)』에서 처음 제시했다.[10]

블랙스완의 주요 사례를 글로벌 사례와 한국 사례로 나누어 간략하게 살펴보자.

(1) 글로벌 사례

인류의 역사에는 예측할 수 없었던 사건들이 돌연 발생해 사회, 경제, 정치 등 여러 분야에 지대한 영향을 미쳐왔다. 이러한 사건들은 기존의 통념을 뒤흔들고, 세계 질서를 바꾸는 계기가 되기도 한다. 대표적인 블랙스완(Black Swan) 사건으로는 9·11 테러(2001년), 글로벌 금융위기(2008년), COVID-19 팬데믹(2020년)이 있다.

9·11 테러는 미국 뉴욕의 세계무역센터(WTC)와 국방부 펜타곤을 겨냥한 대규모 테러 공격으로, 글로벌 금융 시장과 경제에 심각한 충격을 주었다. 뉴욕 증시는 일주일간 폐쇄되었으며, 개장 후 다우존스 지수가 하루 만에 7% 이상 급락하는 등 금융 시장이 요동쳤다. 항공·관광 산업은 직격탄을 맞았고, 미국은 테러와의 전쟁을 선포하며 중동 지역에서의 군사 개입을 확대했다. 이는 국제 정세뿐만 아니라 원유 시장에도 장기적인 변화를 가져왔다.

2008년 글로벌 금융위기는 서브프라임 모기지 시장의 붕괴로 촉발되었으며, 이는 전 세계 금융 시스템 전체에 영향을 미친 대규모 경제 위기로 번졌다. 과도한 레버리지와 부실한 리스크 관리가 위기의 주요 원인으로 지목되었고, 세계 경제는 장기적인 침체의 늪에 빠졌다. 주요 금융 기관들이 줄줄이 파산하며 신뢰가 무너졌고, 각국 정부는 대규모 구제 금융과 경기 부양책을 내놓으며 경제 회복을 시도했다.

2020년 COVID-19 팬데믹은 공중 보건과 경제 전반에 전례 없는 충격을 주었다. 세계보건기구(WHO)에 따르면 2023년 5월 5일 기준, 전 세계적으로 약 700만 명이 이 바이러스로 목숨을 잃었다. 팬데믹 초기에는 글로벌 경제 활동이 급격히 위축되면서 주식 시장이 폭락했으나, 각국 정부의 적극적인 재정 지원과 경기 부양 정책으로 금융 시장은 빠르게 회복되었다. 하지만 사회 구조는 크게 변화했고, 비대면 산업이 급성장하며 기존의 경제 패턴에도 큰 변화를 가져왔다.

이처럼 블랙스완 사건은 단순한 일회성 충격이 아니라, 전 세계적인 패러다임(Paradigm) 변화를 초래하는 계기가 된다. 우리가 예측할 수 없는 일이 언제든 어디에서나 일어날 수 있음을 인식하고, 이에 대한 대비와 유연한 대응이 중요해지는 시대다.

(2) 한국 사례

역사적으로 한국 경제는 예기치 못한 위기와 변화를 겪으며 성장해왔다. 그중에서도 IMF 외환위기(1997년)와 라임·옵티머스 펀드 사태(2020년)는 블랙스완(Black Swan) 사건으로 평가되며, 금융 시스템과 경제 구조 전반에 심대한 영향을 미쳤다.

IMF 외환위기(1997년): 한국 경제의 신화가 깨지다

1997년, 한국 경제는 갑작스러운 외환위기로 인해 국제통화기금(IMF)의 구제금융을 받는 사태에 직면했다. 당시 많은 사람들은 한국 경제의 견고함을 믿었으며, "은행은 망하지 않는다"는 신념이 강했다. 그러나 외환보유고 고갈과 대기업의 연쇄 도산으로 인해 금융 시스템이 붕괴 직전까지 갔고, 국가 부도 위기에 몰렸다. IMF 외환위기는 단순한 경제 위기를 넘어 기업 구조조정, 대규모 실업 사태, 사회적 불안정 등 한국 사회 전반에 걸친 거대한 변화를 초래했다. 특히 평생직장 개념이 사라지고, 비정규직이 급증하는 등 노동 시장의 구조적 변화가 일어났다. 또한 기업들은 무리한 문어발식 확장보다는 내실을 다지는 방향으로 경영 전략을 수정해야 했고, 금융 시스템 역시 보다 투명하고 체계적인 관리가 필요하다는 교훈을 남겼다.

라임·옵티머스 펀드 사태(2020년): 금융 신뢰를 뒤흔든 대형 사기 사건

2020년, 한국 금융 시장에서는 대규모 펀드 사기 사건인 라임·옵티머스 펀드 사태가 발생했다. 투자자들은 안정적인 수익을 기대하고 거액을 투자했지만, 결국 수조 원 규모의 투자금이 손실되며 금융 시스템의 신뢰가 크게 흔들렸다. 라임자산운용과 옵티머스자산운용은 높은 수익률을 내세우며 고객의 자금을 유치했으나, 실제로는 부실한 자산에 투자하거나 폰지 사기(Ponzi Scheme, 신규 투자금으로 기존 투자자의 수익을 지급하는 방식) 형태로 운영된 것으로 드러났다. 그 결과 다수의 금융사가 연루되었으며, 피해를 입은 개인 투자자들과 기관들은 큰 혼란에 빠졌다.

이처럼 블랙스완 효과는 금융 산업에 예상치 못한 위기를 가져오지만, 동시에 변화와 혁신의 기회를 제공한다. 금융기관은 불확실성이 커지는 환경 속에서 디지털 기술 활용, ESG 경영 강화, 리스크 관리 체계 개선 등을 통해 보다 탄탄한 대응 전략을 마련해야 한다. 특히 극단적인 상황에서도 유연성과 회복 탄력성(Resilience)을 유지하는 것이 중요하다. 이러한 노력을 바탕으로 금융 산업은 단순히 위기를 극복하는 것을 넘어 지속 가능한 성장(Sustainable Growth)을 이루고, 블랙스완 시대에서도 경쟁력을 유지할 수 있을 것이다.

2 금융 전문가들이 직면하는 주요 도전 과제

VUCA 시대의 특징은 대한민국 금융 환경에서도 뚜렷하게 나타나고 있으며, 이는 금융산업 전반에 걸쳐 다음과 같은 다섯 가지 주요 도전 과제로 구체화될 수 있다.

(1) 저출산과 인구 고령화

2024년 12월, 대한민국은 초고령 사회에 공식적으로 진입했다. 65세 이상 인구가 차지하는 비율이 전체의 20%를 넘어섰기 때문이다. 2024년 출생아 수는 전년 대비 3.6% 증가했다. 합계출산율은 0.75명으로 2023년 0.72명보다 0.03명 소폭 증가했지만 대한민국의 출산율이 국제적으로 매우 낮은 수준이다.[11]

저출산·고령화의 가속화는 사회 구조뿐만 아니라 경제와 금융 환경에도 큰 변화를 불러오고 있다.

젊은 세대는 디지털 중심의 금융 서비스를 선호하는 경향이 강하다. 이에 따라 금융기관들은 모바일·비대면 금융 플랫폼을 강화하고, AI 기반의 맞춤형 금융 상품을 개발하는 등 디지털 혁신을 가속화하고 있다. 한편 고령층의 증가로 인해 연금과 노후 대비 금융상품에 대한 수요도 꾸준히 늘어나고 있다. 금융기관들은 이들의 자산 관리와 안정적인 노후 생활을 지원하기 위해 맞춤형 금융 상품과 포트폴리오 전략을 마련하는 데 집중하고 있다. 이처럼 저출산·고령화는 금융 시장의 패러다임을 변화시키는 중요한 요인으로 작용하고 있으며, 금융기관들은 변화하는 사회 구조에 맞춰 더욱 유연하고 혁신적인 대응 전략을 모색하고 있다.

(2) 디지털 금융의 확산과 경쟁 심화

모바일 뱅킹과 비대면 금융 서비스가 빠르게 확산되면서 핀테크 및 빅테크 기업들의 금융 시장 진입이 활발해지고 있다. 이제 금융은 전통적인 은행의 영역을 넘어 IT 기술을 기반으로 한 기업들까지 경쟁에 뛰어드는 시대가 되었다. 이로 인해 기존 금융기관과 신규 진입 기업 간의 경쟁이 더욱 치열해지고 있으며, 금융기관들은 디지털 전환과 혁신을 통해 경쟁력을 강화해야 하는 과제에 직면하고 있다. 단순한 온라인 서비스 제공을 넘어 AI 기반의 맞춤형 금융 상품, 블록체인 기술을 활용한 보안 강화, 사용자 경험을 극대화하는 인터페이스 개선 등이 핵심 전략으로 떠오르고 있다. 그러나 데이터 보안과 규제 준수 문제도 중요한 과제로 부상하고 있다. 금융 서비스의 디지털화가 가속되면서 개인정보 보호와 사이버 보안의 중요성이 더욱 강조되고 있다. 이에 따라 금융기관들은 강화된 보안 체계를 구축하고, 정부 규제 변화에 신속하게 대응할 수 있는 역량을 갖추는 것이 필수적이다. 이처럼 디지털 금융 시대의 도래는 금융업계에 새로운 기회와 도전을 동시에 제공하고 있으며, 금융기관들은 빠르게 변화하는 환경 속에서 혁신과 신뢰를 모두 확보해야 할 것이다.

(3) ESG 경영 확대와 금융 소비자 보호 강화

최근 환경(Environment), 사회(Social), 지배구조(Governance)를 고려한 ESG 경영의 중요성이 점점 커지고 있다. 이에 따라 금융기관들은 ESG를 금융 상품에 반영하고, 지속 가능한 투자와 여신 전략을 강화하는 데 집중하고 있다. 동시에 ESG 관련 리스크를 철저히 관리하여 장기적인 금융 안정성을 확보하는 것이 중요한 과제로 떠오르고 있다. 또한 금융 소비자 보호를 위한 법적·제도적 장치가 지속적으로 강화되고 있다. 이에 금융기관들은 소비자 권익 보호를 위한 명확한 절차와 시스템을 구축하고, 보다 투명하고 신뢰할 수 있는 금융 서비스를 제공하는 데 주력하고 있다. 이처럼 ESG 경영과 소비자 보호는 단순한 선택이 아니라, 금융기관이 지속 가능성을 확보하고 신뢰를 쌓기 위한 필수 요소가 되고 있다. 금융업계는 변화하는 환경 속에서 사회적 책임을 다하면서도 경쟁력을 유지할 수 있는 전략을 지속적으로 모색해야 한다.

(4) 글로벌 경제 불확실성과 외환 시장의 변동성

글로벌 경제의 불확실성은 외환 시장 변동성을 증가시키는 주요 요인으로 작용하고 있다. 특히 미·중 관계 악화, 중국의 경제 성장 둔화, 러시아-우크라이나 전쟁 등은 국제 금융 시장에 큰 영향을 미치며, 환율 변동성을 더욱 확대시키고 있다. 이러한 환경에서 금융기관들은 글로벌 자산 운용 전략을 보다 정교하게 수립하고, 외환 리스크를 사전에 관리할 수 있는 체계를 구축하는 것이 필요하다. 환율 변동성이 기업과 투자자들에게 미치는 영향을 최소화하기 위해 리스크 헷징 전략을 강화하고, 실시간 시장 분석을 통해 신속한 대응이 가능한 시스템을 갖추는 것이 중요하다. 이처럼 글로벌 경제의 불확실성이 지속되는 가운데, 금융기관들은 보다 체계적인 외환 리스크 관리 전략을 통해 시장 변화에 유연하게 대응해야 한다.

(5) 금융 사이클 변화와 금융 취약성 증가

코로나19 팬데믹 이후 민간 신용 증가로 인해 대한민국 금융 시장의 취약성이 점차 확대되고 있다. 특히 가계 부채가 증가하면서 가계와 기업의 채무 상환 부담이 커지고 있으며, 이는 금융기관의 안정성을 위협하는 중요한 요인으로 작용하고 있다. 이러한 상황에서 금융기관들은 리스크 관리 체계를 강화하고, 잠재적 금융 위기를 사전에 예방하기 위한 대비책을 마련하는 것이 필수적이다. 금리 변동성에 대비한 신중한 여신 심사, 가계 부채 조정, 유동성 관리 강화 등을 통해 금융 시장 안정성을 확보해야 한다. 탄탄한 리스크 관리와 선제적인 대응 전략이 금융기관의 지속 가능성과 시장의 신뢰를 유지하는 핵심 요소가 될 것이다.

3 금융업계에서 코칭이 필요한 이유

금융업계에서 코칭은 왜 필요할까? 빠르게 변화하는 금융 환경 속에서 지속적으로 성장하고 최고의 성과를 내기 위해서는 무엇이 필요할까? 정답은 코칭이다. 코칭은 금융 전문가들이 변화에 유연하게 대응하도록 하는 역량의 근육을 강화할 수 있다. 또한 조직 내 커뮤니케이션을 원활하게 하고, 리더십을 향상시키며, 목표 달성을 위한 전략적 사고를 기르는 데 중요한 역할을 한다. 특히 금융업계는 복잡한 규제, 치열한 경쟁, 끊임없이 변화하는 시장 상황에 직면해 있고, 이런 환경 속에서 실질적인 성장을 이끄는 맞춤형 코칭이 필수적이다. 효과적인 코칭은 금융 전문가가 더 나은 의사결정을 내리고, 혁신적인 해결책을 찾으며, 조직의 지속 가능성을 높이는 데 기여한다. 금융업계에서 코칭이 중요한 이유는 바로 여기에 있다. 금융업계에서 코칭이 필요한 이유에 대해 제시하면 다음과 같다.

(1) 의사소통 및 문제 해결 능력 강화

금융업계에서는 효과적인 의사소통과 문제 해결 능력이 필수적이다. 복잡한 금융 상품과 규제 환경 속에서 명확한 소통이 이루어지지 않으면, 조직 내부뿐만 아니라 고객과의 관계에서도 혼란이 발생할 수 있다. 이러한 문제를 해결하는 데 중요한 역할을 하는 것이 바로 코칭이다. 코칭을 통해 리더와 조직의 구성원들은 원활한 커뮤니케이션을 통해 협력하는 문화를 강화하고, 복잡한 문제를 보다 효과적으로 해결할 수 있다. 코칭은 변화하는 환경에 능동적으로 대처하고, 조직의 성과를 창출하는 데 필수적인 비즈니스 방법론이라고 할 수 있다.

(2) 맞춤형 역량 개발

금융업계에서 코칭은 개인의 역량을 개발하는 핵심 도구이다. 각 직원의 강점과 약점을 정확히 파악하여 맞춤형 개발 계획을 수립하면, 조직 구성원들의 보다 효과적인 성장이 가능하다. 이를 통해 직원들은 자신의 역할에 필요한 핵심 역량을 강화하고, 업무에 대한 자신감을 높일 수 있다. 또한 지속적인 피드백을 통해 전문성을 키워 나갈 수 있어, 결국 조직 전체의 성과 향상으로 이어진다. 코칭은 변화하는 환경 속에서도 유연하게 대처하고, 원하는 성과를 달성할 수 있도록 지원하는 중요한 비즈니스 방법론이다.

(3) 직원의 성장과 조직 성과의 촉진

코칭은 직원의 성장을 지원하고 조직의 성과를 촉진하는 비즈니스 도구이다. 금융업계는 빠르게 변화하는 경제 환경과 기술 혁신 속에서 고객의 니즈에 신속하게 대응해야 한다. 이를 위해서는 개개인의 역량 개발뿐만 아니라 조직 전체의 협업이 필수적이다. 코칭을 활용하면 리더와 직원들이 보다 더 효과적으로 소통하고 협력하여 조직의 목표를 달성하는 데 필요한 역량을 강화할 수 있다. 변화에 능동적으로 대응하고, 문제 해결 능력을 강화하며, 지속적인 성장을 이루도록 지원한다. 코칭은 직원과 조직이 함께 성장하고 발전할 수 있도록 불을 붙이는 점화장치(Igniter)의 역할을 한다.

(4) 리더십 개발과 미래 리더 양성

코칭은 현재의 리더뿐만 아니라 차세대 리더를 양성하는 데 중요한 역할을 한다. 효과적인 리더는 조직의 목표를 명확히 설정하고, 팀원들의 성장을 이끌며, 긍정적인 조직 문화를 조성할 수 있어야 한다. 이러한 역량을 키우는 데 필요한 것이 바로 코칭이다. 코칭을 통해 리더들은 자신과 팀의 올바른 방향성을 설정하고, 구성원들과 원활하게 소통하며, 협업을 강화할 수 있다. 또한 차세대 리더들은 코칭을 통해 의사결정 능력과 팀 관리 역량을 길러 조직의 비전을 실현하는 데 기여할 수 있다. 코칭은 지속 가능한 리더십을 구축하고 조직의 장기적인 성공을 이끄는 핵심 도구이다.

(5) 변화 관리 역량 강화

오늘날 금융업계는 VUCA로 대표되는 급격한 변화 속에 있다. 시장 환경이 빠르게 변화하고 예측이 어려운 상황에서, 금융기관은 지속 가능한 성장을 위해 끊임없이 적응하고 노력해야 한다. 이러한 환경에서 코칭은 변화 관리 능력을 키우는 가장 적합한 도구이다. 코칭을 통해 직원들은 불확실한 상황에서도 유연하게 대응하는 방법을 알게 되고, 새로운 도전에 적극적으로 나설 수 있는 역량을 갖추게 된다. 코칭은 변화에 능동적으로 적응하고, 조직의 지속 가능한 성장을 이끌 수 있도록 하는 핵심 도구이다.

4 코칭 사례 연구(코칭을 해야 하는 이유 사례 1, 사례 2)

두 가지 사례를 통해 코칭이 성과에 어떠한 영향을 미치는가에 대해 자세하게 살펴보자.

효과적인 코칭은 단순히 직원들의 성과를 유지하는 것을 넘어, 설정된 목표를 초과 달성할 수 있도록 한다. 리더의 코칭을 통해 조직 구성원의 몰입도와 동기가 높아지며, 지속적인 피드백과 성장을 지원함으로써 성과를 향상할 수 있다. 리더의 역할이 팀의 성과에 미치는 영향은 매우 크다. 리더가 팀원들과 정기적으로 충분한 시간을 들여 코칭을 하면, 개개인의 역량 개발뿐만 아니라 조직의 목표 달성에도 긍정적인 영향을 미친다. 코칭은 단기적인 성과 향상을 넘어 장기적인 성장과 지속적인 발전을 이루는 데 효과적이다.

(1) 코칭 사례 1: 효과적인 코칭은 팀의 성공 가능성을 높이고, 수익으로 이어진다.

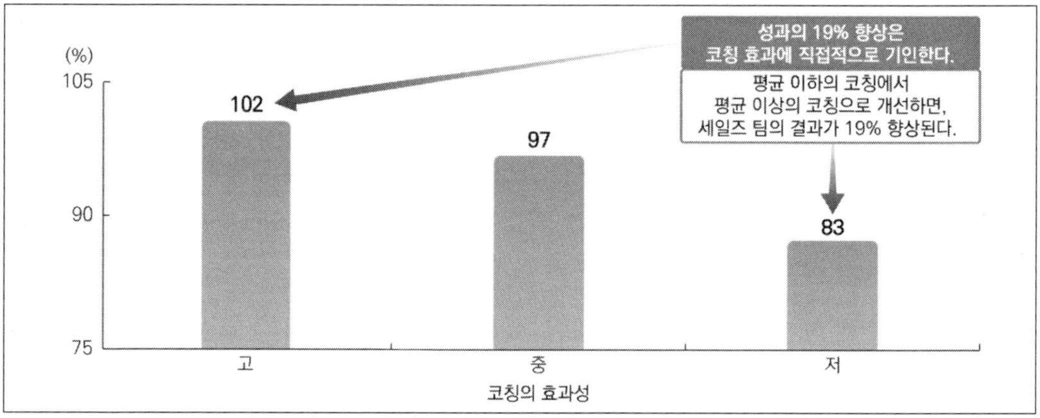

〈그림 1-1〉 코칭 효과에 따른 목표 대비 성과 비율

출처: 2005 SEC 코칭 효과성 조사, 세일즈 임원 위원회 연구; 세일즈 리더십 라운드테이블 연구

위의 사례에 따르면 코칭 수준에 따라 세일즈 팀의 성과가 크게 달라지는 것으로 나타났다. 코칭 효과가 낮은 팀(Low Coaching Effectiveness)은 목표 대비 83%의 성과에 그친 반면, 중간 수준의 코칭(Medium Coaching Effectiveness)을 받은 팀은 97%의 성과를 기록했다. 특히 코칭 효과가 높은 팀(High Coaching Effectiveness)은 목표 대비 102%의 성과를 달성하며 목표를 초과 달성하는 성과를 보였다. 이 사례는 코칭이 단순한 지원 활동이 아니라, 실질적인 성과를 이끄는 핵심 요소임을 입증한다.[12]

1) 효과적인 코칭은 성과를 최대 19%까지 향상시킨다

위의 사례에서 볼 수 있듯이, 코칭 수준이 낮은 팀과 높은 팀의 성과 차이는 무려 19%에 달한다. 이는 코칭이 팀 성과에 실질적인 영향을 미친다는 것을 수치로 입증하는 것이다. 특히 성과 압박이 큰 세일즈 조직에서는 리더의 코칭 역량이 곧 성과로 직결된다.

2) 코칭은 목표를 초과 달성하는 데 결정적인 역할을 한다

목표 대비 100% 이상의 성과를 낸 팀은 오직 코칭 효과가 높은 팀뿐이었다. 이는 코칭이 단순히 평균을 유지하는 수준이 아니라, 목표를 넘어서는 성과를 창출하는 데 반드시 필요한 조건임을 시사한다. 즉, 고성과를 원한다면, 코칭은 선택이 아닌 필수이다.

3) 코칭은 높은 투자 대비 성과(Return on Investment)를 보장한다

효과적인 코칭은 팀원들의 잠재력을 최대한 끌어올려 성과 중심의 조직이 지속 성장할 수 있도록 한다. 코칭은 팀의 경쟁력을 높이고, 조직 전체의 목표 달성률을 끌어올리는 가장 실질적인 방법이다.

(2) 코칭 사례 2: 매월 리더(관리자)의 코칭 시간별 목표 달성률

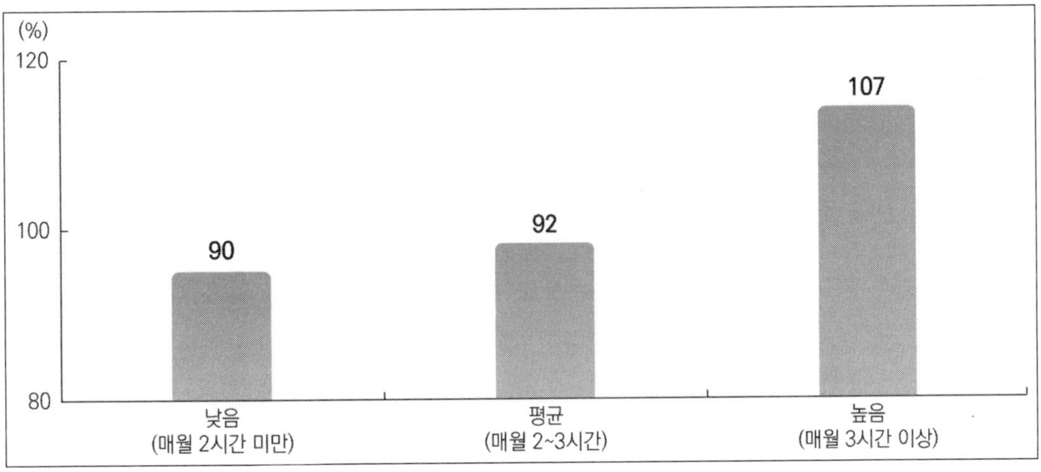

〈그림 1-2〉 코칭 효과에 따른 목표 대비 성과 비율

출처: 2005 SEC 코칭 효과 설문조사, 세일즈 임원 위원회 연구; 세일즈 리더십 라운드테이블 연구; 금융 서비스 CEO 위원회 연구

지속적인 코칭, 세일즈 팀 성과를 바꾸다

이 사례는 효과적인 코칭이 세일즈 팀 구성원 개개인의 성과를 어떻게 실질적으로 향상시키는지를 잘 보여준다. 단순히 코칭이 필요하다고 주장하는 것이 아니라, 실제 데이터를 통해 그 필요성을 명확하게 뒷받침하고 있다는 점에서 더욱 의미가 있다.[13]

특히 주목할 점은 코칭의 빈도와 지속성이 팀 성과에 미치는 영향이다. 정기적으로 코칭을 받은 팀원들은 더 높은 성과를 기록했으며, 이는 코칭이 단기적인 동기부여를 넘어 장기적인 성과 향상에도 결정적인 역할을 한다는 사실을 보여준다.

① 코칭의 빈도와 성과는 밀접하게 연결되어 있다

리더가 얼마나 시간을 들여 팀원들을 코칭하느냐는 팀 성과에 직접적인 영향을 미친다.

- 월 평균 2시간 미만의 코칭(Low Coaching)을 받은 팀은 목표 대비 성과가 90%에 그쳤다.
- 반면 월 2~3시간 수준의 평균적인 코칭(Average Coaching)을 받은 팀은 92%의 성과를 기록했다.
- 특히 월 3시간 이상 충분한 코칭(High Coaching)을 받은 팀은 107%의 성과를 달성하며, 목표를 초과 달성한 것으로 나타났다.

이 결과는 지속적이고 충분한 코칭이 팀원의 성과를 향상시키는 핵심 원인임을 분명히 보여준다.

② 코칭 시간이 성과에 주는 실질적인 차이: 7% 향상

코칭 시간이 평균 수준에서 높은 수준으로 증가했을 때, 성과는 목표 대비 7% 상승했다. 이 수치는 단순한 차이를 넘어 코칭이 목표 달성의 결정적 요인임을 시사한다.

③ 코칭은 전략적 리더십이다

코칭은 구성원 한 사람 한 사람의 능력을 극대화하여 팀 전체의 성과를 끌어올리는 전략적 리더십의 핵심 도구이다. 리더가 정기적으로 시간을 들여 팀원들에게 효과적인 코칭을 제공할수록 성과는 장기적으로도 지속적인 성장을 이룬다. 실제 사례 연구 결과, 코칭 시간이 늘어날수록 성과는 최대 7% 이상 향상되며, 이는 조직 전체의 경쟁력 확보로 이어진다.

위의 사례를 토대로 정기적 코칭이 팀원에게 주는 세 가지 긍정적 효과는 다음과 같다.

- 명확한 목표 설정 및 실행: 코칭을 통해 구성원의 역할과 목표가 명확히 정의되면, 업무 방향이 분명해지고 실행력이 높아진다.
- 지속적인 피드백 제공: 정기적인 코칭은 팀원이 자신의 강점과 개선점을 인식하게 해준다. 이를 기반으로 팀원은 빠르게 피드백을 반영하고 업무 역량을 꾸준히 향상시킬 수 있다.
- 높은 동기부여와 몰입도: 코칭 과정에서의 적극적인 소통은 팀원의 동기와 몰입을 높인다. 이는 결과적으로 조직의 성과 향상으로 이어진다.

3절 리더십과 코칭의 관계

1 리더의 인식(Leader's Perception)과 코칭: 리더의 안경

우리는 각자 자신만의 패러다임(Paradigm)의 안경을 쓰고 세상을 바라본다. 그렇다면 당신은 어떤 렌즈를 통해 세상을 바라보고 있는가?

팀원 중 한 명이 실수를 했다는 것을 알았을 때, 당신은 즉각적으로 어떤 반응을 보일 것인가? 이 상황에서 나타나는 당신의 태도는 단순한 순간의 반응을 넘어 세상을 바라보는 방식, 즉 패러다임을 나타낸다. 코칭은 리더의 인식에서부터 출발한다고 해도 과언이 아니다. 리더가 인식하는 방식은 조직의 성과, 문화, 팀원의 행동 등에 결정적인 영향을 미친다. 리더는 방향성을 제시하고, 최종 의사결정을 내리며, 팀원들과 상호작용을 통해 조직 목표를 달성하는 핵심적인 역할을 수행한다. 긍정적인 인식을 가진 리더는 조직의 성과와 지속 가능성을 높이며, 반면 부정적인 인식을 가진 리더는 조직의 발전을 저해할 수 있다. 리더의 인식은 조직과 구성원의 성공에 핵심적인 것으로, 자신의 인식을 끊임없이 점검하고, 긍정적이며 발전적인 방향으로 관리해야 할 책임이 있다. 이러한 인식은 조직 내 신뢰와 협력하는 문화를 형성하고, 더 나은 성과와 지속 가능성을 만들어가는 데 중요한 역할을 한다.

리더의 인식은 팀원의 자기 효능감, 의사결정, 조직 문화와 분위기, 문제 해결과 혁신, 성과와 지속 가능성에까지 영향을 미친다. 그러므로 지금 나는 리더로서 어떤 안경을 쓰고 세상을 바라보고 있는지 다시 한 번 점검해볼 필요가 있다.

2 리더의 발코니 뷰(Balcony-View)와 코칭(Coaching)

발코니 뷰(Balcony-View)라는 용어가 있다. 연극 혹은 뮤지컬(Musical) 무대를 상상해보자. 지금까지 본 연극이나 뮤지컬 중에서 가장 기억에 남는 작품은 무엇인가? 가족 혹은 연인과 연극·뮤지컬 등을 관람 중이라고 상상해보자. 그곳에는 배우들이 연극을 하는 무대가 있고, 관람객들이 관람을 하는 관람석이 있다. 그리고 총감독이 배우들과 관람객 모두를 동시에 관찰하고 조망할 수 있는 장소가 있다. 이곳을 발코니(Balcony)라고 부른다. 배우는 무대에 서 있으면 연기에만 집중할 수 있고, 관람객은 관람석에 있으면 배우들의 연기만 관람할 수 있다. 감독처럼 지금 전체의 분위기를 조망할 수는 없다.

요즘 대부분 기업의 리더는 실무형 리더이기 때문에 아침부터 저녁까지 하루 종일 연극 무대에서 열심히 업무를 수행하는 경우가 대부분이다. 재미있는 일화가 있다. 어느 부서장이 열심히 일하다가 문득 시간을 보니 이미 퇴근 시간이 조금 지나 있었다. 급한 업무가 있어 자리에서 일어나 주변을 둘러보니 팀원들은 모두 퇴근하고 사무실에는 아무도 없었다. 그제야 혼자 남은 걸 깨달은 그는 씁쓸한 듯 혼잣말을 했다고 한다. '나만 바쁜가 보네!'

리더는 일부러라도 시간을 내어 내 자신의 발코니에 서서 무대와 관람석 전체를 관찰하고 조망해볼 시간을 가질 필요가 있다. 즉, 발코니에 서서 전체를 조망하며 객관적인 시각을 가질 때, 무대와 관람석을 모두 바라보며 리더로서의 내 자신과 과거의 성과를 성찰(Reflection)할 수 있다. 그리고 그러한 성찰을 바탕으로 미래를 위한 전략을 수립할 수 있는 것이다. 코칭과 피드백은 발코니 뷰에서 리더의 관찰을 바탕으로 시작한다 해도 과언이 아니다. 당신은 언제 리더십 발코니에 올라서서 팀 전체를 조망할 것인가? 그리고 그 조망을 바탕으로 어떻게 코칭을 시작할 것인가?

3 지시형 리더(Directive Leader) vs. 코치형 리더(Coaching Leader)

당신은 지시형 리더인가, 아니면 코치형 리더인가?

지시형 리더(Directive Leader)와 코치형 리더(Coaching Leader)는 필요와 상황에 따라 각기 다른 장점을 발휘할 수 있는 리더십 유형이다.

지시형 리더(Directive Leader)는 조직의 목표를 신속하게 달성하기 위해 명확한 지시와 통제를 기반으로 팀을 이끄는 리더십 스타일이며, 특징은 다음과 같다.

(1) 지시형 리더(Directive Leader)

① 의사결정 방식: 지시형 리더는 팀의 모든 의사결정을 스스로 주도하고, 팀원들에게 이를 따르도록 지시한다. 의사소통은 주로 상명하달식으로 이루어지며, 리더가 중심이 되어 업무 방향과 세부 계획을 설정한다.

② 업무 관리 방식: 지시형 리더는 팀원의 업무 수행 과정을 면밀히 감독하고, 작업의 효율성과 정확성을 중요시한다. 업무 중 문제가 발생할 경우 즉각적으로 개입하여 수정하며, 결과물을 엄격히 평가한다.

③ 팀원에 대한 관점: 팀원을 주로 업무 수행자로 인식하며, 그들의 역할과 책임을 명확히 정의한다. 특히 팀원의 업무 경험이 부족하거나 명확한 지침이 필요한 상황에서 효과적이다.

④ 피드백 방식: 피드백은 주로 명령과 지시에 초점을 맞추며, 문제를 발견하면 직접적으로 지적하고 해결 방안을 제시한다.

⑤ 장단점: 지시형 리더는 긴급한 상황이나 팀 내 혼란이 있을 때 명확한 방향을 제시하여 신속하게 문제를 해결할 수 있다. 또한 업무 경험이 부족한 팀원들에게 구체적인 가이드라인(Guideline)을 제공함으로써 업무의 효율성을 높이는 데 효과적이다. 반면에 단점은 팀원의 자율성과 창의성이 제한될 가능성이 크며, 지나친 통제는 팀원들의 사기를 저하시킬 수 있다. 또한 쌍방향 소통보다는 일방적인 의사소통에 치우치기 때문에 팀원의 동기가 저하될 수 있다.

(2) 코치형 리더(Coaching Leader)

코치형 리더는 팀원의 성장과 자율성을 중시하며, 팀원들이 잠재력을 발휘할 수 있도록 지원하는 리더십 스타일이며, 특징은 다음과 같다.

① 의사결정 방식: 코치형 리더는 팀원들과의 협력을 바탕으로 의사결정을 내린다. 리더는 큰 그림을 제시하되, 세부적인 실행 방안은 팀원들이 스스로 고민하고 제안하도록 한다.

② 업무 관리 방식: 코치형 리더는 팀원들에게 일정 수준의 자율성을 부여하며, 스스로 문제를 해결하고 업무를 수행할 수 있도록 지원한다. 리더는 주로 상담자, 조언자, 그리고 멘토의 역할을 하며, 감독보다는 지원(Support)에 집중한다.

③ 팀원에 대한 관점: 팀원을 성장 가능성이 있는 독립적인 주체로 인식하며, 팀원의 강점과 약점을 파악하여 잠재력을 활용할 수 있도록 지원한다.

④ 피드백 방식: 코치형 리더는 긍정적이고 건설적인 피드백을 제공한다. 팀원의 강점에 대해 칭찬하고, 개선이 필요한 부분은 팀원이 스스로 깨달을 수 있도록 열린 질문을 통한 쌍방향 피드백 대화를 시도한다.

⑤ 장단점: 코치형 리더는 팀원들이 자율성과 창의성을 발휘할 수 있도록 이끌어 장기적으로 팀원들의 역량을 강화할 수 있다. 또한 신뢰와 협력을 바탕으로 긍정적인 조직 문화를 조성하고, 팀원들의 동기부여를 높인다. 코치형 리더는 신속한 의사결정이 필요한 상황에서는 비효율적일 수 있으며, 명확한 가이드가 필요한 팀원들에게는 혼란을 초래할 가능성이 있다. 또한 팀원들이 높은 자율성을 효과적으로 활용하지 못하면 오히려 성과가 저하될 수도 있다.

지시형 리더는 단기적인 성과와 신속한 실행이 요구되는 상황에서 효과적인 리더십 스타일로, 명확한 지침과 통제가 필요할 때 강점을 발휘한다. 반면 코치형 리더는 팀원의 자율성과 잠재력을 이끌어내어 장기적인 성장과 협력을 중시하는 환경에서 적합하다. 따라서 효과적인 리더십을 발휘하려면, 두 스타일을 팀원의 특성과 상황에 맞게 유연하게 적용하는 것이 중요하다.

4 당신은 매니저인가, 리더인가?

우리는 흔히 매니저와 리더라는 용어를 혼용하여 매우 비슷한 의미로 사용한다. 그러나 과연 매니저와 리더는 어떻게 다르며, 그 차이점은 무엇일까? 매니저와 리더의 구체적인 차이는 여러 학자들이 연구하고 정의했으며, 대표적인 학자는 워런 베니스(Waren Bennis)와 존 코터(John Kotter) 등이 있다.[14] 워런 베니스(Waren Bennis)는 리더(Leader)와 매니저(Manager)의 차이를 다음과 같이 구분했다.

표 1-1 | 매니저와 리더의 차이

매니저(Manager)	리더(Leader)
복잡성을 관리한다	변화를 주도한다
시스템과 구조에 초점을 둔다	사람과 비전에 초점을 둔다
목표를 효율적으로 달성한다	방향과 의미를 제공한다
규칙과 질서를 준수한다	창의성과 혁신을 장려한다
현재에 초점을 둔다	미래를 내다본다
일을 제대로 한다(Do things right)	올바른 일을 한다(Do the right things)

한편 존 코터(John Kotter)는 매니저먼트(Management)와 리더십(Leadership)을 다음과 같이 구분했다.[15]

표 1-2 | 매니저먼트와 리더십의 차이

매니지먼트(Management)	리더십(Leadership)
복잡성 관리: 시스템과 프로세스를 통해 질서와 일관성을 유지	변화 관리: 새로운 비전과 전략으로 변화를 주도
계획 예산 수립: 자원을 조직화하고 일정에 맞게 수행	비전 수립: 조직의 방향성과 장기적인 목표를 정의
조직화 및 인력 배치: 책임을 달성하고 효율적인 작업 구조를 설계	동기 부여: 비전과 목표에 대한 열정을 심어줌
문제 해결: 위험을 최소화하고 현재 상태를 유지	도전과 혁신: 새로운 아이디어를 통해 문제를 해결

이상의 내용을 바탕으로 매니저와 리더의 차이를 간단히 정리하면 다음과 같다.

표 1-3 | 매니저와 리더

구분	매니저(Manager)	리더(Leader)
초점	효율성(Efficiency)	효과성(Effectiveness)
방식	명령과 통제	설득과 비전 제시
역할	안정성 유지	변화를 주도
중심	과업 중심적(Task-oriented)	사람 중심적(People-oriented)
목표	단기적 목표 설정 및 실행	장기적 비전 제시 및 영감 제공

5 리더의 세 가지 역할과 균형

리더의 역할은 과연 무엇일까? 매니저와 리더의 차이점에 대해 살펴본 만큼, 이제 리더의 역할에 대해 깊이 생각해볼 필요가 있다. 리더의 역할은 크게 세 가지로 나눌 수 있다. 바로 리더(Leader) 본연의 역할, 매니저(Manager)의 역할, 그리고 코치(Coach)의 역할이다. 각각의 역할을 살펴보면 다음과 같다.

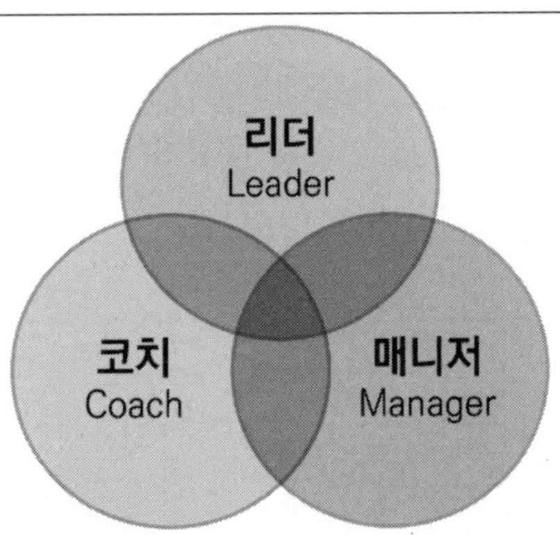

〈그림 1-3〉 리더, 코치, 매니저

리더(Leader)는 팀원들에게 명확한 비전(Vision)을 제시하고, 권한을 부여(Empowering)하며, 동기부여(Motivation)를 통해 올바른 업무 방향을 설정하는 역할을 한다.

매니저(Manager)는 리스크를 관리하고, 팀원들의 다양한 업무와 관련된 승인 및 결재를 하며, 휴가나 출장과 같은 근태를 관리하는 역할을 한다.

코치(Coach)는 팀원들이 업무를 보다 효과적으로 수행할 수 있도록 질문하고, 경청하며, 대화를 통해 사고를 자극하는 역할을 한다. 이를 바탕으로 팀원들이 스스로 원하는 성과를 달성할 수 있도록 지원하는 것이 핵심적인 역할이다.

요약하면 리더의 역할은 팀원에게 비전, 목표, 방향성을 제시하고, 그들의 동기부여 요소를 파악하는 것이다. 매니저의 역할은 일상적인 업무 운영과 실행을 관리하며, 목표 달성을 효과적으로 지원하는 데 집중한다. 코치의 역할은 팀원들의 성장과 발전을 돕고, 그들이 잠재력을 최대한 발휘할 수 있도록 충분한 기회를 제공하는 것이다.

이상의 내용을 바탕으로 리더, 매니저, 코치의 차이를 간단히 요약하면 다음과 같다.

표 1-4 | 리더, 매니저, 코치

	리더(Leader)	매니저(Manager)	코치(Coach)
초점	비전과 영감	조직화와 실행	성장과 성과 향상
접근 방식	동기 제공과 권한 부여	계획 수립, 모니터링, 문제 해결	질문과 경청을 통한 코칭, 피드백 대화
시간 범위	장기적 목표	단기적 목표	단기 및 장기적 성장
스타일	전략, 영감 제공	관리, 운영 중심	협력, 학습 중심
목적	조직의 목표와 비전 공유	효율성과 안정성	개인의 성장과 문제 해결 능력 개발

리더가 오직 리더의 역할만 수행하며 비전과 방향만 제시할 경우 팀원들은 영감을 받을 수는 있으나, 구체적인 실행 계획과 관리가 부족해 혼란을 느낄 수 있다. 반대로 매니저의 역할에만 집중하면 업무는 체계적으로 운영될 수 있으나, 팀원들은 단순히 업무를 수행하는 존재로 느껴져 동기부여가 저하될 수 있다. 코치의 역할에만 치중할 경우 팀원들의 성장은 촉진될 수 있으나, 명확한 지시나 관리가 부족해 효율성이 떨어질 우려가 있다. 이러한 상황을 상상해보면 리더십에서 균형과 조화가 팀원의 성장에 얼마나 중요한

지 자연스럽게 깨닫게 된다. 리더가 세 가지 역할을 적절히 조화롭게 수행할 때, 팀원들은 동기부여 되고, 업무 성과 역시 극대화될 수 있다.

6 리더의 스위트 스팟(Sweet Spot): 리더십의 균형과 조화

스위트 스팟이라는 용어를 들어본 적 있는가? 스위트 스팟은 골프, 야구, 테니스와 같은 스포츠에서 사용되는 용어이며, 이는 최적의 균형이 이루어져 가장 이상적인 결과를 만들어내는 지점(Spot)을 의미한다. 예를 들어 골프에서 골프공이 클럽 페이스(Club Face)의 가장 중심에 정확히 맞았을 때 최대의 정확성과 거리를 낼 수 있다는 의미이다. 주말 골퍼라면 누구나 한 번쯤 경험했을 법한 상황이다. 리더의 리더십 또한 마찬가지이다. 리더(Leader), 매니저(Manager), 코치(Coach) 세 가지 역할에서 완벽한 균형을 이루는 것, 그것이 바로 리더십의 스위트 스팟을 찾는 과정이다. 리더는 비전을 제시하고 영감을 주며, 매니저는 실행과 운영을 책임지고, 코치는 팀원들의 성장을 지원한다. 이 세 가지 역할이 조화를 이룰 때, 팀은 최고의 성과를 창출할 수 있다. 진정한 리더십의 스위트 스팟은 단순히 한 가지 역할에 집중하는 것이 아니다. 상황과 필요에 따라 유연하게 역할을 조정하며, 리더로서 조직의 중심을 잡는 것, 바로 그것이 탁월한 리더십의 본질이다.

스티븐 코비(Stephen R. Covey)는 관리와 리더십을 다음과 같이 비교했다. "관리한다는 것은 성공의 사다리를 어떻게 효율적으로 올라가느냐의 문제이고, 리더십은 그 사다리가 올바른 벽에 걸쳐져 있는가를 결정하는 것과 관계된다."[16] 당신의 리더십 스위트 스팟(Leadership Sweet Spot)은 어디를 향하고 있는가? 지금 당신은 비전을 제시하는 리더(Leader)로서 팀을 이끌고 있는가? 아니면 운영과 실행을 책임지는 매니저(Manager)의 역할에 집중하고 있는가? 혹은 팀원들의 성장을 지원하는 코치(Coach)로서 그들의 잠재력을 끌어내고 있는가?

지금 이 순간, 당신은 리더십의 어느 지점에 서 있는가? 이제는 진정한 리더로서의 스위트 스팟을 찾아갈 때이다.

4절 코칭의 핵심 원칙과 철학

1 X-Y이론과 코칭

코칭은 구성원의 동기부여와 장기적인 성장과 발전을 촉진하는 측면에서 보면 더글라스 맥그리거(Duglas McGregor)의 Y이론의 관점에서 출발한다고 볼 수 있다. 맥그리거는 동기부여 관점에서 X이론과 Y이론을 제시했다. X이론은 전통적인 인간관이고 Y이론은 새로운 인간관이라고 할 수 있다.[17]

X이론과 Y이론에 대해 자세히 설명하면 다음과 같다.

1) X이론: X이론의 관점에서 보면 인간은 근본적으로 일을 싫어하고 되도록 일을 하지 않으려고 한다. 인간은 책임을 회피하며, 야망이 없고, 안정만을 원하고, 통제되기를 바란다. 인간은 조직 목적에 관심이 없고, 변화에 저항하며, 자신의 이기적인 욕구 충족만을 추구한다. X이론은 통제와 명령에 의존하는 전통적인 관리 방식으로, 단기적 성과 달성에는 효과적일 수 있지만 구성원의 창의성과 자율성을 저해할 수 있다. X이론은 마인드셋(Mindset)에서 언급한 고정 마인드셋(Fixed Mindset)과 유사한 개념이다.

2) Y이론: Y이론의 관점에서 보면 인간은 일을 즐긴다. 인간은 책임 있는 일을 원하며, 주어진 환경에 따라 역량을 개발할 수 있는 잠재능력을 가지고 있다. 인간의 근성은 수동적이지 않으며 행동의 결과에서 오는 만족감에 따라 조직 목표에 부합하고 몰입할 수 있다. Y이론은 신뢰와 자율성에 기반한 관리 방식으로, 구성원의 동기부여와 장기적인 성장과 발전을 촉진할 수 있다. Y이론은 마인드셋(Mindset)에서 언급한 성장 마인드셋(Growth Mindset)과 유사한 개념이다.

X-Y이론은 리더가 팀원을 어떻게 인식하는가에 따라 리더십 방식이 달라지고, 이에 따른 성과 또한 크게 영향을 받는다는 점을 강조한다. 오늘날의 기업 환경에서는 Y이론이 더욱 중요하게 여겨지지만, 모든 상황에 일괄적으로 적용할 수 있는 리더십 스타일은 없다. 부서(팀)의 상황과 구성원의 특성에 따라 X이론과 Y이론을 적절히 조합하고 유연

하게 적용하는 것이 효과적이다. 이를 실현하는 것이 바로 상황 리더십(Situational Leadership)이다. 리더는 구성원의 동기와 역량 수준을 고려하여 적절한 리더십 접근 방식을 선택하는 것이 중요하다.

2 동기 이론과 코칭

코칭은 회피동기(Avoidance Motivation)에 머물러 있는 사람을 접근동기(Approach Motivation)로 이끌어, '해야 해서 하는 직원'이 아닌 '하고 싶어서 하는 직원'으로 변화시키는 과정이다.

인간의 행동을 일으키는 동기는 크게 두 가지로 나뉜다. 바로 회피동기와 접근동기이다. 회피동기는 부정적인 결과를 피하려는 마음이고, 접근동기는 긍정적인 결과를 얻으려는 마음이다.

회피동기를 가진 직원은 실패, 비난, 처벌 등 부정적 상황을 피하기 위해 행동한다. 예를 들어 상사에게 혼나지 않기 위해 지각하지 않거나, 마지못해 일처리를 하거나, 보고서를 가까스로 기한 내에 작성하는 경우이다. 이러한 회피동기는 즉각적인 행동을 일으킬 수 있지만, 장기적으로는 소극적인 태도를 만들고 불안감을 증대시켜 업무 성과를 저해할 수 있다.

반대로, 접근동기를 가진 직원은 인정, 성장, 성공 등 긍정적 목표를 달성하기 위해 행동한다. 예를 들어 보고서를 잘 작성해 자신의 아이디어가 인정받기를 기대하며 능동적으로 보고서를 작성하는 경우이다. 접근동기가 높을수록 사람은 더 적극적이고 창의적으로 행동하며, 장기적인 성과와 만족감을 얻기 쉬워진다.

현실에서는 이 두 가지 동기가 동시에 작용하는 경우가 많다. 직원들은 처벌을 피하려는 동시에 인정받고 싶어하기도 한다. 따라서 이 두 동기의 균형이 중요하다. 하지만 회피동기가 과도하게 작용하면 불안에 사로잡혀 성장보다는 방어적인 태도를 보이게 된다.

코칭은 이러한 점에서 중요한 역할을 한다. 코칭의 핵심은 회피동기의 부정적 영향을 줄이고, 접근동기를 자극하여 자발적으로 목표를 설정하고 행동하도록 지원하는 것이다.

코칭에서는 다음과 같은 접근 방법이 필요하다.

첫째, 회피동기가 강한 직원에게는 작은 성공(Quick Win) 경험을 쌓게 하여 자신감을 회복시키는 것이 중요하다. 실패에 대한 두려움 때문에 소극적인 직원에게는 무리한 목표보다는 해낼 수 있는 작은 과제를 주어 단기 성과를 통해 성공의 기쁨을 느낄 수 있도록 해야 한다. 이를 통해 '나는 할 수 있다'는 자신감이 생기면 회피동기가 점차 약해지고 접근동기가 강화된다.

둘째, 접근동기를 강화하기 위해서는 긍정적인 미래를 상상하게 하는 것이 효과적이다. 직원들은 자신이 목표를 달성했을 때 얻을 수 있는 성취감이나 인정, 성장 가능성을 구체적으로 떠올릴 때 더 큰 힘을 발휘할 수 있다. 코칭에서는 단순히 '이걸 안 하면 안 됩니다'라고 부정적으로 압박하는 대신, '이걸 하면 어떤 좋은 일이 생길까요?'라는 열린 질문을 던져 스스로 긍정적인 결과를 기대하도록 해야 한다.

결국 코칭은 내면에서 긍정적인 접근동기를 스스로 발견하도록 지원하는 과정이다. 직원을 '하지 않으면 안 되는 상태'의 회피동기에서 '하고 싶은 상태'의 접근동기로 변화시키는 것, 이것이야말로 코칭의 궁극적인 출발점이자 목표이다.

3 코칭 프레즌스(코치다움)

코칭 프레즌스(Coaching Presence)는 한국어로 적절히 번역된 표현이 마땅치 않기 때문에 본 글에서는 원어 그대로 사용하고자 한다. 굳이 번역하자면 코치다움, 코칭 존재감, 코칭 태도 등으로 해석할 수 있으며, 이 중에서 필자는 '코치답다'는 의미를 담고 있는 '코치다움'이 가장 적절한 표현이라고 본다. 그렇다면 '코치다움'을 의미하는 코칭 프레즌스란 과연 무엇일까? 코칭 프레즌스는 코칭이 진행되는 순간, 코치가 현재에 온전히 집중하며, 코칭 대상자와 신뢰를 바탕으로 자연스럽고 긍정적인 관계를 형성하는 역량을 의미한다. 이는 국제코칭연맹(ICF)에서 정의한 핵심 역량(Core Competency) 중 하나로, 코치가 코칭 대상자와의 관계 속에서 신뢰를 지속적으로 형성하고 구축하기 위해 반드시 갖추어야 할 핵심 역량이다. 코칭 프레즌스는 코칭 과정 전반에서 코치와 대상자 간의 상호작용 방식을 결정짓는 중요한 개념이며, 코칭의 효과를 위해 매우 중요하다.

이제 코치다움을 구성하는 다섯 가지 핵심 역량에 대해 자세히 살펴보고자 한다.

첫 번째는 현재에 집중하기(Being Present)이다.

두 사람이 대화를 하고 있다. 한 명은 말하는 사람이고 다른 한 명은 무엇을 하고 있는 사람일까? 상대방의 말을 경청하고 있는 사람일까? 아니다. 말하려고 준비하는 사람일 수도 있다. 그만큼 상대방의 말에 집중하는 것이 어렵다는 이야기이다. 코칭을 진행하는 동안 코치는 여러 가지 방해 요소를 제거하고, 오로지 코칭 대상자에게 관심을 가지고 주의를 기울여야 한다는 의미이다. 이는 코칭 대상자가 말하는 언어적 요소뿐만 아니라, 표정, 몸짓 등 비언어적 언어까지 면밀하게 관찰하며 코칭 대상자의 의도와 감정을 충분히 파악하는 것을 의미한다. 현재에 집중함으로써 코치는 코칭 대상자가 전달하는 언어적 요소, 비언어적 요소 이면에 담긴 진정한 감정과 니즈를 이해할 수 있어야 한다. 이를 위해 코치는 코칭 대상자에 대한 적극적 경청과 코칭 대상자가 한 말에 대한 요약, 열린 질문 등의 스킬을 활용해야 한다.

두 번째는 공감을 통한 신뢰의 형성이다.

그렇다면 '공감한다'는 것은 구체적으로 어떤 의미일까? 코치가 코칭 대상자의 상황을 깊이 이해하고, 코칭 대상자의 입장에서 바라보고 생각하는 공감은 신뢰를 형성하는 출발점이 된다. 코칭 대상자는 자신이 편안하게 느끼고, 코치를 신뢰할 수 있는 분위기에서 더 솔직하고 자유롭게 내면의 생각을 공유할 수 있으며, 이를 통해 코칭이 더욱 의미 있는 대화로 나아갈 수 있게 된다. 신뢰를 바탕으로 공감을 형성하기 위해, 코치는 개인적인 판단이나 확증편향(Confirmation Bias)을 배제하고, 코칭 대상자의 개인적인 감정과 경험을 존중하며, 객관적인 태도를 지속적으로 유지하기 위해 노력해야 한다.

세 번째는 코치의 유연성이다.

코칭은 종종 코치가 예상하지 못하는 방향으로 대화가 흘러갈 수도 있으므로, 코칭 프레즌스는 코치가 이러한 상황에 유연하게 대처하며, 적절한 질문을 통해 대화를 이끄는 역량을 의미한다. 코칭 대상자는 새로운 관점에서 충분히 사고할 수 있는 분위기 속에서 자신만의 해결 방안을 스스로 찾아낼 가능성이 높다. 이를 위해 코치는 열린 마음으로 코칭 대화에 참여하고, 코칭 대상자가 주도하는 대화의 흐름에 맞추어 코치가 코칭 대상자의 현재 상황을 있는 그대로 존중해야 한다. 이러한 접근을 코칭에서는 '고객(코칭 대상자)과 코치가 함께 춤을 춘다(Dancing with the client)'고 표현한다.

네 번째는 코치의 진정성이다.

코치의 진정성이란 자신의 감정과 관점, 직관을 코칭 대상자에게 솔직하게 드러내고, 이를 코칭 대화 속에 자연스럽게 녹여내는 것이다. 코치의 진정성은 코칭 대상자에게 신뢰를 형성하고, 코칭 대상자가 더 편안하고 솔직하게 자신의 생각과 감정을 표현할 수 있는 분위기를 만들어낸다. 진정성을 발휘하기 위해 코치는 자신이 아는 것과 모르는 것을 솔직히 인정하고, 할 수 있는 일과 없는 것을 정직하게 알리며, 코칭 대상자에게 진정한 관심을 가지고 꾸준히 솔직한 대화를 나눠야 한다.

다섯 번째는 "의도와 집중"이다.

의도와 집중은 코치가 명확한 의도를 가지고 코칭 대화를 이끄는 것이다. 이는 코칭 대화의 목적이 코칭 대상자의 성장과 발전에 중점을 두며, 원하는 결과를 달성하도록 지원하는 데 중점을 둔다는 것을 의미한다. 코치는 대화 초기에 코칭 목표를 명확히 하고, 이를 기반으로 대화를 진행함으로써 코칭 대상자가 자신만의 방향성을 더 잘 설정할 수 있도록 지원해야 한다.

정리하면, 코칭 프레즌스는 전체 코칭 대화의 성공 여부를 좌우하는 핵심 요소라고 해도 과언이 아니다. 코치가 현재 대화에 완전히 몰입하고, 코칭 대상자와의 신뢰를 지속적으로 형성할 때, 코칭 대화는 보다 의미 있고 심도 깊은 대화로 발전할 수 있다. 그 결과, 코칭 대상자는 자신의 논제(Agenda)를 더욱 명확히 이해하고, 해결 방안을 주도적으로 탐색하게 된다. 또한 코치의 진정성과 공감은 대상자가 코칭 세션에 더욱 적극적으로 참여하도록 하며, 이를 통해 코칭 목표 달성의 효과성을 높인다.

코칭 프레즌스는 단순한 스킬 그 이상으로, 코치와 코칭 대상자 간의 신뢰와 연결을 바탕으로 코칭 대화의 깊이와 효과를 높이는 핵심 역량이다. 이는 코칭 대상자가 자신의 잠재력을 발견하고 실행을 통해 성장할 수 있도록 돕는 중요한 밑거름이 된다.

5절 코칭의 유형과 방법론

1. 코칭의 종류

코칭은 그 특징과 목적에 따라 비즈니스 코칭(Business Coaching), 성과 코칭(Performance Coaching), 커리어 코칭(Career Coaching), 라이프 코칭(Life Coaching) 등으로 구분할 수 있으며, 각각의 특성을 자세히 살펴보면 다음과 같다.

(1) 비즈니스 코칭(Business Coaching)

비즈니스 코칭은 기업의 리더와 구성원이 더 나은 비즈니스 성과를 달성하도록 지원하는 것을 목적으로 한다. 이 코칭은 리더십 개발, 팀워크 향상, 조직 내 커뮤니케이션 개선 등을 통해 조직과 팀이 기대하는 성과를 달성하는 데 중점을 둔다. 예를 들어 리더가 올바른 전략을 수립해 조직의 비전을 실현하거나, 팀원 간의 신뢰와 협업을 증진하는 데 비즈니스 코칭이 활용된다. 특히 조직의 성장을 이끄는 핵심 리더나, 새로운 비즈니스 전략을 구체화하고 실행하려는 경영진에게 효과적인 코칭 방식이다.

(2) 성과 코칭(Performance Coaching)

성과 코칭은 특정 과업(Task)이나 스킬(Skill)의 향상을 통해 성과를 달성하는 것을 목적으로 한다. 예를 들어 조직 구성원이나 팀이 창의적인 업무 수행, 업무 효율성 개선, 프레젠테이션, 커뮤니케이션, 시간 관리 등 구체적인 스킬을 개발하고, 이를 통해 명확한 성과 목표를 달성하도록 한다. 성과 코칭은 실행 가능한 행동 계획 수립과 성과 달성을 통해 구성원 개개인의 역량을 강화하고, 조직 전체의 생산성을 높이는 데 효과적이다. 특히 특정 분야에서 업무 성과의 향상이 요구되는 상황에서 성과 코칭은 매우 실용적으로 활용된다.

(3) 커리어 코칭(Career Coaching)

커리어 코칭은 경력 목표를 설정하고 이를 실현하는 데 중점을 둔다. 취업, 이직, 승진 등 경력과 관련된 다양한 주제에 대해 집중적으로 다루며, 개인의 커리어(Career) 목표 달성을 효과적으로 지원한다. 예를 들어 커리어 코칭을 통해 자신의 적성과 강점에 맞는 직업을 탐색하고, 취업에 필요한 역량과 스킬을 향상시킨다. 또한 현재 직장에서의 갈등을 해결하고 성과 향상을 위한 실행 계획을 수립하며, 경력 단절을 극복하거나 새로운 커리어에 도전하는 데 필요한 방향성을 설정하고 실천할 수 있도록 한다.

(4) 라이프 코칭(Life Coaching)

라이프 코칭(Life Coaching)은 개인의 삶 전반을 다루며, 자아 인식, 목표 설정, 행동 변화, 삶의 질 향상 등을 통해 개인의 전반적인 만족도를 높이는 것을 목표로 한다. 이를 통해 자신의 강점을 개발하고, 진정으로 원하는 삶의 방향을 탐색하며, 구체적인 실행 계획을 수립하고 실천함으로써 삶의 변화와 성장을 이끌 수 있다. 라이프 코칭은 자신감 향상, 자기 효율성 증대, 스트레스 관리 등 전반적인 웰빙(Wellbeing)과 삶의 질 개선에 중점을 둔다. 특히 일과 삶의 균형(Work and Life Balance)을 이루고자 하거나, 새로운 삶의 도전에 직면한 이들에게 효과적이다.

2 코칭(Coaching)과 컨설팅(Consulting), 카운슬링(Counselling), 멘토링(Mentoring), 교육훈련(Training)의 차이점

코칭, 컨설팅, 카운슬링, 멘토링, 교육훈련은 각각 초점과 목적, 그리고 접근 방식에 있어 차이를 보인다. 이러한 차이를 보다 쉽게 이해할 수 있도록 설명하면 다음과 같다.

(1) 코칭(Coaching)

코칭은 개인의 잠재력을 이끌어내고, 목표 달성을 위한 실행 계획 수립과 실천을 지원하는 과정이다. 코칭의 목적은 코칭 대상자가 스스로의 능력을 최대한 활용하여 명확한 목표를 설정하고 이를 달성하도록 파트너십을 갖는 것이다. 코칭은 과거에 발생한 문제에 집중하기보다는 현재 시점을 기준으로 미래를 향해 나아가는 미래 지향적 대화이며, 앞으로 펼쳐질 미래의 일에 대해 중점을 둔다. 코칭에서는 강력한 질문(Powerful Question), 경청(Active Listening), 인정(Recognition)과 칭찬(Appraisal), 피드백

(Feedback) 등의 핵심 스킬을 통해 코칭 대상자가 자신의 답을 스스로 찾도록 하며, 직접적으로 해결책을 제시하기보다는 자기 스스로 주도성을 가지고 직접 해결책을 찾을 수 있도록 하는 것을 주요 특징으로 한다. 대화 주제는 코칭 대상자가 직접 설정하며, 코치는 파트너십 모델을 기반으로 상대방의 동반자로서 함께 옆에서 길을 걸어가며 이야기를 주고받는 친구 혹은 연인처럼 상대방의 참여를 촉진(Facilitation)하는 역할을 한다.

(2) 컨설팅(Consulting)

컨설팅은 컨설턴트의 전문적인 지식과 해당 내용의 분석을 통해 특정 문제를 해결하거나 개선 방향을 제시하는 데 중점을 둔다. 컨설팅의 목적은 개인이나 조직이 스스로 해결하기 어려운 과제나 문제에 대해 컨설턴트에게 의뢰하고, 컨설턴트는 의뢰인에게 구체적인 해결책을 제공하는 것이다. 컨설팅은 고객의 현재 발생한 문제와 이에 대한 해결책을 제시하기 위한 실질적인 방안을 도출하는 데 있으며, 컨설턴트는 전문가로서 해당 내용의 관찰과 분석, 고객에게 조언을 통해 문제를 정의하고 방향을 제시한다. 주제는 컨설턴트가 설정한 구체적인 해결 과제를 중심으로 이루어지며, 결과 중심적인 접근 방식(Result-oriented Approach)의 특징을 갖는다. 컨설팅 관계에서는 스승과 제자 모델이 적용되며, 컨설턴트는 관련된 정보의 제공과 해결 방안을 제시하는 가르침의 역할을 한다.

(3) 카운슬링(Counselling)

카운슬링은 정서적인 안정과 심리적 치유에 대해 도움을 주는 활동으로, 상대방이 과거의 문제나 개인적인 상처를 극복하고 현재의 삶에서 만족감과 심리적 안전감 등을 찾을 수 있도록 지원한다. 카운슬링의 목적은 상대방이 자신의 현재 감정 상태를 이해하고, 과거의 문제를 분석하여 이를 극복할 수 있도록 도움을 제공한다. 초점은 코칭과 다르게 과거에 맞춰져 있으며, 과거의 경험이 현재에 미친 영향이 어떠한지에 대해 분석하고 심리적으로 치유하는 데 중점을 둔다. 카운슬링은 주로 경청과 상대방에 대한 공감을 통해 이루어지며, 카운슬러는 상대방의 상황과 감정에 대해 이해하고 심리적 문제를 해결할 수 있도록 도움을 제공한다. 주제는 카운슬러와 상대방의 상호 대화를 통해 설정되며, 상대방의 심리적인 정서와 관련된 문제를 토대로 이루어진다. 카운슬링 관계에서는 의사와 환자의 모델이 적용되며, 카운슬러는 분석을 통한 해결 방안을 제공하는 카운슬링 전문가로서의 역할을 수행한다.

(4) 멘토링(Mentoring)

멘토(Mentor)라는 단어는 호메로스(Homer)의 서사시 『오디세이아』에 등장하는 인물 멘토르(Mentor)에서 유래한 것으로 알려져 있다. 멘토링은 멘토(Mento)가 쌓아온 지식과 경험을 바탕으로 멘티(Mentee: 멘토링을 받는 사람)의 성장을 도와주는 활동이다. 멘토링의 목적은 멘토가 자신의 삶 속에서 획득한 경험과 노하우(Know-how)를 공유함으로써 멘티가 본인이 원하는 경력을 개발하거나 목표를 달성할 수 있도록 지원한다. 초점은 멘토의 경험을 중심으로 이루어지며, 실질적인 조언을 통해 멘티에게 적절한 방향성을 제공하는 것이다. 멘토링은 주로 경험 공유와 지도, 롤 모델링(Role Modeling)을 통해 멘티의 성장에 도움을 제공하며, 주제는 멘티의 현재 고민과 직업적 목표 등을 중심으로 설정한다. 멘토링 관계에서는 부자(부모와 자식) 모델이 적용되며, 멘토는 조언자와 롤 모델로서 멘티가 원하고 추구하는 올바른 방향으로 성장할 수 있도록 지원한다.

(5) 교육훈련(Training)

교육훈련은 특정 지식이나 스킬을 체계적으로 학습하고, 이를 실제 업무나 특정 분야에 활용할 수 있도록 지원하는 활동이다. 교육훈련의 목적은 대상자가 필요한 지식과 스킬을 습득하고 이를 활용할 수 있도록 지원하는 것이다. 초점은 현재 업무에 필요한 지식과 스킬을 익히는 것에 맞춰져 있으며, 교육훈련은 체계적이고 구조화된 방식의 프로세스를 바탕으로 이루어진다. 요즈음 HRD(Human Resources Development)에서 화두인 업스킬링(Upskilling)과 리스킬링(Reskilling)에도 필요한 것이 바로 교육훈련이다. 교육훈련의 방법은 강사 주도의 강의, 워크숍, 실습, 체험학습 등이 포함되며, 트레이너(Trainer)가 미리 설정해둔 커리큘럼(Curriculum)에 따라 진행된다. 주제는 트레이너가 과정을 미리 계획하여 설정하며, 학습자는 이를 따라가며 새로운 지식과 스킬을 학습하게 된다. 교육훈련 관계에서는 교사와 학생의 모델이 적용되며, 트레이너는 필요한 지식과 스킬을 전달한다.

앞서 설명한 코칭과 유사 개념들 간의 차이를 보다 명확히 이해하기 위해, 그 주요 특징을 다음 표로 요약하였다.

표 1-5 | 코칭과 유사 개념의 목적, 초점, 방법, 모델

구분	목적(Purpose)	초점(Focus)	방법(Method)	모델(Model)
코칭 (Coaching)	코칭 대상자가 자율성과 잠재력을 발휘하고 목표를 달성하도록 지원	미래의 목표와 실행 계획	질문과 경청, 인정과 칭찬, 피드백을 통해 자기 주도적 해결 지원	파트너십 모델 (코치와 동반자 관계)
컨설팅 (Consulting)	문제 해결과 개선 방향의 제시를 통해 실질적인 결과를 도출	현재 발생한 문제와 해결 방법	관찰, 분석, 해결 방안 제시를 통해 문제의 정의 및 해결책 제시	스승과 제자 모델 (컨설턴트가 전문가 역할)
카운슬링 (Counselling)	과거의 문제를 극복하고 정서적 안정과 심리적 치유를 제공	과거의 상처와 심리적 치유	경청과 공감을 통해 심리적 문제 해결을 지원	의사와 환자 모델 (카운슬러가 해결책 제공)
멘토링 (Mentoring)	멘토의 경험을 바탕으로 멘티의 성장과 경력 개발을 지원	멘토의 경험과 조언	경험 공유, 지도, 롤 모델링을 통한 성장 지원	부자 모델 (멘토가 조언자와 롤 모델로 역할)
교육훈련 (Training)	특정 지식과 스킬을 체계적으로 학습하고 실질적으로 활용할 수 있도록 지원	필요한 지식과 스킬의 습득	강의, 워크숍, 실습 등을 통해 체계적으로 학습	교사와 학생 모델 (트레이너가 교육자 역할)

3 코칭 언어의 특징

코칭에서 사용하는 언어는 코칭 대상자의 잠재력과 성장을 위한 의사소통 방식이라는 점에서 독특하다. 코칭 언어는 단순한 정보 전달을 넘어 상대방이 자신의 문제를 스스로 탐색하고 해결 방안을 발견하도록 돕는 데 중점을 둔다. 이는 신뢰와 공감을 바탕으로 형성되며, 대상자의 자율성과 책임감을 강화하는 데 기여한다. 다음은 코칭 언어의 구체적인 특징들이다.

(1) 공감과 경청

코칭 언어는 코칭 대상자의 말을 단순히 듣는 것을 넘어 그들의 감정과 의도를 이해하려는 태도를 포함한다. "당신의 의견을 들었어요" 대신 "당신이 이 문제에 대해 걱정하고 있다고 느껴집니다. 저에게 더 이야기해주시겠어요?"와 같은 표현을 통해 상대방이 진정으로 이해받고 있다는 느낌을 갖게 한다. 이는 신뢰를 형성하고 관계를 강화하는 데 중요한 역할을 한다.

(2) 개방적이고 탐구적인 질문

코칭에서 중요한 핵심은 열린 질문(Open Question)을 통해 코칭 대상자가 자신의 생각과 감정을 깊이 탐색하도록 하는 것이다. 열린 질문은 단순한 정보 확인이나 판단이 아니라, 코칭 대상자가 주도적으로 사고할 수 있도록 한다. 예를 들어 "왜 그렇게 했나요?"와 같은 질문은 코칭 대상자에게 비판적으로 들릴 수 있어 방어적으로 반응할 가능성이 있다. 반면에 "이 상황에서 어떤 선택을 하고 싶나요?"와 같이 바꾸어 질문한다면, 스스로 답을 찾고 내적 동기를 강화할 수 있도록 할 수 있다. 이러한 열린 질문을 통해 코칭 대상자는 자신의 상황을 깊이 이해하고, 해결책을 능동적으로 모색할 수 있다. 효과적인 코칭은 단순한 조언이 아니라 스스로 생각하는 힘을 키워 성장할 수 있도록 적절한 열린 질문을 하는 것이다.

(3) 자율성과 책임감

코칭 언어는 상대방이 자신의 선택과 행동에 대해 책임을 지도록 한다. "이 문제는 이렇게 해결해야 합니다"와 같은 직접적으로 지시하는 표현 대신 "이 상황에서 선택할 수 있는 최선의 방법은 무엇인가요? 그리고 그 방법을 선택한 이유는 무엇인가요?"와 같은 질문을 통해 상대방이 주도적인 결정을 하도록 한다. 이는 코칭 대상자의 문제 해결 능력을 높이고, 스스로 해결책을 실행하도록 도움을 준다.

(4) 긍정적이고 발전적인 피드백

코칭 언어는 상대방의 강점을 강조하고, 이를 기반으로 발전 가능성을 제시하는 피드백을 중요시한다. 예를 들어 "이번 ○○ 업무에서 보여준 창의적인 접근 방식이 정말로 인상 깊었습니다. 이를 바탕으로 다음에는 어떻게 해보려고 해요?"와 같은 피드백은 자신감을 높이고, 더 큰 동기를 부여한다. 이러한 피드백은 코칭 대상자의 자존감을 높이고, 긍정적인 행동의 강화와 변화를 일으킨다.

(5) 현재와 미래에 초점

코칭 언어는 과거의 실수나 실패에 대한 언급이 아닌 현재 상황과 앞으로의 가능성에 집중한다. "왜 그런 실수를 했나요?"보다는 "이 상황에서 해결을 위해 우리가 지금 할 수 있는 것들은 무엇이 있을까요?"와 같은 질문을 통해 코칭 대상자가 과거에 얽매이지 않고, 해결책을 찾을 수 있도록 지원한다. 이는 긍정적인 변화와 성장을 지원하는 코칭 언어의 중요한 특징이다.

(6) 명확하고 간결한 표현

코칭 언어는 복잡한 설명보다는 간결하고 명확한 표현을 통해 핵심 메시지를 전달한다. 이는 코칭 대상자가 메시지를 보다 쉽게 이해하고, 그에 따라 행동하기 쉽게 하기 위해서이다. 간결한 표현은 상대방이 혼란을 줄이고 대화의 목적에 집중할 수 있게 한다.

(7) 비판보다는 가능성

코칭 언어는 비판적인 지적보다는 가능성과 대안에 초점을 둔다. 예를 들어 "이 방법은 효과가 없어요"라는 표현 대신 "다른 방법을 활용하면 어떤 결과를 얻을 수 있을까요?"와 같은 질문은 상대방이 실패를 두려워하지 않고 새로운 시도를 할 수 있도록 격려한다.

(8) 비유와 메타포(Metaphor)

코칭 언어는 복잡한 개념을 쉽게 전달하기 위해 비유와 메타포를 활용한다. 예를 들어 "이 상황은 마치 나침반 없이 항해하는 배와 같지 않나요? 그렇다면 당신의 나침반 역할을 할 수 있는 것은 무엇일까요?"와 같은 질문은 코칭 대상자가 문제를 새로운 시각에서 바라보도록 할 수 있는 좋은 질문이다.

코칭 언어의 가장 큰 특징은 코칭 대상자가 자신의 잠재력을 최대한 이끌어내고 발휘할 수 있도록 하는 데 있다. 이는 단순히 정보를 전달하거나 문제를 해결하기 위한 언어가 아니라, 코칭 대상자가 스스로 성장할 수 있도록 지원하는 쌍방향의 구조화된 대화 방식이다.

앞서 설명한 코칭 언어의 특징을 보다 명확히 이해하기 위해, 그 주요 특징을 다음 표로 요약하였다.

표 1-6 | 코칭 언어의 특징

특징	설명
공감과 경청	코칭 대상자의 감정과 의도를 이해하고 진정성을 보여준다.
개방적이고 탐구적인 질문	열린 질문을 통해 코칭 대상자가 자신의 생각과 감정을 깊이 탐구하도록 한다.
자율성과 책임감	자신의 선택과 행동에 대해 책임을 가지고 주체적으로 결정하도록 한다.
긍정적이고 발전적인 피드백	강점을 강조하며 발전 가능성을 제시하는 피드백을 제공한다.
현재와 미래에 초점	과거의 실수를 비난하지 않고 현재와 미래의 가능성에 집중한다.
명확하고 간결한 표현	복잡한 설명을 피하고 간결하게 핵심 메시지를 전달한다.
비판보다는 가능성	비판보다는 대안과 가능성을 강조하며 긍정적인 접근을 장려한다.
비유와 메타포	비유와 메타포를 활용하여 복잡한 개념을 쉽게 이해하도록 한다.

6절 코칭이 가져오는 변화와 기대 효과: 개인과 조직을 성장시키는 도구

1 코칭의 기대 효과

지금까지의 내용을 바탕으로 코칭의 효과가 무엇이라고 생각하는가? 코칭은 개인과 조직이 함께 성장할 수 있도록 지원하는 전략적 비즈니스 도구이다. 코칭을 효과적으로 활용하면 직원들은 자신의 잠재력을 최대한 발휘할 수 있고, 리더는 조직을 보다 효율적으로 이끌 수 있으며, 궁극적으로 조직 전체의 성과와 경쟁력이 향상된다. 코칭의 기대 효과를 직원 측면, 리더 측면, 그리고 조직 측면으로 나누어 살펴보고자 한다.

(1) 직원 측면: 잠재력을 깨우고, 자아실현의 기회를 제공

코칭은 구성원들에게 자신에 대한 믿음을 심어주고, 스스로의 잠재력을 인식하게 함으로써 업무 역량을 향상시키는 데 중요한 역할을 한다. 구성원들이 자신의 강점을 발견하고 발전시킬 수 있도록 지원한다. 이를 통해 직원들은 더욱 주도적으로 업무에 몰입하고, 조직 내에서 자아실현의 기회를 탐색하게 된다. 결과적으로 업무 만족도가 높아지고, 생산성과 효율성이 동시에 향상되며, 조직 전반에 긍정적인 분위기가 형성된다. 코칭은 단순히 스킬의 습득이 아닌, 직원 개개인이 성장하는 과정 자체를 지원하는 중요한 촉진제 역할을 한다.

(2) 리더 측면: 강력한 팀을 만들고, 성과를 극대화

훌륭한 리더는 단순히 지시하는 사람이 아니라, 구성원들의 잠재력을 발견하고 이를 개발할 수 있도록 지원하는 사람이다. 코칭을 통해 리더는 구성원 한 명 한 명의 강점과 약점을 균형 있게 파악하고, 이들이 최고의 역량을 발휘할 수 있는 환경을 조성할 수 있다. 또한 코칭은 구성원과의 신뢰를 깊이 형성하는 데 중요한 역할을 하며, 이는 더욱 강력한 팀워크로 이어진다. 리더가 코칭을 효과적으로 활용할 때, 조직은 단순히 목표를 달성하는 것을 넘어 보다 창의적이고 혁신적인 방식으로 성과를 창출할 수 있다. 코칭을 통해 리더는 팀원들과 진정으로 소통하고, 그들을 성장시키며, 지속 가능한 성과를 이끌어 낼 수 있기 때문이다.

(3) 조직 측면: 생산성을 높이고, 기업 경쟁력을 강화

조직이 지속적으로 성장하고 변화하는 환경에서 경쟁력을 유지하려면, 구성원들이 주도적으로 움직이고 스스로 발전할 수 있는 문화를 조성하는 것이 필요하다. 코칭은 조직 전반에 긍정적인 영향력을 미치며, 개개인의 성장과 팀워크를 강화하여 전반적인 생산성을 높이는 데 기여한다. 조직 내에서 코칭 문화가 정착되면, 구성원들은 서로를 존중하고 협력하는 분위기 속에서 더욱 창의적이고 혁신적인 아이디어를 창출할 수 있다. 또한 이러한 조직 문화는 외부적으로도 긍정적인 영향을 미쳐 고객 만족을 높이고, 기업의 경쟁력과 성과를 이끄는 데 기여한다.

코칭을 효과적으로 활용하는 조직은 변화에 유연하게 대응하고, 지속 가능한 성장을 이끌어내며, 최고의 성과를 달성할 수 있는 경쟁력을 갖게 된다.

7절 정리 및 학습 점검

1 주요 내용 종합 정리

(1) 들어가면서: 금융 리더, 질문으로 길을 밝히다

현대 금융 산업은 VUCA(변동성, 불확실성, 복잡성, 모호성) 시대에 직면해 있으며, 빠르게 변화하는 환경에서 리더십의 역할이 더욱 중요해지고 있다. 금융 시장은 하루가 다르게 요동치고, 규제는 예고 없이 강화되며, 고객의 기대 수준은 계속해서 변화하고 있다. 이러한 시대 상황에서 금융 리더는 기존의 리더십 스타일에서 코칭 리더십 스타일로의 전환이 필요하다.

코칭 리더십은 구성원의 잠재력을 최대한 이끌어내고, 자율적으로 문제를 해결할 수 있도록 지원하는 전략적 비즈니스 도구이다. 금융 리더는 단순히 지시하고 관리하는 역할을 넘어 방향을 제시하고, 불확실성을 수용하며, 문제 해결 능력을 갖추고, 변화에 유연하게 대응하고, 지속적으로 학습하는 태도를 가져야 한다. 이러한 태도를 기반으로 팀원과 코칭을 활용하면, 조직 내에서 보다 신뢰와 협력이 강화되며, 지속 가능한 성장을 이끌어낼 수 있다.

(2) 코칭이란 무엇인가?

코칭이란 조직 구성원의 잠재력을 극대화하고, 최상의 가치를 실현할 수 있도록 하는 수평적 파트너십이다. 코칭의 핵심은 단순한 조언이나 해결책을 제시하는 것이 아니라, 코칭 대상자가 스스로 답을 찾을 수 있도록 지원하는 과정이다.

코칭 리더십은 구성원의 자율성과 책임감을 키우며, 강점을 개발하고 목표 달성을 지원한다. 이를 위해서는 리더가 성장 마인드셋(Growth Mindset)을 통해 구성원들이 심리적 안전감(Psychological Safety)을 가질 수 있도록 하는 것이 중요하다. 성장 마인드셋을 가진 구성원은 도전을 기회로 삼고 지속적으로 발전하려는 태도를 가지며, 심리적 안전감이 형성된 조직에서는 구성원들이 자유롭게 의견을 제시하고 실패를 두려워하지 않는 분위기가 형성된다.

(3) 금융업계에서 코칭의 필요성

금융업계에서 코칭이 필요한 이유는 급변하는 시장 환경과 예측 불가능한 위기에서 회복탄력성을 가지고 유연하고 효과적으로 대응하기 위해서다. 대표적인 예로 블랙스완 효과(Black Swan Effect)가 있다. 블랙스완 효과란 예상하지 못한 극단적인 사건이 발생해 시장에 큰 충격을 주는 현상을 의미하며, 금융업계에서는 글로벌 금융위기(2008년), 코로나 팬데믹(2020년), IMF 외환위기(1997년) 등이 이에 해당한다.

이러한 환경에서 금융 전문가들은 다음과 같은 주요 도전 과제에 직면해 있다.

- 저출산과 인구 고령화로 인한 금융 환경 변화
- 디지털 금융의 확산과 경쟁 심화
- ESG 경영 확대와 금융 소비자 보호 강화
- 글로벌 경제 불확실성과 외환 시장의 변동성
- 금융 사이클 변화와 금융 취약성 증가

이러한 도전 과제 속에서 금융 산업의 리더는 코칭을 통해 조직을 효과적으로 이끌어야 한다. 코칭은 의사소통과 문제 해결 능력을 강화하며, 구성원의 맞춤형 역량 개발을 지원하고, 조직의 지속 가능한 성장을 촉진하는 역할을 한다. 또한 변화 관리 역량을 강화하여 불확실한 환경 속에서도 유연하게 대응할 수 있도록 한다.

(4) 리더십과 코칭의 관계

코칭 리더십은 지시형 리더십과 대비되는 개념이다. 지시형 리더는 구성원들의 문제를 직접적으로 해결하는 반면, 코칭형 리더는 구성원이 스스로 해결책을 찾을 수 있도록 지원한다.

리더의 인식은 조직과 팀의 성과에 중요한 영향을 미친다. 리더가 구성원에게 긍정적인 기대를 가지면 실제로 그 기대에 부응하는 성과가 나타날 가능성이 높다. 반대로 부정적인 기대를 가지면 구성원의 자신감이 저하되며 성과도 낮아진다. 발코니 뷰(Balcony-View) 리더십 또한 중요하다. 이는 리더가 단순히 현장에서 실무를 수행하는 것뿐만 아니라, 한 발짝 물러서서 전체적인 흐름을 조망하는 리더십 역량을 의미한다. 금융 리더는 이러한 시각을 통해 조직을 이끌어야 하며, 이를 위해 코칭을 적극적으로 활용하는 것이 필요하다.

(5) 코칭의 핵심 원칙과 철학

코칭의 핵심 원칙은 인간에 대한 긍정적인 믿음과 신뢰이다. 코칭 리더십은 X이론과 Y이론 중 인간은 본질적으로 성취하기를 원하며, 동기부여를 통해 더 나은 성과를 낼 수 있음의 Y이론에 기반한다. 또한 리더에게는 코치다움이라는 의미의 코칭 프레즌스(Coaching Presence)가 중요하다. 이는 리더의 진정성 있고 신뢰할 수 있는 태도를 의미하며, 코칭을 효과적으로 수행하기 위한 핵심 역량이다.

(6) 코칭 유형과 방법론

코칭은 컨설팅, 카운슬링, 멘토링, 교육훈련과 상이하며, 구성원이 스스로 답을 찾을 수 있도록 하는 쌍방향의 대화 방식이 특징이다.

(7) 코칭이 가져오는 변화와 기대 효과

코칭을 효과적으로 활용하면 조직과 구성원 모두에게 긍정적인 영향을 미친다.

연구 결과에 따르면 코칭이 효과적으로 이루어진 세일즈 팀은 목표 대비 성과가 19% 향상된다.

또한 리더가 팀원과 매월 3시간 이상 코칭을 하면 목표 대비 성과가 107%까지 증가하는 것으로 나타났다.

코칭을 적용하면 조직 내 신뢰와 협력이 강화되며, 창의성과 업무 몰입도 또한 높아지고, 구성원의 성장이 촉진된다.

(8) 정리

금융업계에서 코칭은 단순한 관리 기법이 아니라 조직의 지속적인 성장을 이끄는 전략적 핵심 리더십 도구이다. 금융 리더는 코칭을 통해 구성원의 잠재력을 극대화하고, 조직 목표를 효과적으로 달성하며, 변화하는 환경 속에서도 지속적인 성장을 이루어야 한다.

2 연습 문제 및 해설

연습 문제

1. 코칭의 정의로 올바르지 않은 것은?

① 구성원이 스스로 목표를 설정하도록 지원하는 과정
② 리더가 일방적으로 지시하는 관리 방법
③ 개인의 잠재력을 최대한 발휘하도록 지원하는 과정
④ 신뢰와 협력을 바탕으로 한 대화

2. 리더십의 스위트 스팟이란 무엇을 의미하는가?

① 리더가 혼자 결정을 내리는 이상적 상태
② 리더, 매니저, 코치의 역할이 조화를 이루는 최적의 상태
③ 팀원의 의견을 무시하는 상황
④ 리더가 팀원과 협력하지 않는 상태

3. 코칭 프레즌스의 핵심 요소가 아닌 것은?

① 현재에 집중하기
② 공감과 신뢰 형성
③ 비판적 피드백 강조
④ 유연성과 창의성

4. 금융업계에서 코칭이 필요한 이유로 가장 직접적인 설명은?

① 팀원들의 업무 속도를 높이기 위해
② 리더의 권한을 강화하기 위해
③ VUCA 환경에서 구성원의 성장과 문제 해결 능력을 높이기 위해
④ 고객 관리 효율성을 극대화하기 위해

5. 다음 중 코칭과 가장 구별되는 접근법은?

① 질문을 통해 답을 찾도록 한다.

② 상대방이 스스로 해결할 수 있도록 한다.

③ 일방적으로 해결책을 제시한다.

④ 경청을 통해 현재의 상황을 파악한다.

정답 및 해설

1. ② 리더가 일방적으로 지시하는 관리 방법

코칭은 구성원의 자율성과 책임감을 키우는 상호작용 방식으로, 일방적인 지시는 코칭의 본질과 반대되는 개념이다.

2. ② 리더, 매니저, 코치의 역할이 조화를 이루는 최적의 상태

스위트 스팟은 리더가 세 가지 역할을 균형 있게 수행할 때 팀의 성과와 조직의 성장이 극대화된다는 개념이다.

3. ③ 비판적 피드백 강조

코칭 프레즌스는 신뢰와 공감을 바탕으로 한 긍정적 상호작용을 지향하며, 비판적 피드백 강조는 여기에 포함되지 않는다.

4. ③ VUCA 환경에서 구성원의 성장과 문제 해결 능력을 높이기 위해

금융업계는 변동성이 심한 VUCA 환경에 놓여 있어 구성원의 자율적 문제 해결 역량이 중요하다.

5. ③ 일방적으로 해결책을 제시한다.

코칭은 스스로 답을 찾도록 돕는 과정이지, 일방적 지시는 코칭과 반대되는 방식이다.

3 생각해볼 만한 질문

1. 금융 산업은 빠르게 변화하는 VUCA 환경 속에서 리더와 구성원들에게 새로운 역량을 요구하고 있다. 이러한 환경에서 코칭이 어떤 방식으로 개인과 조직의 성장에 기여할 수 있을까?

2. 성장 마인드셋(Growth Mindset)을 갖춘 리더와 직원들은 어떻게 어려움을 기회로 전환하고, 지속적인 성장을 이루어낼 수 있을까?

3. 갑작스럽게 발생하는 위기 상황에서 리더는 어떻게 코칭을 통해 조직의 회복탄력성(Resilience)을 높이고, 구성원들의 동기와 자신감을 유지할 수 있을까?

4. 구성원들이 수평적인 분위기에서 자유롭게 의견을 나누고 도전할 수 있는 환경을 만들기 위해 리더는 어떤 코칭 스킬을 활용해야 할까?

5. 금융 산업에서 코칭이 단발적인 이벤트가 아니라 지속 가능한 문화로 자리 잡기 위해서는 어떤 노력이 필요할까?

4 Wrap Up: 3-2-1

1. 학습한 내용 중 가장 중요한 세 가지는 무엇인가? 그리고 그 이유는 무엇인가?

1.

2.

3.

이유:

2. 학습한 내용 중 반드시 기억해야 할 두 가지는 무엇인가? 그리고 그 이유는 무엇인가?

1.

2.

이유:

3. 학습한 내용 중 반드시 실행해야 할 한 가지는 무엇인가? 그리고 그 이유는 무엇인가?

1.

이유:

20세기 최고의 리더는 질문에 답을 하는 사람이었고
위에서부터 비전과 전략을 세웠습니다.
하지만 21세기 최고의 리더는 질문을 던지는 사람입니다.
그들은 피드백과 새로운 관점을 추구하고
자신과 팀, 환경에 대해 호기심 어린 질문을 던집니다.

커스틴 린드(Kirstin Lynde)
리더십 개발 회사 카탈라이즈 어소시에이트(Catalyze Associates)의 설립자

제 2 장

[How] 금융인을 위한 코칭 스킬: 어떻게 코칭할 것인가?

1절. 코칭과 효과적인 커뮤니케이션
2절. 코칭의 기본 개념과 핵심 모델
3절. 효과적인 코칭 대화 스킬
4절. 피드백과 코칭
5절. 어려운 대화 다루기
6절. 종합 정리 및 실전 연습

학습 목표

2장의 학습 목표는 다음과 같다.

- 코칭의 기본 개념과 원리를 이해하고, 이를 현업에 효과적으로 적용할 수 있다. 특히 리더와 관리자들이 팀의 목표 달성을 지원하고 구성원의 잠재력을 극대화할 수 있도록 코칭 스킬을 활용하는 방법을 중점적으로 다룬다.
- 코칭과 커뮤니케이션의 관계, 비언어적 요소의 중요성을 이해하며, 효과적인 코칭 대화를 위한 신뢰 구축 및 상호작용 대화 방식을 실무에 활용할 수 있다.
- GROW, FLOWER 등의 주요 코칭 모델을 이해하고, 각 모델의 특징과 적용 방식을 학습하여 팀 구성원의 목표 달성을 효과적으로 지원할 수 있다.
- 경청과 질문 스킬을 이해하고, 열린 질문을 활용하여 팀원의 사고를 확장하며, 코칭 대화에서 경청을 통해 보다 깊이 있고 의미 있는 대화를 이끌어낼 수 있다.
- CAI, 샌드위치(Sandwich) 등의 주요 피드백 모델을 이해하고, 피드백 제공의 골든 룰과 로사다 비율을 활용하여 팀원의 동기부여와 성과 향상에 기여하는 실용적인 피드백 스킬을 실무에 적용할 수 있다.
- 어려운 대화를 다루는 전략을 통해 신뢰를 기반으로 갈등을 해결하고 원활한 소통을 이끌어낼 수 있다.

학습 개요

코칭은 대상자가 스스로 성장할 수 있도록 지원하는 일련의 과정이다. 특히 금융업계에서는 리더가 급변하는 환경 속에서 팀 구성원들과 효과적으로 소통하고, 팀원의 역량을 끌어올리며, 조직의 목표를 달성하는 것이 중요하다. 이를 위해 금융 리더는 코칭 스킬을 향상하고, 효과적인 커뮤니케이션을 바탕으로 팀원들의 성장을 지원해야 한다.

이 장에서는 금융업계에서 필요한 코칭 스킬을 효과적으로 활용하는 방법을 학습한다. 우선 코칭과 커뮤니케이션의 관계를 이해하고, 메라비언의 법칙을 통해 비언어적 요소의 중요성을 살펴본다. 또한 지시적 대화와 비지시적 대화, 일방적 대화와 상호작용 대화의 차이를 이해하고, 신뢰를 바탕으로 한 효과적인 코칭 대화의 특징을 학습한다.

코칭의 핵심 모델을 이해하는 것 또한 중요하다. 대표적인 GROW, FLOWER 코칭 모델을 통해 코칭의 체계적인 접근 방식을 익히고, 현업에서 적용할 수 있도록 한다. 이를 바탕으로 효과적인 코칭 대화 스킬을 학습하고, 특히 경청과 질문의 스킬을 심화 학습하여 코칭의 역량을 높이는 방법을 알게 된다.

피드백 역시 코칭에서 핵심적인 요소이다. 피드백의 본질과 목적을 이해하고, 피드백이 동기부여와 성과에 어떠한 영향을 미치는지 살펴본다. 특히 로사다 비율을 기반으로 한 피드백의 황금 비율을 학습하고, 효과적인 피드백을 제공하는 피드백 모델을 활용하여 현업에 적용하는 방법을 학습한다.

코칭 과정에서 피할 수 없는 어려운 대화를 효과적으로 다루는 전략도 학습하고, 어려운 대화를 성공적으로 이끌기 위한 프로세스와 해결 전략을 학습한다. 이를 통해 코치형 리더로서 조직 내 신뢰를 구축하고, 갈등을 해결하는 역량을 키울 수 있다.

이 장을 통해 금융 리더는 효과적인 코칭 커뮤니케이션, 신뢰 구축 방법, 코칭의 핵심 스킬인 질문과 경청, 인정과 칭찬, 그리고 피드백 스킬을 학습하고, 이를 현업에 적용할 수 있는 리더십 역량을 갖추게 된다.

제 2 장 [How] 금융인을 위한 코칭 스킬: 어떻게 코칭할 것인가?

1절 코칭과 효과적인 커뮤니케이션

1 메라비언(Albert Mehrabian)의 법칙: 비언어적 요소의 중요성

어떻게 하면 내가 의도한 대로 상대방에게 더욱 효과적으로 나의 이야기를 전달할 수 있을까? 그 비법은 무엇이라고 생각하는가?

우리는 상대방과의 커뮤니케이션 시 의도(Intension)와 목적(Purpose)을 가지고 대화를 한다. 대화의 목적은 상황에 따라 다양하며 목적은 여러 가지가 있다. 예를 들면 상대방에게 정보를 전달하거나, 내가 알고 있는 사실을 확인하거나, 상대방을 설득하거나, 관계를 맺기 위한 목적 등이 있다. 내가 의도한 대화의 목적을 상대방에게 효과적으로 전달하고 달성하기 위해 우리는 어떤 말을, 즉 어떤 단어를 사용할지에 대해서만 주로 고민을 한다. 하지만 메라비언의 법칙을 통해 보면 우리가 상대방에게 전달하는 단어는 불과 7%의 영향을 미칠 뿐이다. 생각보다 영향력이 없지 않은가! 우리가 대화에 사용하는 단어 그 자체는 영향력이 미비하거나 없다는 뜻이다. 그러면 상대방과의 커뮤니케이션 시 내가 의도한 대로 원하는 목적을 달성하기 위해서는 어떻게 해야 하는 것일까? 그 해답은 메라비언의 법칙에 있다.

메라비언의 법칙은 커뮤니케이션 학자인 알버트 메라비언(Albert Mehrabian)이 제안한 이론으로, 커뮤니케이션 시 비언어적 요소가 더 큰 비중을 차지한다는 내용이다.[1] 메라비언의 법칙에 따르면 내 자신의 생각이나 의견을 상대방에게 전달할 때 사람들은 아래와 같은 비율로 정보를 받아들인다.

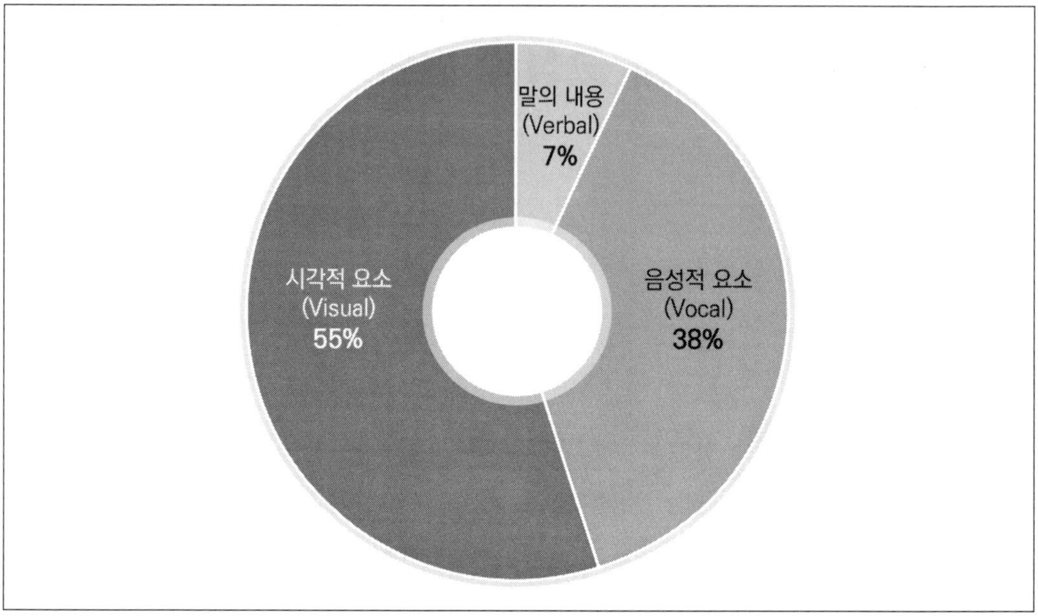

〈그림 2-1〉 메라비언의 법칙

- 시각적 요소(Visual): 55% - 표정, 몸짓, 자세 등
- 음성적 요소(Vocal): 38% - 말하는 톤, 높낮이, 말의 속도 등
- 말의 내용(Verbal): 7% - 실제 단어와 그 의미

우리는 상대방과 더욱 효과적인 대화를 위해서는 단어 등의 언어적 요소보다는 말하는 톤, 높낮이, 말의 속도, 표정, 몸짓, 자세 등 비언어적 요소에 더 집중할 필요가 있다.

즉, 메라비언의 법칙은 우리가 하는 말의 내용 자체보다는 시각적 요소, 음성적 요소 등 비언어적 커뮤니케이션 요소가 우리의 의도와 목적에 더 큰 영향을 미친다는 것을 시사한다. 이제 결론은 명확하다. 다음 대화부터는 메라비언의 법칙을 어떻게 활용할 것인지 전략을 세워보자.

2 대화의 종류와 특성

(1) 지시적(Directive) 대화와 비지시적(Indirective) 대화

우리는 매일 일상생활 속에서 다양한 사람들과 만나 여러 가지 대화를 나누며 많은 시간을 보낸다. 상대방과의 대화 없는 하루를 상상해본 적 있는가? 우리가 일상적으로 매일 하는 대화의 종류에 대해 알아보자.

우리가 하는 대화는 목적에 따라 다양한 형태로 나눌 수 있으며, 이는 상대방에게 직접적으로 해결 방법을 제시·제공하는 방식과 상대방이 스스로 답을 찾도록 하는 방식으로 구분할 수 있다. 또한 대화의 종류를 지시적(Directive), 비지시적(Non-directive)으로 구분할 수 있다. 지시적 대화는 상대방에게 해결 방안이나 방향에 대해 명확하게 직접 제시하는 방식의 대화이다. 반면에 비지시적 대화는 상대방이 스스로 생각하고 답을 찾도록 하는 방식이다. 말하기(Telling), 문제 해결하기(Problem Solving), 조언하기(Advising)는 지시적 대화에 가깝고, 지도해주기(Guiding), 질문하기(Questioning)는 비지시적 대화에 가깝다.

(2) 일방적(Push) 대화와 상호작용(Pull) 대화

일방적(Push) 대화는 상대방에게 직접적으로 해결책이나 조언을 제공하는 대화 방식으로, 상대방의 문제 해결 과정을 빠르게 하기 위해 구체적인 방법을 제시한다. 해결해야 할 문제가 명확하거나 상대방이 해결 방법을 모를 때 사용할 수 있는 효과적인 대화 방법이다. "내일까지 보고서를 제출해주세요", "이 문제는 이렇게 해결해주세요", "이 방향으로 진행해보시고 문제가 발생하면 알려주세요" 등이 일방적 대화의 예시이다. 일방적 대화는 상대방이 대화 주제에 대해 전문가가 아니거나, 시간이 촉박하여 빠르게 원하는 결과를 도출해야 하는 경우에 유용하게 활용할 수 있다. 그러나 상대방이 주도적으로 문제를 해결할 기회가 없고, 해결해야 하는 문제에 대해 고민하고 생각해볼 기회가 줄어들거나 없어질 단점이 있다. 일방적 대화는 신속하고 명확한 해결 방법이 필요할 때 사용하는 대화 방법이며, 상대방에게 구체적인 방향을 제시하는 데 효과적이다.

반면에 상호작용(Pull) 대화는 상대방이 자신의 문제를 스스로 해결할 수 있도록 질문하고 경청하는 대화 방식으로 상대방의 자율성을 존중하고 능동적인 사고를 촉진하며, 상대방의 생각을 끌어내어 문제 해결 방법을 스스로 찾도록 도움을 제공한다. "이 업무를 성공적으로 마무리를 했을 때 직원 입장에서, 부서 입장에서, 그리고 조직 입장에서 가장 큰 혜택은 무엇일까요?", "이 문제에 대해 어떻게 해결하려고 하시나요?", "왜 그런 해결책이 필요하다고 생각하시나요?" 등이 상호작용 대화의 예시이다.

상호작용 대화는 상대방이 주도적으로 해결 방법을 모색하고 직접 제시할 수 있도록 하는 데 효과적이다. 상호작용 대화 방식은 단기적인 관점에서는 예상보다 시간이 많이 소요될 수 있지만, 장기적인 관점에서는 상대방이 스스로 생각의 근육을 키우고 문제를 해결하는 스킬을 강화하는 데 도움이 되는 효과적인 대화 방법이다. 이를 통해 상대방이 스스로 문제를 해결할 수 있는 스킬을 기르고, 더 나아가 자신의 상황에 맞는 최적의 해결책을 도출할 수 있게 할 수 있다. 상호작용 대화 방식이 일방적 대화보다는 상대적으로 코칭 대화 방식에 매우 근접한 대화 방식이다.

대화의 종류에 대해 정리해보자.

① **말하기(Telling)**: 말하는 사람이 상대방에게 일방적으로 지시를 하거나 정보를 전달하는 대화 방식이다. 가장 지시적이며 상대방의 의견이나 생각을 고려하지 않는 경우의 대화이다.

말하기 대화의 예시는 다음과 같다.

- "내일은 9시까지 이 보고서를 제출해주세요."
- "이 업무의 우선순위는 1번 항목입니다. 나머지는 1번 항목 완료 후 처리하세요."
- "이건 제가 말한 대로만 진행하면 됩니다. 그대로 따라주세요."

② **문제 해결하기(Problem Solving)**: 상대방에게 구체적인 해결 방법을 제시해 문제를 직접적으로 해결하는 대화 방법으로 상대방이 해결책을 따르는 형태이다.

문제 해결 대화의 예시는 다음과 같다.

- "어제 발생한 고객 불만 사항은 이렇게 처리하세요. 먼저 전화로 사과하시고, 환불 절차를 진행한 뒤 후속 조치를 안내하세요."
- "이 파일은 오류가 있네요. 새로 작성해서 내일까지 다시 제출해주세요."
- "회의 시간이 겹치는 문제는 제가 조정할 게요. 김 차장님은 다른 업무를 진행하세요."

③ **조언하기(Advising)**: 상대방에게 방향이나 선택지를 제시해 도움을 제공한다. 상대방이 이를 바탕으로 해결책을 찾아나갈 수 있도록 한다. 요즈음 우리는 조언하기를 라떼식 대화라고도 한다. MZ 젊은 세대는 라떼식 대화를 좋아하지 않는다.

조언하기 대화의 예시는 다음과 같다.

- "지금 상황에서는 A 옵션이 더 나을 것 같은데, 시간 되면 B 옵션도 한 번 고려해보세요."
- "이 문제는 경험이 많은 선배 직원에게 도움을 요청해보는 것도 좋은 방법이에요."
- "업무 효율을 높이려면, 우선순위를 정하고 제대로 된 시간 관리를 하는 게 중요해요."

④ **지도해주기(Guiding)**: 해결의 과정을 도와주며 상대방이 올바른 방향을 설정할 수 있도록 도움을 제공한다. 해결 방법을 직접 제시하기보다는 해결 과정에서 적절한 가이드를 제공하는 방식이다.

지도해주기 대화의 예시는 다음과 같다.

- "이 과제는 먼저 목표를 명확히 설정하고, 그런 다음 단계별로 계획을 세우는 것이 중요해요. 목표를 어떻게 설정하고 싶으세요?"
- "이 보고서를 작성할 때는 자료 분석부터 시작하세요. 제가 참고할 만한 데이터를 알려드릴게요."
- "이 문제는 먼저 원인을 분석한 뒤 해결책을 찾아야 해요. 제가 함께 검토하며 방향을 잡아드릴게요."

⑤ **질문하기(Questioning):** 가장 비지시적인 대화 형태로, 상대방이 스스로 해결 방안을 찾을 수 있도록 열린 질문(Open Question)을 통해 생각을 이끌어낸다. 상대방의 문제 해결 능력을 극대화할 수 있는 대화 방식이다.

질문하기 대화의 예시는 다음과 같다.

- "현재 상황에서 가장 큰 어려움은 무엇인가요? 그리고 그렇게 생각하는 이유는 무엇인가요?"
- "이 문제를 해결하기 위해 어떤 방법을 고려하고 있나요? 그 중에 어떤 방법이 가장 효과적일 것 같나요?"
- "앞으로 어떤 방향으로 업무를 진행하고 싶으세요? 그것을 위해 가장 먼저 무엇을 할 수 있을까요?"

따라서 대화의 상황과 목적, 그리고 상대방의 니즈에 따라 적절하게 일방적 대화와 상호작용 대화를 선택하고 활용하는 것이 중요하다.

아래는 지금까지 설명한 지시적 대화와 비지시적 대화, 일방적 대화와 상호작용 대화에 대해 요약한 자료이다.

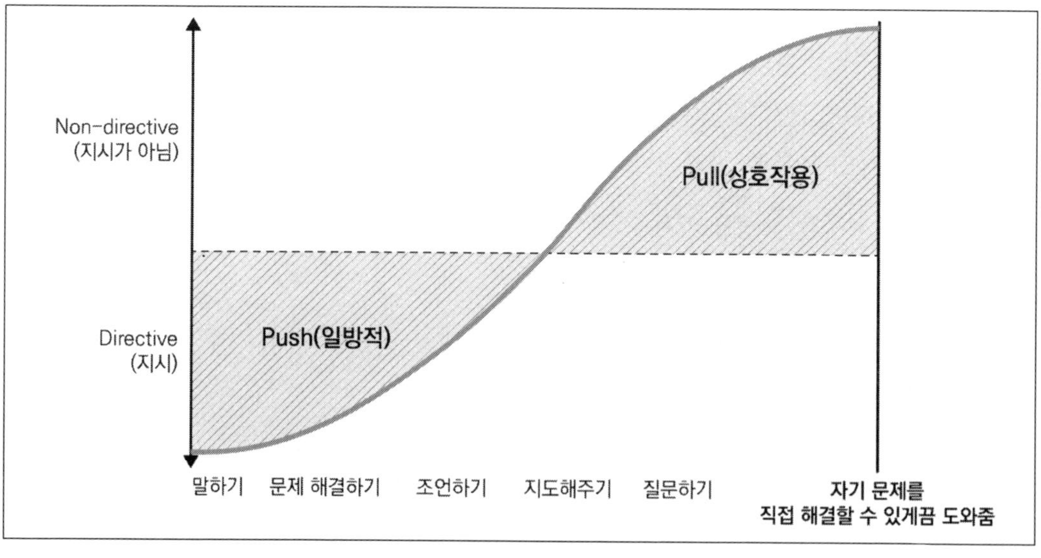

〈그림 2-2〉 대화의 종류와 특성

3 효과적인 커뮤니케이션을 위한 Do(해야 할 것)와 Don't(하지 말아야 할 것)

효과적인 커뮤니케이션을 위해서는 상대방에게 필요한 정보를 제공하고, 질문을 통해 대화 참여를 유도하고, 경청하고 인정하며 상대방을 있는 그대로 바라보고 존중하는 것이 중요하다. 반면 대화 중 상대방에게 설교하거나, 비난하거나, 말을 하는 도중에 끼어들고, 상대방을 무시하는 말과 행동을 하는 것은 신뢰를 훼손하고 커뮤니케이션의 목적을 저해할 수 있으므로 반드시 피하도록 주의해야 한다.

(1) 커뮤니케이션 시 해야 할 행동: Do

효과적인 커뮤니케이션을 위해서는 대화와 관련된 정보의 제공, 대화로의 초대, 인정, 그리고 경청으로 나누어 설명할 수 있다.

① **정보의 제공**: 대화 목적에 필요한 정보를 명확히 이야기하고, 상대방이 충분히 이해할 수 있도록 내용을 구체적으로 설명한다.

맥락을 충분히 이해할 수 있도록 내가 말하고자 하는 내용의 배경을 상세하게 설명한다. 그리고 상대방이 스스로 문제를 해결할 수 있도록 아이디어를 제공하거나 대화와 관련된 참고 자료나 정보를 충분히 제공한다.

② **대화로의 초대**: 상대방이 자신의 생각을 충분히 표현할 수 있도록 적절한 질문을 한다. 생각을 이끌어내는 열린 질문을 함으로써 참여를 적극적으로 유도하고, 대화 내내 상대방이 스스로 해결책을 찾고 표현할 수 있도록 격려한다.

③ **인정**: 상대방의 의견이나 대답에 대해 진심을 담아 감사의 표시를 함으로써 인정한다. 고개를 끄덕이거나 적절한 반응 등의 추임새를 통해 상대방에게 집중하며 듣고 있다는 비언어적 신호를 주기적으로 보낸다.

④ **경청**: 상대방의 의견을 적극적으로 받아들이고 존중하며, 관심을 가지고 이야기에 진심으로 귀 기울여 듣고, 문제를 함께 해결하려는 태도를 보인다. 단순히 듣는 것을 넘어 상대방의 입장에서 적극적으로 듣고 이해하려는 경청의 태도가 필요하다.

(2) 커뮤니케이션 시 피해야 할 행동: Don't

① **설교(Preach)하지 않는다:** 자신만의 생각, 원칙, 가치관을 상대방에게 강요하는 방식으로 대화를 이끌어서는 안 된다. 지나치게 일방적인 충고를 하거나, 가르치고 고치려는 대화 태도는 오히려 상대방의 방어적인 반응만 초래할 뿐이다.

② **비난(Accuse)하지 않는다:** 잘못을 지적하거나 비난하는 것은 상대방과의 대화 분위기를 흐리고, 자신감을 떨어뜨리고, 문제를 해결하고자 하는 의지를 약화시킨다. 효과적인 커뮤니케이션은 비난보다는 긍정적이고 건설적인 대화를 필요로 한다.

③ **끼어들지(Interrupt) 않는다:** 상대방이 자신의 의견을 충분히 이야기할 때까지 기다려주지 않거나, 더 이상 말을 하지 못하도록 도중에 끊거나 끼어들거나 방해하는 행동은 피해야 한다. 상대방의 말이 끝나기도 전에 끼어드는 행동은 상대방에게 불쾌감을 주고, 상호 신뢰를 훼손하게 된다.

④ **무시(Ignore)하지 않는다:** 상대방의 이야기에 관심을 보이지 않거나, 반응 없이 무시하는 행동은 피해야 한다. 나는 열심히 이야기하고 있는데, 상대방은 대화에 전혀 관심이 없는 듯 무표정하거나, 시선을 마주치지 않고 다른 곳을 지속적으로 쳐다보거나, 핸드폰을 만지작거리면 기분이 어떨지 상상해보자. 말을 무시하면 상대방은 소외감을 느끼게 되고, 대화를 지속하고자 하는 마음이 없어진다.

정리하면, 효과적인 커뮤니케이션을 위해서는 상대방에게 필요한 정보를 충분히 제공하고, 적절한 질문으로 대화 참여를 이끌며, 상대방의 의견에 대해 경청하고 인정해야 한다. 이렇게 하면 보다 빠르게 상호 간의 신뢰를 형성하게 되어 대화의 효과를 높이게 된다.

4 신뢰의 공식(Trust Formula): 코칭 관계에서의 신뢰 구축

우리는 삶을 살아가면서 인간관계를 맺고 있는 사람들에게 신뢰를 얻기 위해 많은 노력을 한다. 나는 상사, 동료, 그리고 팀 구성원들에게 신뢰를 얻기 위해 어떤 노력과 행동을 하는지 곰곰이 생각해보자. 상사, 동료, 그리고 팀 구성원들에게 신뢰를 저버리는 행위를 하려고 하는 사람이 세상에 어디 있겠는가! 왜냐하면 상대방에게 신뢰가 없다면 우리는 더 이상 그 상대방과 어떠한 대화도 하기 힘들며, 인간관계도 맺기 어려울 뿐더러 우리가 의도한 특정 목적을 이루기는 더욱 불가능하다.

그렇다면 내 주위의 상대방과 신뢰를 형성할 수 있는 신뢰의 공식에 대해 알아보자.

신뢰의 공식은 다음과 같다.

$$\text{신뢰(Trust)} = \frac{\text{(신뢰성 + 책임감 + 친밀감)}}{\text{자기 중심성}}$$

신뢰 공식은 신뢰를 구성하는 신뢰성, 책임감, 그리고 친밀감의 분자와, 이와는 반대로 신뢰를 저해하는 자기 중심성의 분모로 구성되어 있다. 그렇다면 어떻게 하면 상대방과의 신뢰를 높일 수 있을까? 정답은 간단하다. 분자에 있는 신뢰성, 책임감, 그리고 친밀감을 높이고 분모에 있는 자기 중심성을 낮추는 것이 신뢰를 형성하고 강화하는 데 있어서의 핵심이다.[2] 그렇다면 신뢰를 형성하는 방법에 대해 자세히 알아보자.

(1) 신뢰성(Credibility)

신뢰성은 상대방이 하는 말과 행동이 신뢰할 만한지의 근거가 된다. 신뢰성을 강화하기 위한 방법들은 다음과 같다.

- 내가 말하고자 하는 내용을 상대방에게 증명할 수 있는 구체적인 증거를 제시해야 한다.
- 대화 주제와 관련된 지식과 스킬을 지속적으로 향상시켜야 한다.
- 대화 시 주도적이고 열정적인 태도는 상대방에게 신뢰를 형성한다.

(2) 책임감(Reliability)

책임감은 약속을 지키고 일관된 행동을 하는 것이다. 책임감을 강화하기 위한 방법들은 다음과 같다.

- 상대방과의 약속을 지킨다. 약속한 일은 반드시 지키고 마감 기한을 지킨다.
- 적극적으로 행동한다. 문제를 미리 예측하고 신속히 대응한다.
- 책임감 있는 행동이 신뢰를 강화한다.

(3) 친밀감(Intimacy)

친밀감은 상대방과의 정서적 연결을 통해 신뢰를 형성하는 것이다. 친밀감을 강화하기 위한 방법들은 다음과 같다.

- 상대방이 처한 상황과 니즈(Needs)를 진심으로 이해하기 위해 노력한다.
- 상대방의 말에 최대한 집중해서 경청하며 공감대를 형성하기 위해 노력한다.
- 지나치게 전문적인 용어나 특정 분야의 약어를 사용하는 것은 소통의 장벽이 되므로 일반적이고 이해하기 쉬운 공통의 언어를 사용한다.

(4) 신뢰를 약화시키는 요소: 자기 중심성(Self-Interest)

자기 중심성은 신뢰를 저해하는 요소로서, 대화 시 상대방은 전혀 관심이 없는 나만의 관심사 혹은 개인사, 자신만의 이익이나 관점에 대해 지나치게 이야기하는 것이다. 자기 중심성을 낮추기 위한 방법들은 다음과 같다.

- 나의 이야기를 먼저 이야기하기보다는 상대방의 이야기를 먼저 듣는다. 자신의 이야기를 하기 전에 상대방의 관심사를 이해하기 위해 노력한다.
- 나의 대화 목적이 상대방의 실제 대화 니즈에 부합하도록 한다.
- 상대방이 생각치도 못한 세심한 배려로 신뢰를 형성하고 강화한다.

신뢰의 공식은 구체적인 행동과 태도로 실현된다. 신뢰성, 책임감, 친밀감을 높이는 행동을 실천하고, 자기 중심성을 높이는 행동을 줄이는 것이 신뢰를 형성하는 핵심이다. 우리는 이 신뢰 공식을 활용해 상대방과의 더 큰 신뢰를 형성하고 유대관계를 강화할 수 있다. 신뢰 공식의 네 가지 요소 중 가장 먼저 무엇을 사용해볼지 곰곰이 생각해보고 하나씩 실천해보자.

5 코칭 대화와 일반 대화의 차이점

코칭 대화와 일반 대화는 어떤 차이점이 있을까? 코칭 대화와 코칭이 아닌 일반 대화는 대화를 하는 목적, 대화의 구조, 질문의 성격, 대화의 집중도, 그리고 대화의 결과 등에서 서로 다른 특징이 있으며, 자세하게 알아보면 다음과 같다.

(1) 대화의 목적

일반 대화는 상대방과 정보를 공유하거나 인간관계를 위한 목적이 대부분이다. 대화 자체가 목적이 되는 경우가 많으며, 대화를 통해 특정한 결과를 원하거나 해결책을 찾는 것에는 중점을 두지 않는다. 예를 들면 친한 친구와의 대화에서는 최근 있었던 일에 대해 상호 이야기하거나 서로의 생각에 대해 이야기하며 개인적인 친밀감을 쌓는 데 목적이 있다.

반면 코칭 대화는 상대방의 성장을 도모하고 목표 달성을 위한 목적으로 대화가 이루어진다. 즉, 상대방이 스스로 문제를 해결하고 행동으로 옮길 수 있도록 지원하는 것을 목표로 한다. 코칭 대화는 함께 해결해야 할 문제에 대해 정의하고, 함께 해결 방안을 모색하며, 함께 구체적인 실행 계획을 수립하는 단계로 나아간다. 예를 들어 업무 중 어려움을 겪는 팀원과의 코칭 대화는 함께 문제의 원인을 파악하고, 함께 이를 해결하기 위한 구체적인 방안을 도출하며 함께 실행 계획을 세우는 것을 목표로 한다.

(2) 대화의 구조

일반 대화는 특별한 구조나 프로세스(Process) 없이 자연스럽게 진행된다. 대화의 흐름은 개인적인 관심사나 그 당시의 기분에 따라 자유롭게 변화하며, 특정한 목표를 설정하거나 이를 이루기 위한 체계적인 프로세스를 따르지는 않는다. 예를 들어 지난 주 스포츠 경기 결과에 대한 이야기를 하다가 자연스럽게 관심있는 영화 이야기로 주제가 변경되는 등 대화 주제가 상황과 분위기에 따라 수시로 변하기도 한다.

반면 코칭 대화는 체계적이고 구조화된 대화 프로세스를 따른다. 명확한 단계와 대화 프로세스를 기반으로 진행되며, 주로 질문을 통해 상대방이 깊이 있게 사고하고 통찰할 수 있도록 한다. 코칭 대화에서 대표적으로 사용하는 GROW 모델은 목표 설정(Goal), 현실 점검(Reality), 대안 탐색(Options), 의지 확인(Will)의 순서로 대화가 진행되며, 구체적인 실행 계획을 도출한다.[3] 이를 통해 대화는 일관성과 방향성을 유지하며, 명확한 목표와 실행 가능한 계획의 도출로 대화가 마무리된다.

(3) 질문의 성격

일반 대화에서 질문은 비교적 가볍고, 특정 정보를 확인하거나 호기심을 충족시키는 데 주로 목적이 있다. 일반 대화에서는 "어제 몇 시에 퇴근했어?", "요즘 야근 많이 했어?", "제일이 최근에 만났어?", "어제 저녁 뭐 먹었어?", "그 영화 아직도 안 봤어?"와 같은 닫힌 질문(Closed Question)을 많이 사용하며, 대화의 흐름을 자연스럽게 하는 데 사용된다.

반면 코칭 대화에서 질문은 대화의 시작과 끝이라고 해도 과언이 아니며, 주로 열린 질문(Open Question)을 사용한다. 열린 질문은 상대방의 생각을 자극하여 문제의 본질을 깊이 탐구할 수 있도록 한다. 예를 들어 "오늘 이야기하고 싶은 주제는 무엇인가요?", "말씀하신 그 주제에 대해 얼마나 많이 고민해보셨나요?", "현재 상황에서 가장 큰 장애물은 무엇이라고 생각하나요?", "그 결정을 내릴 때 가장 중요하게 생각하고 있는 것은 무엇인가요?"와 같은 질문은 상대방이 자신의 생각을 정리하고 문제를 해결하기 위한 실마리를 찾는 데 도움을 준다.

(4) 대화의 집중도

일반적인 대화는 상대적으로 집중도가 낮으며, 서로 대화를 하는 사람들은 대등한 입장에서 서로 의견을 나누거나 가볍게 주제를 공유하는 경우가 많다. 대화 중에 주제에 대한 관심이 분산되거나, 대화 참여자들이 서로의 이야기를 깊이 경청하지 않아도 자연스럽게 대화가 이어질 수 있다.

반면 코칭 대화는 높은 집중도를 요구한다. 코치는 상대방의 말에 전적으로 집중하며, 상대방의 생각, 감정, 기분, 가치관 등에 대해 깊이 이해하려는 태도를 가지고 대화에 임한다. 이러한 코칭 대화에서는 적극적인 경청과 공감이 중요하며, 상대방이 솔직하게 마음속에 담고 있는 생각을 끄집어내고 스스로 문제를 해결할 수 있도록 편안한 대화의 분위기를 조성하는 것이 중요하다.

(5) 대화의 결과

일반 대화는 결과에 대한 기대치가 크지 않다. 대화는 간단한 정보 교환이나 정서적 연결로 끝나는 경우가 많으며, 명확한 결론이 없어도 대화를 나눈 것 자체로 모두 만족스러울 수 있다. 예를 들어 친구 혹은 지인과의 대화는 서로의 일상을 공유하며 관계를 강화하는 것으로 충분히 의미 있는 결과가 된다.

반면 코칭 대화는 명확한 결과를 도출하는 데 중점을 둔다. 대화의 마무리에는 문제 해결 방안 또는 목표 달성을 위한 구체적인 행동 계획 등이 도출된다. 예를 들어 팀원과의 코칭 대화는 대화가 마무리될 때 팀원이 문제를 해결하기 위한 가능한 실행 계획을 수립하고 이를 실행할 준비를 하게 된다. 코칭 대화와 일반 대화의 차이점을 정리하면 아래의 표와 같다.

표 2-1 | 코칭 대화와 일반 대화의 차이점

항목	일반 대화	코칭 대화
대화의 목적	감정을 공유하거나 정보를 교환하며, 관계를 유지하고 강화	상대방의 성장, 문제 해결, 목표 달성을 위한 체계적이고 구조화된 대화
대화의 구조	구조 없이 자유롭게 진행되며, 주제가 즉흥적으로 변하기도 함	명확한 프로세스와 단계(예를 들면 GROW 코칭 모델)를 따라 체계적으로 진행
질문의 성격	상대적으로 닫힌 질문이 많이 사용되며, 정보 확인이나 단순 호기심에서 비롯된 질문을 사용	열린 질문이 많이 사용되며, 대화 상대방의 생각을 자극하고 이끌어내기 위해 사용
대화의 집중도	대화하는 사람들이 동등한 입장에서 자유롭게 의견을 주고받으며, 대화의 집중도가 상대적으로 낮음	코치는 대화 내내 코칭 대상자에게 온전히 몰입하며, 경청과 질문을 통해 잠재력을 이끌어낼 수 있도록 집중
대화의 결과	정보 교환이나 정서적 연결로 끝나는 경우가 많으며, 명확한 결과물을 기대하지는 않음	구체적인 실행 계획, 문제 해결 방안, 또는 목표 달성 방향 등을 명확히 함

2절 코칭의 기본 개념과 핵심 모델

1 나에게 코칭이란?

나에게 코칭이란 "한 송이의 꽃을 피우는 과정이다."

필자가 정의하는 코칭이란 FLOWER이다. 코칭은 대상자의 내면 깊숙이 잠들어 있는 거인, 즉 잠재력을 발견하고 이를 깨워 성장할 수 있도록 지원하는 협력적인 관계를 지속하는 과정이다. 이는 마치 한 송이의 꽃이 피어나는 과정과 흡사하다고 할 수 있다. 한 송이의 아름다운 꽃이 피어나기 위해서는 그 과정에서 얼마나 많은 노력과 고통, 그리고 얼마나 많은 우여곡절이 있었을지 우리는 짐작만 할 뿐이지 완벽하게 알거나 이해하지 못한다. FLOWER는 각 단계에서 코치가 코칭 대상자와 함께 성장해 나가는 여정을 의미한다. 그 내용에 대해 알아보자.

FLOWER 코칭 모델은 영어의 이니셜(Initial)을 따라 여섯 단계로 구성되어 있으며, 코칭 대상자의 잠재력을 발견하고 이를 바탕으로 지속적인 성장을 할 수 있도록 지원하는 것이 목적이다. FLOWER 각 단계는 코치와 코칭 대상자가 협력하여 목표를 달성하고 관계를 강화하는 데 중점을 둔다.

FLOWER 코칭 모델의 각 단계는 신뢰 형성에서부터 지속적인 성장 지원에 이르기까지 코칭 과정에서 중요한 역할을 하며 각 단계별 주요 내용은 다음과 같다.

(1) Friendly(F) 친구와 같은 다정함과 친근함

코칭의 첫 단계는 상호 신뢰를 형성하는 것이다. 이를 위해 코치는 코칭 대상자와 심리적 안전감을 형성하고, 자신의 이야기를 자연스럽게 나눌 수 있는 편안한 환경을 조성하는 것이 중요하다. 이 단계의 핵심은 자연스러운 대화를 통해 코칭 대상자가 마음을 열고 코칭의 전 과정에 적극적으로 참여하도록 분위기를 조성하는 것이다.

(2) Lovely(L) 존중과 지지

두 번째 단계에서는 코칭 대상자의 잠재력과 있는 그대로의 모습을 존중하고 신뢰하는 것이 중요하다. 비판보다는 성과를 인정하며 긍정적인 에너지를 전달함으로써 코칭 대상자의 자신감을 높인다. 실패조차도 성장 과정의 일부로 받아들이며, 도전의 가치를 강조하는 것이 이 단계의 핵심이다.

(3) Open-Minded(O) 열린 마음

세 번째 단계에서는 고정관념이나 선입견 없이 코칭 대상자의 이야기를 경청하고, 강력한 질문(Powerful Question)을 통해 새로운 가능성을 찾을 수 있도록 지원한다. 다양한 관점을 제시하면서도 코칭 대상자가 스스로 문제의 본질을 깨닫고 해결책을 찾아낼 수 있도록 하는 것이 중요하다.

(4) We(W) 협력과 파트너십

네 번째 단계에서는 코치와 코칭 대상자가 협력하여 목표를 설정하고 실행 방안을 구체화한다. 나와 너가 아닌 "우리"라는 관점에서 신뢰와 협력의 관계를 형성하는 것이 핵심이다. 코칭 대상자가 혼자가 아니라는 확신을 가질 수 있도록 지원하고, 공동의 목표를 향해 나아가도록 동기를 제공하는 것이 중요하다.

(5) Earn(E) 성취와 보상

다섯 번째 단계는 성취를 통해 코칭 대상자가 자기 효능감을 높일 수 있도록 하는 단계이다. 작은 진전과 성공도 소중히 여기고 인정하며, 이를 통해 지속적인 동기를 제공하는 것이 중요하다. 이 단계에서는 성취를 축하하고, 다음 목표를 향해 나아갈 수 있도록 긍정적인 피드백을 제공한다.

(6) Relationship(R) 지속적인 관계 형성

마지막 단계에서는 신뢰를 바탕으로 장기적인 관계를 구축한다. 코칭은 지속적인 성장과 변화를 지원하는 과정이다. 코칭 대상자가 필요할 때 언제든 도움을 요청할 수 있도록 신뢰 관계를 유지하며, 지속적인 피드백과 지지를 하는 것이 이 단계의 핵심이다.

FLOWER 코칭 모델은 신뢰와 존중, 그리고 협력과 성장을 기반으로 하는 포괄적인 코칭 모델이다. 이를 통해 코칭 대상자는 내면에 잠들어 있는 자신의 잠재력을 최대한 이끌어내어 발휘할 수 있고, FLOWER 코칭 모델은 코칭 대상자가 지속적인 변화를 통해 성장할 수 있도록 이끄는 여정이다. FLOWER 코칭 모델에 대한 추가적인 내용은 코칭 모델에서 자세히 다루도록 한다.

2 코칭 트라이앵글(Coaching Triangle)

코칭이 효과적으로 이루어지기 위한 가장 중요한 요소는 무엇일까? 코칭 트라이앵글은 코칭이 효과적으로 이루어지기 위해 필요한 세 가지 핵심 요소이다. 코칭 트라이앵글은 커뮤니케이션(Communication), 프로세스(Process), 그리고 신뢰(Trust)로 구성되며, 이 세 가지 요소가 조화를 이룰 때 코칭 대상자의 성장과 지속 가능한 변화를 이끌어낼 수 있다.

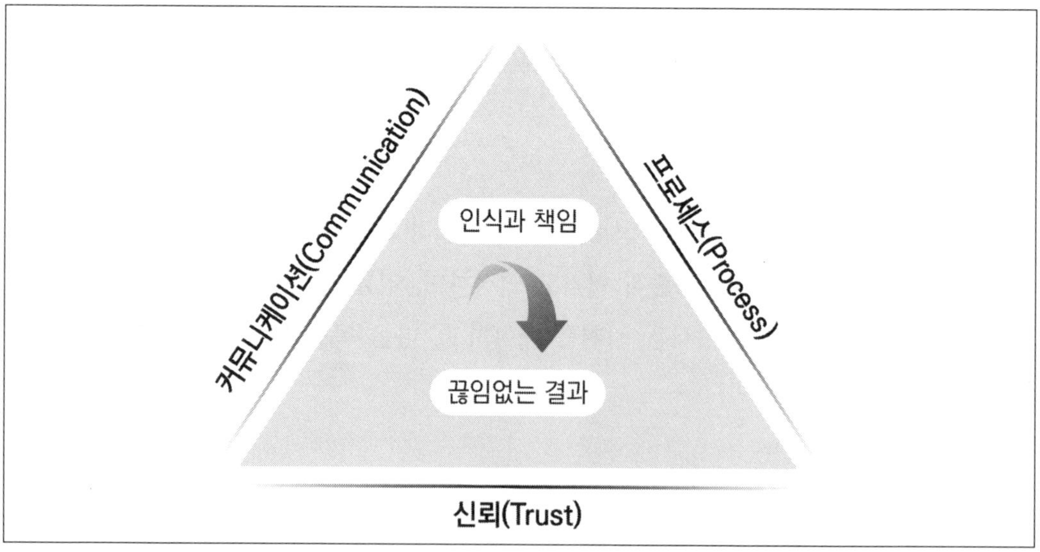

〈그림 2-3〉 코칭 트라이앵글

(1) 커뮤니케이션(Communication)

커뮤니케이션은 코칭의 출발점이자 가장 중요한 기본 요소이다. 코칭은 단순한 대화나 정보 전달이 아니라 코칭 대상자가 스스로 생각하고 깨달음을 얻을 수 있도록 하는 과정이다. 이를 위해 코치는 질문을 하고, 경청하며, 적절한 피드백을 제공함으로써 상대방이 자기 내면에 있는 답을 스스로 찾아갈 수 있도록 지원한다. 소통의 본질은 코칭 대상자의 이야기를 진심으로 귀담아듣고 이해하며, 스스로 문제를 인식하게끔 하는 것이다. 이 과정을 통해 코칭 대상자는 자신의 상황을 더 깊이 이해하고 인식하게 되어, 목표를 보다 명확하게 설정할 수 있게 된다.

(2) 프로세스(Process)

프로세스는 코칭을 체계적으로 진행하기 위한 단계적 접근을 의미한다. 코칭은 일반 대화와는 달리 GROW, FLOWER 등의 체계적인 구조화된 코칭 모델이 적용되며, 코칭은 그저 대화를 나누는 것 이상을 넘어 명확한 목표를 설정하고 그 목표를 달성하기 위해 구체적인 계획을 세우고 실행하는 과정이다. 예를 들어 목표를 설정한 후 현재 상황을 면밀히 분석하고, 실행 가능한 해결책을 모색하며, 행동 계획(Action Plan)을 세우고 이를 실천에 옮기는 과정을 거친다. 이러한 구조화된 프로세스를 통해 코칭 대상자는 자신의 행동과 결과를 단계적으로 점검하며 발전할 수 있다. 프로세스가 명확하게 설정되면 코칭 대상자는 혼란을 줄이고 목표를 향해 나아가게 된다.

(3) 신뢰(Trust)

마지막으로, 신뢰는 코칭이 원활하게 이루어지기 위한 기반이다. 코칭에서 신뢰는 코치와 코칭 대상자 간의 관계를 지지하는 중요한 기둥이다. 대상자가 편안함과 안전감을 느끼고 솔직하게 자신의 생각과 감정을 표현할 수 있을 때 비로소 변화가 시작된다. 신뢰는 단순히 서로 믿는 수준을 넘어 상대방이 지지받고 있다는 느낌을 주며 도전과 변화를 수용하도록 만든다. 신뢰가 형성되지 않으면 깊이 있는 대화나 실질적인 변화를 이끌어 내기 어렵기 때문에 신뢰는 코칭의 성과를 결정짓는 중요한 요소이다. 즉, 코칭은 신뢰를 기반으로 한 구조화된 쌍방향의 커뮤니케이션이라고 필자는 정의한다.

이렇게 커뮤니케이션, 프로세스, 신뢰라는 세 가지 요소가 균형을 이루어야 코칭의 본질이 실현된다. 이 중심에는 인식과 책임이라는 개념이 자리 잡고 있다. 코칭은 코칭 대상자가 스스로 자신의 상황과 문제를 깨닫고, 이를 해결하기 위한 실질적인 책임감을 가질 수 있도록 지원하는 과정이다. 코치는 방향을 제시하는 사람이 아니라, 대상자가 스스로의 답을 찾고 그에 따라 행동하도록 자극하는 촉진자(Facilitator) 역할을 하는 사람이다. 이러한 과정을 거치며 코칭 대상자는 변화의 주체가 되고, 코칭의 효과는 더 오랫동안 지속될 수 있다.

코칭의 궁극적인 목적은 지속 가능한 결과를 만들어내는 것이다. 일시적인 해결책이 아니라 대상자가 문제 해결 능력을 내재화하고, 스스로 성장할 수 있는 기초 체력과 근육을 키우는 데 그 목적이 있다. 코칭을 통해 변화된 생각과 행동은 단기간의 성과를 넘어 장기적으로도 지속 가능한 결과를 가져오게 된다.

이처럼 코칭 트라이앵글은 코칭의 핵심이 무엇인지를 명확히 보여주고 있다. 커뮤니케이션을 통해 상대방의 생각을 자극하고, 코칭 프로세스를 통해 체계적으로 목표를 달성하도록 이끌며, 서로 간의 신뢰를 통해 상대방이 안전하게 변화의 과정에 몰입할 수 있도록 지원하는 것이다. 코칭은 대상자가 스스로의 잠재력을 발견하고 자신의 길을 찾아 나설 수 있도록 지원하는 과정이며, 이를 통해 진정한 변화와 성장이 이루어진다.

코칭 트라이앵글의 핵심은 아랫면에 있는 신뢰이고, 코칭은 신뢰를 기반으로 한 대화이다. 신뢰와 관련하여 감정 저금통이라는 비유적 표현을 통해 설명하고자 한다. 감정 저금통은 인간관계에서 신뢰와 친밀감을 형성하고 유지하기 위한 비유적 개념이다. 이는 사람들이 서로의 관계에서 신뢰와 긍정적 감정을 "입금"하거나 "출금"할 수 있으며, 은행 계좌의 개념에 빗댄 것이다.[4]

감정 저금통에서 입금(Deposits)은 신뢰를 쌓고 관계를 강화하는 행동이다. 약속을 지키고, 상대방의 이야기를 진심으로 경청하며, 존중과 배려를 보여주는 행동이 이에 해당한다. 예를 들어 작은 약속이라도 성실히 이행하면 상대방은 믿음을 가지게 되고, 관계의 신뢰도가 높아진다. 또한 진심 어린 감사 표현이나 실수를 인정하고 사과하는 태도도 입금을 통해 관계를 긍정적으로 변화시키는 중요한 요소이다.

반면 출금(Withdrawals)은 신뢰를 악화시키는 행동이다. 약속을 어기거나 상대방의 감정을 무시하는 행동, 또는 비판적이거나 불성실한 태도는 감정 저금통에서 출금으로 작용한다. 예를 들어 거짓말을 하거나 약속을 지키지 않으면 상대방은 신뢰를 잃고 관계는 점점 멀어진다. 이러한 출금 행동이 반복되면 감정 저금통의 잔고가 점점 바닥나게 되어, 아니 마이너스 통장이 되어 관계가 파탄에 이를 위험이 커진다.

감정 저금통을 통해 신뢰와 관계를 유지하려면 입금이 출금보다 많아야 한다. 꾸준한 입금은 관계를 안정시키고, 어려운 상황에서도 신뢰를 유지할 수 있는 기반을 제공한다. 반대로, 출금이 잦아지면 관계는 악화되고, 회복하기 위해 더 많은 노력이 필요하다. 중요한 것은 이러한 입금과 출금이 큰 행동이 아니라, 일상에서 반복되는 우리의 작은 행동과 배려, 그리고 태도를 통해 이루어진다는 점이다.

결국 감정 저금통의 핵심은 상대방과의 관계에서 신뢰를 지속적으로 형성하고, 이를 관리하려는 노력을 통해 건강하고 긍정적인 관계를 형성하는 데 있다. 이를 위해 우리는 자신의 말과 행동이 상대방에게 어떤 영향을 미치는지 항상 점검하며, 입금을 위한 구체적인 실천을 꾸준히 이어가야 한다. 이제 주변의 나에게 소중한 사람들 몇 명을 떠올려보고 그들의 감정 저금통에 나의 감정 잔고가 얼마나 되는지 측정해보자. 그리고 감정 저금통의 잔고를 늘리기 위한 나만의 전략은 무엇인지 곰곰이 고민해보고 실천해보자.

3 주요 코칭 모델

코칭에 활용되는 코칭 모델에는 여러 가지 종류가 있다. 그 중에서도 널리 활용되고 있는 GROW 코칭 모델과 필자가 개발한 FLOWER 코칭 모델을 소개하고자 한다.

(1) GROW 코칭 모델

GROW 코칭 모델은 존 휘트모어(John Whitmore)가 『성과 향상을 위한 코칭 리더십』이라는 책에서 처음 소개하였고, 오늘날 가장 널리 사용되고 있는 코칭 모델이며, 코칭 대화를 효과적으로 하기 위해 설계된 구조화된 코칭 모델이다. GROW는 Goal(목표 설정), Reality(현실 점검), Options(대안 탐색), Will(의지 확인)의 네 가지 단계로 구성되며, 코칭 대상자가 스스로 문제를 인식하고 해결책을 찾으며 실행하도록 지원하는 일련의 코칭 프로세스(Process)이다. 즉, GROW 코칭 모델은 코치와의 대화를 통해 코칭 대상자가 스스로 목표를 설정하고, 현재 상황을 점검하며, 해결 가능한 다양한 대안을 탐색하고 실행을 약속하고 이행하는 과정을 구조화한 모델로서 단계별 주요 내용은 다음과 같다.

표 2-2 | GROW 코칭 모델의 단계별 주요 내용

GROW 단계	주요 내용
Goal(목표 설정)	목표를 설정하고 대화의 결과에 대해 상호 합의한다.
Reality (현실 점검)	현실을 검토하고 코칭 대상자가 현재 일어나고 있는 일을 검토할 수 있도록 도움을 제공한다.
Options (대안 탐색)	니즈에 가장 적합한 대안이 무엇인지 살펴보고 코칭 대상자에게 가장 적합한 대안을 찾는 데에 집중한다.
Will (의지 확인)	코칭 대상자와 무엇을 하고 있는지, 언제까지 그것을 할 것인지, 성공을 어떻게 측정할 것인지에 대해 합의하고 코칭 대상자의 실행 의지를 확인한다.

GROW 코칭 모델은 코칭 대상자가 스스로 문제를 해결하고 목표를 달성하도록 지원하는 모델이다. 코치는 이 과정을 통해 코칭 대상자의 내면의 생각을 외부로 이끌어내며, 목표를 향해 주도적으로 나아갈 수 있도록 대화 내내 코칭 대상자에게 집중한다. GROW 코칭 모델은 이루고자 하는 목표 달성을 넘어 그 이상의 지속적인 성장과 발전을 가능하게 한다.

각 단계의 주요 내용과 해당 단계에서 활용할 수 있는 질문들에 대해 알아보자.

1) Goal(목표 설정)

코칭 대화의 출발점으로서 목표를 명확하게 설정하고 결과에 대한 합의를 도출하는 단계이다. 이 단계에서 코치는 코칭 대상자가 어떤 목표를 이루고 싶은지 구체적으로 이야기할 수 있도록 자유롭고 긍정적인 분위기를 만들기 위해 노력해야 한다. 목표는 SMART 원칙(Specific, Measurable, Achievable, Relevant, Time-bound)에 따라 구체적이

고 측정 가능해야 한다. 목표 설정을 통해 코칭 대상자는 자신이 무엇을 원하는지 분명히 하고, 앞으로의 방향성을 명확히 할 수 있다.

Goal(목표 설정) 단계에서 활용할 수 있는 질문의 예시는 다음과 같다.

- 이번 코칭을 통해 어떤 결과를 얻기를 원하세요?
- 이 목표가 왜 중요한지 말씀해주시겠어요?
- 목표를 달성하는 데 가장 중요한 기준은 무엇인가요?
- 당신의 목표를 구체적이고 측정 가능한 단어나 간단한 문장으로 표현해보시겠어요?
- 이 목표가 지금 당신의 상황에서 현실적으로 달성 가능한가요? 그리고 그렇게 생각하시는 이유는 무엇인가요?

2) Reality(현실 점검)

현재의 상황을 정확히 이해하고 문제를 명확하게 파악하는 단계이다. 코칭 대상자가 현재의 상황과 문제를 객관적으로 인식할 수 있도록 도움을 준다. 자신의 관점뿐만 아니라 타인의 시각과 피드백을 통해 현재의 상황을 검토하도록 한다. 현재의 상황을 점검하고 검토함으로써 목표와 현재 상황 사이의 격차(Gap)가 어느 정도인지를 인식하고, 구체적으로 무엇을 해결할 수 있는지 구체화하는 단계이다.

Reality(현실 점검) 단계에서 활용할 수 있는 질문의 예시는 다음과 같다.

- 이 목표를 향해 나아가는 데 있어 어떤 장애물 혹은 어려움이 있나요?
- 지금까지 이 목표를 위해 어떠한 방법으로 어떠한 시도를 해보았나요? 그 결과는 어땠나요?
- 현재의 문제가 발생한 이유는 무엇이라고 생각하나요?
- 당신의 강점은 무엇인가요? 이를 어떻게 활용했고 앞으로 어떻게 활용할 수 있을까요?
- 과거에 이와 비슷한 상황이 있었나요? 그때는 어떻게 해결했나요? 그리고 결과는 어땠나요?

3) Options(대안 탐색)

목표를 달성하기 위해 가능한 모든 대안과 해결책을 알아보는 단계이다. 이 단계에서 코치는 열린 질문을 통해 코칭 대상자가 본인 스스로 다양한 대안을 생각해볼 수 있도록 도움을 준다. 다양한 가능성을 열어둔 상태에서 코칭 대상자가 스스로 해결 방안을 생각해보고 제시할 수 있도록 한다. 제시된 대안 중 가장 적절하고 실행 가능한 대안 목록 중 실행 가능한 우선순위를 설정하는 것이 중요하다.

Options(대안 탐색) 단계에서 활용할 수 있는 질문의 예시는 다음과 같다.

- 이 목표를 달성하기 위해서는 어떤 방법들이 있을까요? 천천히 고민해보시고, 생각나는 대로 말씀해보시겠어요?
- 현재 상황에서 선택할 수 있는 대안은 몇 가지가 있을까요?
- 말씀하신 해결 방법 중에 가장 현실적으로 실행 가능한 방법은 무엇일까요? 그리고 그렇게 생각하는 이유는 무엇인가요?
- 각 해결 방법이 가져올 결과를 예상해보면 어떤 선택이 가장 좋을까요?
- 이 목표를 위해 지금 당장 할 수 있는 첫 번째 행동은 무엇인가요? 그렇게 말씀하신 이유는 무엇인가요?

4) Will(의지 확인)

GROW 코칭 모델의 마지막 단계로, 지금까지의 대화를 통해 제시된 실행 계획(Action Plan)을 구체화하고 실천에 대한 의지를 확인하는 단계로 코칭 대상자와 함께 목표 달성을 위한 구체적인 행동 계획을 세우고 실행 의지를 확인한다. 성공에 대한 정의, 성공에 대한 기준 등에 대해 어떻게 측정할지에 대해 상호 합의하고, 이를 통해 실행에 대한 의지와 책임감을 높인다. 실행 계획에 대한 기한을 명확히 하여 코칭 대상자의 행동을 유발하고 행동에 대한 약속에 상호 동의하거나 합의한다.

Will(의지 확인) 단계에서 활용할 수 있는 질문의 예시는 다음과 같다.

- 선택하신 대안 중에서 어떤 것을 가장 먼저 실행해보고 싶으세요? 그리고 그 이유는 무엇인가요?
- 말씀하신 내용을 언제부터 시작하시겠어요? 구체적인 날짜를 정해볼까요? 언제부터 가능한지 말씀해주시겠어요?
- 이 실행 계획을 실행하는 데 필요한 자원(Resource)이나 지원은 무엇이 있을까요?
- 이 계획의 성공 여부를 어떻게 측정하시겠어요?
- 그 성공을 위해 오늘부터 무엇을 시작하실 건가요?

지금까지의 내용을 정리하면 다음과 같다. GROW 코칭 모델은 목표 설정(Goal), 현실 점검(Reality), 대안 탐색(Options), 의지 확인(Will) 네 단계로 구성된 구조화된 코칭 프로세스이다.

- **Goal(목표 설정)** 단계는 SMART 원칙에 따라 명확하고 측정 가능한 목표를 설정하고, 대화의 결과를 합의하는 단계이다.
- **Reality(현실 점검)** 단계는 현재 상황과 문제를 객관적으로 검토하고, 목표와 현실 간의 격차를 인식하도록 돕는 단계이다.
- **Options(대안 탐색)** 단계는 다양한 해결 방안을 탐색하며, 실행 가능한 최적의 대안을 우선순위에 따라 선정하는 단계이다.
- **Will(의지 확인)** 단계는 실행 계획을 구체화하고, 목표 달성을 위한 행동과 성공 기준을 설정하며 실행 의지를 확인하는 단계이다.

(2) FLOWER 코칭 모델

FLOWER 코칭 모델을 통해 코칭 대상자는 마치 아름다운 한 송이의 꽃이 피어나는 것처럼 자신을 발견하고, 목표를 향해 전진하며 아름답게 성장하는 여정을 거치게 된다. FLOWER 코칭 모델의 단계별 주요 내용은 다음과 같다.

표 2-3 ı FLOWER 코칭 모델의 단계별 주요 내용

단계	주요 내용
Friendly	코치는 친구와 같은 친근한 대화의 시작으로 코칭 대상자와의 신뢰를 형성한다.
Lovely	코치는 코칭 대상자를 존중하고 지지하는 마음으로 긍정적 변화를 지원한다.
Open-Minded	코치는 열린 마음의 대화와 질문으로 코칭 대상자가 새로운 가능성을 찾을 수 있도록 지원한다.
We	코치는 코칭 대상자와 파트너십 관계를 통해 협력하고, 함께 목표를 설정하고 실행한다.
Earn	코치는 코칭 대상자가 성취의 기쁨을 경험할 수 있도록 한다.
Relationship	코치는 코칭 대상자와 지속적인 신뢰 형성을 통한 관계 형성 및 신뢰 구축을 통해 지속적인 성장을 지원한다.

FLOWER 코칭 모델의 각 단계에 대해 자세히 알아보자.

1) Friendly(F) 친구와 같은 다정함과 친근함

코칭의 시작은 편안하고 친근한 분위기를 조성하는 것이다.

코치는 코칭 대상자에게 열린 마음으로 다가가며 마음을 열 수 있는 심리적 안전감을 제공해야 한다. 코치의 친근함은 코칭 대상자가 마음을 열고 마음 깊숙이 품고 있는 생각과 고민을 솔직하게 나눌 수 있도록 지원하는 첫걸음이다.

F 단계에서 코치의 역할은 코칭 대상자에게 편안함을 주는 대화와 열린 질문을 통해 라포(Rapport)를 형성하고 신뢰의 기반을 마련하는 것이다. 그리고 공감과 경청을 통해 상대방이 코칭 전반에 적극적으로 참여하도록 해야 한다.

F 단계에서 활용할 수 있는 질문의 예시는 다음과 같다.

- 지금 어떤 고민을 하고 계신가요? 편하게 이야기해주세요.
- 저는 당신의 이야기를 듣고 싶습니다. 오늘 가장 나누고 싶은 이야기는 무엇인가요?
- 최근에 고민하고 계신 일이 있나요? 어떤 일이 가장 마음에 남아 있나요?
- 이 자리에서 가장 편하게 이야기할 수 있도록 제가 무엇을 도와드리면 좋을까요?
- 오늘 이 대화가 어떤 의미를 가지면 좋을까요?

2) Lovely(L) 존중과 지지

두 번째 단계는 코칭 대상자를 있는 그대로 존중하고 사랑하는 마음을 가지는 것이다.

코칭 대상자의 강점과 잠재력을 신뢰하고, 선입견이나 판단 없이 있는 그대로 인정하는 것이다. 성장을 위해 노력하는 모습을 격려하고 지지하면서 긍정적 에너지를 불어넣어준다.

L 단계에서 코치의 역할은 코칭 대상자의 노력과 성취를 인정하며 자신감을 심어주는 것이다. 그리고 실패나 좌절의 순간에도 긍정적인 시각을 보여주며, 도전할 수 있도록 동기를 제공한다.

L 단계에서 활용할 수 있는 질문의 예시는 다음과 같다.

- 그동안 정말 많은 노력을 하셨네요. 여기까지 온 과정이 정말 대단해요. 그동안 이 상황을 해결하기 위해 어떤 노력을 해오셨나요?
- 지금까지 이룬 가장 자랑스러운 성과는 무엇인가요?
- 스스로 강점이라고 생각하는 부분은 무엇인가요?
- 이 문제를 해결하기 위해 지금까지 시도했던 방법 중에서 어떤 점이 가장 효과적이었나요?

3) Open-Minded(O) 열린 마음

코치는 항상 열린 마음으로 코칭 대상자를 바라보아야 한다. 선입견이나 고정관념을 버리고 코칭 대상자의 생각과 경험을 존중하며 열린 마음을 가지고 경청하는 것이다. 코치는 강력한 질문을 통해 코칭 대상자가 새로운 시각과 가능성을 발견하도록 도움을 제공한다.

O 단계에서 코치의 역할은 코칭 대상자의 이야기를 경청하면서 열린 질문을 통해 새로운 관점을 가지도록 해야 한다. 스스로가 문제의 핵심을 이해하고 해결책을 찾도록 지원한다.

O 단계에서 활용할 수 있는 질문의 예시는 다음과 같다.

- 이 문제를 해결하기 위해 어떤 다른 가능성을 고려해볼 수 있을까요?
- 이 상황을 다른 시각으로 본다면 어떤 가능성이 보이나요?
- 당신이 가장 존경하는 사람이 이 상황을 해결한다면 어떤 방법을 선택했을까요?
- 현재의 상황이 나아졌을 때 당신의 모습은 어떨 것이라고 기대하나요?
- 만약 모든 제약 조건이 없다면, 무엇을 가장 먼저 시도해보고 싶으세요? 그리고 그렇게 말씀하신 이유는 무엇인가요?

4) We(W) 협력과 파트너십

코칭은 코치와 코칭 대상자가 파트너로서 함께 성장하는 과정이다. 그래서 코칭을 파트너십(Partnership)이라고도 한다. 코치는 문제 해결의 주체가 코칭 대상자임을 믿고, 파트너십을 통해 공동의 목표를 향해 나아간다. 나와 너가 아니라 "우리"라는 패러다임(Paradigm)을 통해 신뢰를 형성한다. 스티븐 코비(Stephen R. Covey)는 "패러다임(Paradigm)을 우리가 세상을 바라보는 관점으로 정의하며, 이는 우리의 행동과 해석하는 방식을 결정한다"고 보았다. 그는 잘못된 패러다임으로는 올바른 결과를 얻을 수 없음을 강조하며, 개인의 변화는 패러다임의 전환(Paradigm Shift)에서 시작된다고 강조한다. 특히 내적 가치와 원칙이 외적인 성공보다 중요하며, 이를 통해 지속적인 성장과 성공을 이룰 수 있다고 한다.

W 단계에서 코치의 역할은 코칭 대상자가 혼자가 아니라는 확신을 주며 동반자로서 함께 목표를 설정하고 실행하게 하는 것이다. 이 단계에서 코치는 코칭 대상자와 함께 협력을 통해 지속적인 변화를 이끌어낸다.

W 단계에서 활용할 수 있는 질문의 예시는 다음과 같다.

- 이 목표를 달성하기 위해 우리가 함께 할 수 있는 일은 무엇일까요?
- 당신에게 필요한 자원 혹은 지원이 있다면 무엇이 있을까요?
- 무엇을 함께 고민해보면 좋을까요?

- 제가 어떤 부분에서 도움을 드리면 좋을까요?
- 이 과정에서 서로 더욱 협력하기 위해 역할을 어떻게 나눌 수 있을까요?

5) Earn(E) 성취와 보상

코칭은 성공을 통해 코칭 대상자가 자기 효능감(Self-Efficacy)을 느끼도록 지원하는 과정이다. 목표를 달성하거나 작은 진전을 이룰 때마다 그 과정과 성과를 인정하고 칭찬 등을 통해 보상을 해주는 것이 중요하다. 성공의 경험은 코칭 대상자에게 자신감을 심어주고, 지속적으로 성장하도록 동기를 제공한다.

E 단계에서 코치의 역할은 코칭 대상자가 설정한 목표의 달성 여부를 함께 점검하고 인정하는 것이다. 이루어낸 성과와 성공을 축하하며, 다음 목표를 향해 나아갈 수 있도록 동기를 제공하고 격려한다.

E 단계에서 활용할 수 있는 질문의 예시는 다음과 같다.

- 정말로 목표를 이뤄내셨군요! 정말 훌륭한 결과예요. 다음 단계에서는 어떤 것을 시도해보고 싶으세요?
- 이번 달에 목표를 달성한 이후에 가장 기뻤던 순간은 언제였나요? 그리고 그 이유는 무엇인가요?
- 오늘 대화에서 가장 큰 성과는 무엇이라고 생각해요?
- 이 목표를 이루었을 때 당신에게는 어떤 의미가 있나요?
- 다음 단계로 나아가기 위해 처음으로 시도해볼 수 있는 작은 실천 방법은 무엇이 있을까요?

6) Relationship(R) 지속적인 관계 형성

코칭의 궁극적인 목표 중 하나는 상호 긍정적이고 지속적인 관계를 형성하는 것이다. 신뢰와 존중을 바탕으로 한 관계는 코칭 대상자가 어려운 상황에 처했을 때라도 언제든지 코치에게 도움을 받을 수 있는 기반이 된다. 이러한 관계는 코칭 대상자의 장기적 성장과 변화를 지원하는 원동력이 된다.

R 단계에서 코치의 역할은 코칭 대상자가 스스로 성장할 수 있도록 지원할 수 있는 관계를 구축하는 것이다. 지속적인 지지와 응원, 그리고 피드백을 통해 코칭 대상자가 혼자가 아니라는 확신을 심어주어야 한다.

R 단계에서 활용할 수 있는 질문과 대화의 예시는 다음과 같다.

- 저는 항상 당신을 응원하고 있습니다. 이야기 나누고 싶을 때는 언제든지 찾아오실 거죠?
- 이 코칭 대화가 당신에게 어떤 도움이 되었나요?
- 앞으로도 계속 나누고 싶은 주제나 고민은 무엇인가요?
- 필요할 때 언제든지 저와 이야기하실 수 있다는 점, 꼭 기억해주세요. 무엇이든 편하게 나눠주실 수 있을까요?
- 우리의 다음 만남에서는 어떤 이야기를 나누고 싶으신가요?

정리하면, FLOWER 코칭 모델은 여섯 단계로 구성되어 있으며, 코칭 대상자의 잠재력을 발견하고 이를 기반으로 지속적인 성장을 지원하는 것을 목표로 한다. 각 단계에서는 코치와 대상자가 협력하여 목표를 달성하고 상호 신뢰를 강화하는 데 중점을 둔다. 이 과정을 통해 대상자는 자신의 잠재력을 인식하고 성장의 여정을 이어가게 된다.

(3) 코칭 모델과 SMART 원칙: 효과적인 목표 설정 전략

목표 설정은 성과 지표와 더불어 고객의 신뢰 구축, 시장 변화 대응, 수익성 향상, 리스크 관리 등 다양한 요소를 고려해야 한다. 명확한 목표가 설정되지 않으면 전략적 방향성이 흐려지고, 설정된 목표 달성에도 제약이 생기게 된다. 이를 해결하기 위해 GROW 코칭 모델의 목표 설정(Goal) 단계에서는 SMART 원칙을 활용한다. SMART 원칙은 목표를 보다 체계적이고 효과적으로 설계할 수 있는 기준으로, 각각 Specific(구체성), Measurable(측정 가능성), Achievable(달성 가능성), Relevant(관련성), Time-bound(기한 명확성)를 의미한다. 목표 설정 시 각 요소를 적용하면 목표의 명확성과 실행 가능성이 높아지며, 목표 달성에 더욱 효과적이다.

1) Specific: 명확하고 도전적인 목표 설정

금융업계에서 목표는 수익 증대뿐만 아니라, 고객 만족도 개선, 신규 상품 개발, 리스크 관리 강화 등 다양한 요소를 포함할 수 있다. 목표가 명확해야 구체적인 실행 전략을 수립할 수 있으며, 일관된 방향성을 유지할 수 있다.

Specific(구체성)과 관련하여 스스로에게 던져볼 수 있는 질문과 예시는 다음과 같다.

- 목표가 충분히 구체적이고 도전적인가?
- 고객, 시장, 내부 프로세스 개선 등 어떤 목표에 중점을 둘 것인가?
- 목표가 달성될 경우 어떤 비즈니스 성과로 이어질 수 있는가?
- 바람직하지 않은 예시: 예금 유치를 늘린다. (불명확한 목표)
- 바람직한 예시: 올해 말까지 정기예금 신규 가입자 수를 15% 증가시키고, 평균 잔액을 10% 확대하여 총 예수금 1천억 원을 달성한다. (명확한 수치와 달성 기한 포함)

2) Measurable: 진행 상황을 추적할 수 있는 목표

금융업계에서는 실적 분석과 리스크 관리를 위해 측정 가능한 지표가 필요하다. 예를 들면 수익성, 비용 절감, 고객 증가율, NPS(순추천고객지수), 고객 이탈률, 부실 채권 비율 같은 지표도 활용할 수 있다.

Measurable(측정 가능성)과 관련하여 스스로에게 던져볼 수 있는 질문과 예시는 다음과 같다.

- 목표 달성 여부를 어떤 지표로 측정할 것인가?
- 목표와 관련된 주요 성과 지표(KPI)는 무엇인가?
- 리스크 관리 측면에서 측정해야 할 항목은 무엇인가?
- 바람직하지 않은 예시: 여신 포트폴리오를 개선한다. (어떤 방식인지 불명확함)
- 바람직한 예시: 향후 12개월 동안 신용 등급이 A 이상인 고객 대상 여신 비율을 60%까지 확대하고, 부실 채권 비율을 0.4% 이하로 유지한다. (명확한 측정 기준 제시)

3) Achievable: 도전적이지만 현실적인 목표 설정

목표는 금융 시장의 변동성과 내부 자원(인력, 기술, 자본 등)을 고려하여 실현 가능한 수준에서 설정해야 한다. 지나치게 높은 목표는 동기를 떨어뜨릴 수 있으며, 반대로 너무 쉬운 목표는 몰입도가 떨어지고 무사안일에 빠질 수 있다.

Achievable(달성 가능성)과 관련하여 스스로에게 던져볼 수 있는 질문과 예시는 다음과 같다.

- 목표를 달성하기 위한 핵심 전략과 실행 방안은 무엇인가?
- 시장 상황과 내부 리소스(Resource)를 고려했을 때 현실적으로 가능한 목표인가?
- 목표 달성을 위해 필요한 경영진의 지원 및 부서 간 협업해야 할 요소는 무엇인가?
- 바람직하지 않은 예시: 올해 중소기업 여신 시장 점유율을 100% 확대한다. (비현실적인 목표)
- 바람직한 예시: 올해 말까지 중소기업 여신 시장 점유율을 현재 5%에서 6%로 확대하고, 신규 중소기업 고객 50개사를 확보한다. (실현 가능한 수준으로 조정)

4) Relevant: 조직의 전략 및 비전과 연계된 목표

목표는 수익 증대와 더불어 장기적인 목표 및 전략과 연계되어야 한다. 예를 들어 디지털 금융 혁신을 추진하는 경우라면, 고객의 모바일 뱅킹 사용률을 확대하는 것이 주요 목표가 될 수 있다.

Relevant(관련성)와 관련하여 스스로에게 던져볼 수 있는 질문과 예시는 다음과 같다.

- 이 목표가 우리 조직의 장기적인 비전 및 전략과 일치하는가?
- 현재의 시장 환경과 경쟁 상황을 고려했을 때, 목표의 전략적 중요성은 무엇인가?
- 목표가 고객의 가치 창출과 어떻게 연결되는가?
- 바람직하지 않은 예시: 디지털 서비스를 확대한다. (전략적 방향성이 모호함)
- 바람직한 예시: 올해 말까지 모바일 뱅킹 이용 고객 비율을 현재 60%에서 80%까지

증가시키고, 모바일 앱을 통한 신규 계좌 개설 비중을 60% 이상으로 확대한다. (조직의 디지털 전략과 연계됨)

5) Time-bound: 명확한 기한 설정

목표 달성 기한이 명확해야 시장 변화에 적절히 대응하고, 규제 요구 사항을 준수하며, 리스크를 효과적으로 관리할 수 있다. 단기·중기·장기 목표를 구분하여 설정하고, 마일스톤(Milestone)을 정하는 것이 효과적이다.

Time-bound(기한 명확성)와 관련하여 스스로에게 던져볼 수 있는 질문과 예시는 다음과 같다.

- 목표 달성을 위한 구체적인 일정은 어떻게 되는가?
- 목표를 언제까지 달성해야만 하는가?
- 단계별 마일스톤을 설정했는가?
- 바람직하지 않은 예시: 고객 만족도를 높인다. (기한이 불분명함)
- 바람직한 예시: 올해 12월 말까지 고객 만족도(NPS) 점수를 현재 65점에서 75점으로 향상시키고, 6개월 내 고객 불만 처리 시간을 평균 30시간에서 평균 24시간 이내로 6시간 단축한다. (구체적인 일정 포함)

SMART 원칙을 적용하면 목표가 실행 계획을 갖춘 구체적인 성과 지향 목표로 정리될 수 있다. 따라서 목표를 수립할 때는 구체성, 측정 가능성, 달성 가능성, 관련성, 기한 명확성을 철저히 검토하고, 지속적인 모니터링을 통해 최적의 성과를 창출해야 한다. 다시 강조하면, SMART 원칙을 적용하여 더욱 체계적이고 효과적인 목표를 설정하고, 지속적인 성과를 이루어낼 수 있다.

3절 효과적인 코칭 대화 스킬

1 경청의 중요성

"대화하면서 진정으로 누군가의 말을 끝까지 들어본 적이 있는가?"

대화 중 우리는 상대방의 말을 듣고 있다고 생각하지만, 과연 그것이 진정한 경청일까? 많은 경우 자신의 의견을 준비하거나 상대방의 말을 맞받아칠 생각에 정작 상대방의 말에 집중하지 못하는 경우가 많다. 나 또한 그렇다. 경청은 단순히 적극적으로 상대방의 말을 듣는 것을 넘어 침묵 속에서 온전히 집중하고 이해하려는 태도에서 시작된다.

경청은 상대방의 말을 귀 기울여 듣고 이해하려는 적극적인 행동이다. 이를 이해하기 위해 Listen(경청)과 Silent(침묵)라는 두 영어 단어를 통해 설명할 수 있다. 두 단어에는 어떤 공통점이 있을까? 두 단어의 공통점을 찾았는가? 이 두 단어는 순서만 다를 뿐 사용된 철자가 같다. 어떤 생각이 떠오르는가? 이는 '경청의 핵심은 침묵하는 것이다'라는 것을 상징적으로 보여준다.

진정한 경청은 단순히 듣는 것에 그치지 않는다. 중요한 것은 상대방이 말할 때 나의 생각이나 의견을 이야기하지 않고, 입을 다문 채 침묵하며 상대방의 이야기에 집중하는 것이다. 침묵을 유지하는 것은 상대방에게 충분히 말할 기회를 주는 동시에, 나 스스로 대화 상대방의 말에 온전히 귀 기울여 집중하게 만드는 효과를 가져온다. 이렇게 침묵은 상대방의 생각을 깊이 이해하는 출발점이 된다.

예를 들어 누군가 나에게 고민을 이야기할 때 말을 끊지 않고 진심으로 끝까지 들어준다면, 상대방은 자신의 감정을 더 솔직히 표현할 것이다. 그 과정에서 상대방은 스스로 문제를 정리하고 해결책을 찾을 수 있게 된다. 반대로 대화를 하다 보면 자신의 생각과 의견을 말하거나 조언을 하고 싶어질 때가 있지만, 그 순간 상대방의 말을 끝까지 듣기 위해 침묵하는 것은 진정한 경청의 출발점이다.

이때 침묵은 단순히 아무 말도 하지 않는 것이 아니다. 상대방이 자유롭게 말하고 생각을 정리할 수 있도록 지지하는 것이다. 눈을 맞추고 고개를 끄덕이며 비언어적인 경청의 신호를 보내는 행동 또한 침묵 속에서 함께 이루어지게 된다. 침묵은 상대방에게 '저는 당신의 이야기를 듣고 있으며, 당신이 하는 말을 존중해요'라는 메시지를 전달하는 가장 효과적인 방법이기 때문이다.

결국 Listen(경청)과 Silent(침묵)는 대화 시 상호 보완적으로 경청의 본질을 완성할 수 있게 되는 것이다. 내가 하고 싶은 말을 하려는 순간적인 충동을 잠시 멈추고 침묵을 유지하면서 상대방의 이야기에 온전히 집중하는 것, 그것이 바로 진정한 경청이다. 이를 통해 상대방은 자신의 말을 제대로 들어주고 있다는 신뢰를 느끼게 되고, 대화는 더 깊고 의미 있는 방향으로 나아가게 된다. 따라서 경청의 핵심은 내가 말하고 싶은 욕구를 내려놓고 상대방의 말을 온전히 듣기 위해 침묵을 유지하는 것이다. 말없이 침묵하며 듣는 그 순간이 상대방에게 가장 집중하는 시간이며, 상대방의 마음을 열고 관계를 더욱 깊고 의미 있게 만들어주는 출발점이 된다.

이청득심(以聽得心)이라는 한자 성어가 있다. 이청득심의 유래는 춘추시대 노(魯)나라 왕이 예쁘게 생긴 바닷새를 비궁 안으로 잡아와 술과 좋은 안주를 권하고 풍악과 무희들을 불러 최고의 대접을 했지만 바닷새는 어리둥절하며 슬피 울며 아무것도 먹지 못하다가 사흘 만에 죽고 말았다는 일화에서 유래되었다고 한다. 이청득심은 '들음으로써 상대방의 마음을 얻는다'라는 의미이다. 이 고사성어는 단순히 상대방의 말을 듣는 것을 넘어 진심을 담아 경청함으로써 상대방의 마음을 열고 신뢰를 쌓는 것이 중요하다는 것을 강조한다.

경청은 귀로 듣는 것에 그치지 않는다. 상대방이 말하는 내용뿐만 아니라 그 속에 담긴 생각, 감정, 의도 등을 이해하려는 노력이 필요하다. 말하는 사람은 자신의 이야기가 진지하게 받아들여지고 있다는 신뢰감을 느끼게 될 때, 비로소 마음을 열고 더 깊은 대화를 나눌 수 있게 된다. 이를 통해 상대의 마음을 얻는 경청이 이루어지게 되는 것이다.

진정한 경청을 위한 방법들을 제시하면 다음과 같다.

첫째, 기다림이 경청의 출발점이다. 상대방의 말을 끊지 않고 끝까지 들어주는 의지와 태도가 필요하다. 말하는 사람에게 충분한 시간을 주고 생각과 의견을 충분히 표현하도록 말의 마침표를 찍을 때까지 기다려주는 것이다.

둘째, 상대방의 이야기에 집중하며 공감하는 태도를 가지는 것이다. 눈을 맞추고 고개를 끄덕이거나 “아하”, “그렇군요”, “그런 일이 있었군요”, “충분히 이해합니다” 등의 긍정적 반응을 통해 상대방이 존중받고 있다는 느낌을 주는 것이다. 필자는 이를 말의 추임새라고 표현한다. 이는 대화에서 자연스러운 흐름을 만드는 역할을 한다. 상대방이 하는 말에 어떤 말의 추임새를 하는가에 따라 상대방이 이야기하고 싶은 마음은 달라진다. 이때 침묵은 매우 중요한 역할을 한다. 자신의 생각이나 의견을 서둘러 말하지 않고 말의 추임새를 통해 조용히 상대의 이야기를 듣는 것이야말로 경청의 첫걸음이다.

경청을 통해 상대방의 마음을 얻는 것은 단순한 스킬의 문제가 아니라 진심 어린 마음과 태도의 문제이다. 상대방의 감정과 입장을 이해하려고 노력할 때, 대화의 질이 높아지고 신뢰가 쌓이게 된다. 결국 경청은 상대방에게 “저는 당신의 이야기를 진심으로 듣고 있어요”라는 메시지를 진심을 담아 지속적으로 전달하는 과정이며, 이는 관계를 더욱 깊고 의미 있게 만드는 강력한 소통이다.

따라서 앞에서 언급한 이청득심(以聽得心)이라는 사자성어는 진정한 소통과 관계 형성을 위해 경청의 중요성을 다시 한 번 일깨워준다. 마음을 열고 상대방의 이야기에 집중하는 순간, 우리는 상대방의 마음을 얻고 구축된 신뢰를 통해 진정한 소통을 경험하게 될 수 있다.

2 듣기의 단계

당신은 상대방이 하는 말을 얼마나 깊이 이해할 수 있는가? 경청은 단순히 듣는 행위를 넘어 상대방의 감정과 의도를 얼마나 진정성 있게 받아들이는지에 따라 다섯 단계로 구분할 수 있다. 이는 무관심한 태도의 듣기 단계에서 시작해 공감하며 듣기 단계로 나아가며, 단계가 높아질수록 소통의 질이 깊어지고 신뢰가 형성된다. 특히 공감하며 듣기는 효과적인 코칭의 최종 목표로, 상대방의 말을 온전히 이해하고 존중함으로써 긍정적인 관계를 구축하는 데 핵심적인 역할을 한다. 듣기의 단계에 대해 알아보자.

(1) 듣기의 1단계: 상대방을 무시하기

상대방을 무시하기 단계는 듣기의 가장 하위 단계로, 상대방의 말에 전혀 관심을 기울이지 않는 단계이다. 상대방이 무엇을 말하든 듣는 사람은 귀를 기울이지 않고 무관심한 태도를 보인다. 듣는 것 자체가 되지 않으며, 상대방의 말은 무시당하게 된다. 예를 들어 이 단계에서 듣는 사람은 "저는 당신이 이야기하는 것에 대해 전혀 관심이 없어요"라는 태도를 보이며 상대방의 말을 외면하거나 중간에 자르기도 한다. 상대방은 좌절감이나 소외감을 느끼게 된다.

(2) 듣기의 2단계: 듣는 척하기

이 단계에서는 겉으로는 듣는 척하지만, 실제로는 상대방의 말에 집중하지 않는다. 형식적으로는 반응을 하지만 마음은 이미 다른 곳에 가 있다. 상대방의 말에 진정성을 가지고 반응하지 않는 것이다. 예를 들어 "맞는 말인 것 같긴 한데요... 그런데 제 생각은 다른 곳에 있어요"라는 태도는 상대방의 말을 인정하는 듯하지만 실질적으로 듣고 있지 않음을 의미한다. 이 단계에서는 말하는 사람의 메시지가 제대로 전달되지 않으며, 의미 있는 소통이 불가능하다.

(3) 듣기의 3단계: 선택적으로 듣기

선택적으로 듣기는 상대방의 말 중에서 자신이 듣고 싶은 내용만 골라 듣는 단계이다. 일종의 듣기의 편식이라고 할 수 있다. 차려진 밥상 중 좋아하는 음식과 반찬만 골라 먹는 형국이다. 우리가 일상적으로 하는 듣기의 대부분이 이 단계에 속한다고 볼 수 있다. 필자 또한 이 듣기의 3단계에서 대화를 하는 경우가 많이 있다. 듣는 사람은 관심이 가는 부분이나 자신에게 필요한 정보만 선택적으로 받아들이며, 나머지 내용은 무시하거나 받아들이지 않는다. 심지어 개인적 확증편향(Confirmation Bias)을 통해 속으로는 말도 되지 않는 이야기라고 속삭이기도 한다. "나는 내가 듣고 싶은 것만 듣고 싶다"라는 태도는 상대방의 말 전체를 이해하려는 의도가 아닌 나에게 필요한 일부 내용만 듣겠다는 태도를 갖는 것이다. 이 단계에서는 상대방의 중요한 의도나 정보를 놓치기 십상이다.

(4) 듣기의 4단계: 적극적으로 듣기

적극적으로 듣기 단계는 대화 상대방의 말에 주의를 기울이고 집중해 듣는 단계이다. 이 단계에서는 듣는 사람이 적극적으로 반응하고 상대방의 말에 진심으로 귀를 기울인다. 듣는 사람은 말하는 사람에게 집중하고 있다는 반응을 보여주며, 상대방에게 자신이 존중받고 있다는 느낌을 준다. 예를 들어 "저는 당신의 말에 집중하고 있어요"라는 태도로 눈을 맞추고 고개를 끄덕이는 등의 반응을 보인다. 이 단계는 상대방과의 신뢰를 형성하는 데 중요한 역할을 한다. 코칭의 진정한 경청은 듣기의 4단계인 적극적으로 듣기에서 시작된다.

(5) 듣기의 5단계: 공감하며 듣기

공감하며 듣기는 가장 높은 수준의 경청 단계로, 상대방이 하는 말뿐만 아니라 그 이면에 담긴 비언어적 요소인 감정과 생각까지 이해하고 공감하려는 태도를 보이는 단계이다. 듣는 사람은 상대방의 입장에서 생각하며 감정을 공유하고 이해하려고 노력한다. 예를 들어 "저는 당신이 무엇을 이야기하는지 충분히 이해하고 느낄 수 있어요"라는 태도를 가지고 상대방의 감정과 상황에 진정으로 공감한다. 공감하며 듣기는 깊은 신뢰를 형성하며 효과적인 소통을 가능하게 한다.

지금까지 설명한 듣기의 5단계를 정리하면 다음의 표와 같다.

표 2-4 | 듣기의 단계별 주요 내용

듣기의 단계	설명	특징
1단계: 무시하기	상대방의 말에 전혀 관심을 가지지 않고, 듣는 것 자체가 되지 않음	무관심한 태도, 상대방의 말을 차단하거나 외면
2단계: 듣는 척하기	겉으로는 듣는 것처럼 보이지만, 실제로는 상대방의 말에 집중하지 않는 단계	형식적인 반응, 진정성 없는 대응
3단계: 선택적으로 듣기	상대방의 말 중 자신이 듣고 싶은 내용만 취사선택해 듣는 단계	일상적인 대화의 대부분이 이 단계에 해당. 일부 정보만 수용, 나머지 내용은 받아들이지 않음
4단계: 적극적으로 듣기	상대방의 말에 주의를 기울이고 집중하며 반응하는 단계	집중, 존중하는 태도, 적극적인 반응

듣기의 단계	설명	특징
5단계: 공감하며 듣기	상대방의 감정과 생각까지 이해하고 공감하려는 태도를 보이는 가장 높은 수준의 경청 단계	감정 공유, 상대방의 입장에서 생각

3 경청을 방해하는 요소

경청을 방해하는 가장 큰 원인은 무엇일까? 우리는 왜 상대방의 말을 제대로 듣지 못하는 것일까? 일상생활 속에서 우리는 경청을 방해하는 다양한 요소들과 마주하게 된다. 이러한 방해 요소들은 대화의 흐름을 끊고, 상대방이 말하려고 하는 의도를 정확히 이해하고 파악하는 것을 어렵게 만든다. 원활한 소통을 위해서는 이러한 장애 요인에 대해 명확히 이해하고, 보다 효과적인 경청을 할 수 있는 방법에 대해 고민하고 실천하는 것이 중요하다. 경청을 방해하는 주요 요소들은 선입견과 고정관념, 대화 중 다른 생각과 주위 산만, 과도한 충고나 조언, 자기 중심적 듣기, 비언어적 신호 무시, 반응 부족, 지나친 문제 해결 욕구 등이 있으며 자세하게 살펴보면 다음과 같다.

(1) 선입견과 고정관념

다른 사람을 바라보는 우리의 시선에는 때때로 보이지 않는 색안경이 씌워져 있다. 특정한 배경이나 과거의 경험 때문에 상대방에 대해 선입견을 가지게 되고, 이는 나로 하여금 그들의 말을 왜곡하여 받아들이게 만든다. "저 사람은 원래 저런 사람이야"라는 고정관념이 있으면, 그의 말 속에 담긴 진심과 의도를 이해하기 어렵게 된다.

(2) 다른 생각과 주의 산만

우리는 대화 중에도 머릿속으로 온갖 생각들을 떠올린다. 예를 들면 상사가 지시한 당장 해야 할 업무들, 해결하지 못한 개인적인 고민들, 혹은 막 울려대는 스마트폰의 알람 등이다. 우리의 주의가 여기저기 분산될 때, 상대방의 말은 왼쪽 귀로 들어와 유행가 가사처럼 오른쪽 귀로 흘러가버린다. 우리는 열심히 상대방이 하는 말을 듣고 있다고 착각하지만, 정작 중요한 메시지는 놓쳐버린다.

(3) 과도한 충고나 조언

누군가 고민을 털어놓을 때, 우리는 본능적으로 해결책을 제시하려 한다. 하지만 조언이 꼭 필요한 순간만 있는 것은 아니다. 때때로 사람들은 해결책이 아니라, 자신의 감정을 이해받고 싶어 한다. 즉, 그냥 상대방이 나의 이야기를 들어주는 것 자체를 진심으로 원할 때가 있다. 상대의 말을 충분히 듣기도 전에 끼어들어 내가 하고 싶은 충고나 조언을 하는 것은 불필요할 수도 있다.

(4) 자기 중심적 듣기

우리는 종종 상대방의 말을 듣는 것이 아니라, 우리의 경험과 가치관을 기준으로 해석하고 이해한다. 상대가 말하는 것을 이해하려고 노력하기보다는 내가 이해하고 싶은 방식대로 이해하는 것이다. 이 과정에서 상대방이 말하고자 하는 의도와 목적은 변질되어 버리고, 결국 진정한 소통은 물 건너가버린다.

(5) 비언어적 신호의 무시

우리는 종종 상대방이 무엇을 말하는지에만 집중하지만, 진정한 소통은 말이 아닌 표정, 몸짓, 목소리 톤 속에 숨겨져 있다. 메라비언의 법칙에서 살펴보았듯이, 인간의 의사소통에서 언어, 즉 우리가 사용하는 단어 자체가 영향력을 미치는 비율은 7%에 불과하다. 나머지 93%는 상대의 눈빛, 미소, 말하는 톤 같은 비언어적 요소가 결정한다. 그러나 우리는 종종 이 신호들을 무시하고, 상대방이 실제로 말한 단어들만 기억하려 한다. 이것이야말로 가장 중요한 메시지를 놓치는 실수이다.

(6) 반응 부족

사람은 말을 통해 소통하지만, 듣는 이의 반응이 없다면 그것은 허공에 울려 퍼지는 공허한 메아리처럼 느껴지게 된다. 대화 중 고개를 끄덕이는 작은 반응과 제스처, 간단한 맞장구, 관심을 담은 시선 교환만으로도 상대방은 자신이 하는 이야기가 존중받고 있음을 느끼게 된다. 반면 무심한 태도나 감정 없는 응답은 상대방의 말할 의지를 꺾어버리고 형식적 대화로 이어질 가능성이 농후해진다.

(7) 지나친 문제 해결 욕구

상대방의 말을 듣는 도중에 문제를 해결하려는 욕구로 인해 성급하게 결론을 내리거나 충고나 조언을 하면, 상대방이 말하려고 하는 목적이나 감정을 충분히 이해하지 못하게 된다. 이는 상대방이 자신의 감정을 표현하는 것을 방해하는 것이다.

4 질문의 기술

(1) 좋은 질문을 위한 조건

좋은 질문을 하기 위한 조건은 무엇이며, 어떻게 하면 좋은 질문을 할 수 있을까? 코칭에서는 질문이 매우 중요한 역량 중 하나이며, 그런 맥락에서 "코치를 질문하는 사람"이라고도 한다. 이처럼 훌륭한 대화는 좋은 질문에서 비롯된다고 해도 과언이 아니다. 하지만 좋은 질문이란 단순히 내가 궁금해하고 있는 것에 대해 묻는 것이 아니라, 상대방의 생각을 깊이 이끌어내고, 의미 있는 대화를 만들어가며, 새로운 통찰을 발견할 수 있도록 하는 것이다. 좋은 질문은 우연히 생기는 것이 아니라, 상대방에 대한 관심, 대화의 철저한 준비, 명확한 질문, 경청하려는 태도, 그리고 호기심을 통해 좋은 질문을 할 수 있다.

1) 질문은 상대방을 향한 진정한 관심에서 시작된다.

질문은 상대방의 이야기에 대한 진정한 관심에서 비롯된다. 상대방이 하는 말에 집중하고 상대방의 관점을 충분히 이해하려고 노력할 때 좋은 질문을 할 수 있다. 좋은 질문은 상대방이 더 많은 이야기를 하고 싶게 만드는 힘이 있다. 따라서 질문을 하기 전에 상대방이 하는 말에 대해 먼저 관심을 가져야 좋은 질문을 할 수 있다.

2) 깊이 있는 질문은 철저한 준비에서 나온다.

미리 관련된 자료를 조사하고 주제를 충분히 이해한 상태에서 질문을 해야 더 구체적이고 의미 있는 대화를 나눌 수 있다. 전혀 준비되지 않은 상태에서 즉흥적으로 던지는 질문은 맥락에서 벗어나거나, 핵심을 찌르지 못하기 십상이다. 업무 회의에서 좋은 질문을 하려면 사전에 미리 시간을 내어 관련된 자료를 철저히 읽고, 맥락을 이해한 뒤 이를 바탕으로 질문을 해야 하는 것과 같다.

3) 질문은 단순하고 명확해야 한다.

질문은 간결하고 구체적으로 표현해야 한다. 모호하거나 지나치게 복잡한 질문은 상대방을 혼란스럽게 만들거나 대답하기 어렵게 만든다. "왜 그런가요?"의 모호한 질문보다는 "그 과정에서 어떤 어려움이 있었나요?"와 같이 구체적으로 질문을 해야 상대방이 더 잘 이해하고 그에 대해 보다 더 정확하고 구체적으로 대답할 수 있다.

4) 좋은 질문은 경청에서 나온다.

뻔한 말일 수 있지만 상대방이 하는 말을 잘 들어야 상대방의 의도를 파악하고 좋은 질문을 할 수 있다. 상대가 하는 말을 주의 깊게 경청하며, 해야 할 질문을 떠올리는 것이 중요하다. 이를 통해 대화가 자연스럽게 이어지고, 상대방은 자신의 의견이 존중받는다고 느끼게 된다. 경청은 질문의 방향을 살리고, 흐름을 이어가는 힘이 된다.

5) 호기심이 좋은 질문을 만든다.

좋은 질문은 새로운 관점을 열어주는 역할을 한다. 이를 위해 상대방이 하는 말에 대한 호기심과 탐구심이 필요하다. 질문을 통해 문제의 본질을 파악하거나 새로운 가능성을 탐색하려는 태도를 가져야 한다. 예를 들어 "이 방식이 최선인가요?"의 질문 대신 "혹시 말씀하신 방식 외에 다른 방식도 고려해보신 게 있나요?"처럼 대안적인 새로운 관점을 제시할 수 있다.

좋은 질문을 하기 위해 이 다섯 가지 조건을 꾸준히 연습하고 실천하면, 좋은 질문을 할 수 있는 스킬이 점차 향상된다. 좋은 질문은 대화를 깊이 있게 만들고, 상대방과의 신뢰를 쌓는 중요한 가치를 가진다.

(2) 좋은 질문의 특징

그렇다면 좋은 질문은 어떠한 특징들이 있을까? 좋은 질문들의 특징은 다음과 같다.

① 명확하고 간결하다: 좋은 질문은 복잡하거나 모호하지 않다. 핵심을 간결하게 표현하여 상대방이 질문의 의도를 쉽고 명확하게 이해할 수 있어야 한다.

② 질문의 목적이 분명하다: 질문의 목적이 분명하고 명확하다. 정보를 얻으려는 것인지, 상대방의 생각을 이끌어내려는 것인지, 대화를 깊게 만들기 위한 것인지 등 명확한 목표를 가지고 있어야 한다.

③ 상대방의 관심과 맥락을 고려한다: 상대방의 배경, 경험, 관심사에 기반해 질문을 한다. 이를 통해 상대방은 자신의 경험이나 지식을 바탕으로 대답하기 쉽고, 대화의 몰입도가 높아진다.

④ 구체적이다: "다른 방법은요?"와 같은 단순하고 추상적인 질문보다는 "이 문제를 해결하기 위해 어떤 방법을 사용해보았나요?"와 같이 구체적인 대답을 제시하도록 하는 질문이 더 좋은 대답을 이끌어낼 수 있다.

⑤ 열린 질문을 활용한다: "예" 또는 "아니오"의 양자 택일로 답할 수 있는 닫힌 질문(Closed Question)보다는 상대방이 자신의 생각이나 의견을 자유롭게 표현할 수 있는 열린 질문(Open Question)을 사용한다. 예를 들어 "이번에 새롭게 시작한 업무에서 가장 어려웠던 점은 무엇이었나요? 그리고 그렇게 말씀하신 이유는 무엇인가요?"와 같은 열린 질문을 활용하는 것이다.

⑥ 호기심과 탐구심이 있다: 좋은 질문은 새로운 관점을 탐색하거나 깊이 있는 논의를 이끌어낼 수 있다.

⑦ 상호작용을 일으킨다: 질문은 단순히 정보를 얻는 것뿐만 아니라, 대화를 이어가고 상대방의 의견을 더 이끌어낼 수 있다. 질문 후 추가 질문이나 더 깊은 대화로 연결될 가능성이 높다.

⑧ 상대방에게 가치를 느끼게 한다: 좋은 질문은 상대방이 자신의 생각이나 경험이 가치가 있다고 느끼게 한다. 이를 통해 상대방과의 신뢰를 형성하고 긍정적인 대화를 이끌어갈 수 있다.

이처럼 좋은 질문은 상호 신뢰의 깊이를 더하게 하고, 좋은 대화를 만들며, 대화를 더 의미 있게 한다.

(3) 강력한 질문의 힘

1) 강력한 질문(Powerful Question)

질문은 상대방의 의견을 이끌어내고 신뢰를 형성하는 중요한 커뮤니케이션 수단이다. 열린 질문(Open Question)과 닫힌 질문(Closed Question)은 상황에 따라 적절히 사용해야 하며, 탐색 질문(Probing Question)은 보다 깊이 있는 대화를 가능하게 한다. 질문은 소통의 핵심 도구로, 대화의 상황과 목적에 맞게 질문의 유형을 적절히 사용해야 하는 것이 중요하다. 열린 질문은 대화를 시작할 때, 그리고 상대방의 깊이 있는 생각과 의견을 끌어내는 데 효과적이고, 닫힌 질문은 특정한 정보를 확인하거나 결론을 내리는 데 유용하게 사용된다. 탐색 질문(Probing Question)은 추가적인 정보를 얻는 데 도움이 되며, 유도 질문(Leading Question)은 상대방에게 특정 답변을 유도하는 목적으로 사용하지만 이를 사용할 경우에는 보다 더 신중해야 한다. 질문을 상황에 맞게끔 잘 활용하면 대화를 더욱 효과적이고 의미 있게 이끌 수 있다. 각 질문의 유형에 대해 구체적으로 알아보도록 하자.

① 열린 질문(Open Question)

열린 질문은 상대방에게 대화를 시작하도록 하거나, 더 많은 정보를 얻기 위해 사용한다. 이는 상대방이 자신의 생각이나 의견을 자유롭게 표현할 수 있도록 하는 질문 유형이다. 열린 질문은 "누가", "언제", "어디서", "무엇을", "어떻게", "왜"와 같은 육하원칙(5W1H)으로 시작하며, 구체적인 대답보다는 상대방의 생각을 자극해 다양한 의견을 폭넓게 얻을 수 있다는 점이 특징이다.

열린 질문의 사용 목적은 다음과 같다.

열린 질문은 상대방의 생각, 이해도, 견해 또는 관점 등을 파악하기 위해 사용한다. 열린 질문을 통해 상대방이 대화를 주도하도록 자연스러운 흐름으로 이끌어갈 수 있다. 상대방이 지금까지 꺼내놓지 않은 생각이나 의견 혹은 새로운 아이디어를 알 수 있다.

열린 질문의 사용 예시와 의미는 다음과 같다.

- "그 회의는 어떻게 진행되었나요?" → 상대방이 회의의 과정과 내용을 이야기할 수 있도록 한다.
- "이 업무를 잘 마무리하기 위해 이번 주까지 꼭 해야 할 일 혹은 추가적인 업무는 무엇인가요?" → 상대방이 이번 주 업무 마무리를 위해 필요한 추가적인 아이디어나 다른 업무에 대해 생각해볼 수 있도록 한다.
- "이번에 새롭게 도입된 프로세스에 대해 당신의 생각은 어때요?" → 새롭게 도입된 프로세스에 대한 상대방의 의견이나 새로운 관점에 대한 답변을 얻을 수 있다.

열린 질문은 상대방의 창의적이고 자발적인 답변을 이끌어낼 수 있으며, 더 자세한 정보를 얻거나 상대방의 관점에서 문제를 이해하는 데 효과적이다. 열린 질문은 대화를 더욱 깊고 풍부하게 하며, 상호 협력적이고 긍정적인 분위기를 형성할 수 있다.

② 닫힌 질문(Closed Question)

닫힌 질문은 상대방이 간단하게 "예", "아니오" 또는 짧은 단답형으로 답변할 수 있도록 하는 질문이다. 닫힌 질문의 목적은 상대방의 이해도를 확인하거나 대화의 결론을 명확히 하고자 할 때 사용한다. 닫힌 질문은 특정한 정보나 의견을 신속하게 파악할 수 있지만, 취조하는 듯한 대화로 분위기를 딱딱하게 하거나, 대화를 끊어버리거나, 대화를 더 의미 있게 나아가게 하기에는 한계가 있다.

닫힌 질문의 사용 목적은 다음과 같다.

상대방이 특정 사항을 이해하고 있는지 확인하거나, 결론을 내리거나 대화를 정리하기 위해 사용한다. 또한 상대방의 동의나 간단한 의견을 빠르게 얻거나 확인하고자 할 때도 사용된다.

닫힌 질문의 사용 예시와 의미는 다음과 같다.

- "이 부분의 성능을 향상시키면 해당 제품의 품질 문제를 해결할 수 있나요?" → 특정 문제의 해결 가능성에 대해 확인한다.
- "모든 정보를 이해했으므로 이 결론에 모두 찬성하시나요?" → 동의 여부를 확인한다.
- "우리 부서의 협조에 만족하시나요?" → 상대방의 만족도를 간단히 알아볼 수 있다.

닫힌 질문은 빠르고 명확한 답변을 얻는 데 유용하게 활용된다. 그리고 대화를 마치거나 정리할 때 효과적이다. 그러나 대화를 더욱 의미 있게 이어 나가거나, 지속적인 대화가 필요한 경우에는 닫힌 질문의 사용을 될 수 있으면 피하고 열린 질문을 사용하는 것이 좋다.

열린 질문과 닫힌 질문의 황금 비율에 대해 알고 있는가? 황금 비율은 7:3이다. 상대방과의 대화 시 적절하게 상황에 따라 열린 질문을 7번 정도 사용하고 닫힌 질문을 3번 정도 사용하는 것이 대화를 부드럽게 하고, 대화의 효과성을 높일 수 있다.

③ 탐색 질문(Probing Question)

탐색 질문은 상대방으로부터 추가적인 정보를 이끌어내기 위해 사용되는 질문이다. 이는 상대방의 모호한 답변을 명확하게 하거나, 생각을 심화하기 위한 목적의 질문이다. 탐색 질문은 열린 질문이나 닫힌 질문을 확장하는 질문으로, 상대방으로 하여금 더 구체적이면서도 깊이 있고 심도 있는 대답을 하도록 한다.

탐색 질문의 사용 목적은 다음과 같다.

보다 더 정확하고 구체적인 정보를 얻기 위해 사용되며, 상대방의 답변을 확장하거나 명확히 하고자 할 때 유용하게 활용된다. 또한 상대방의 생각이나 감정을 깊이 이해하는데도 도움을 준다. 탐색 질문을 할 때 주의할 점은 상대방이 부담을 느끼지 않도록 하는 것이다. 즉 상대방이 추궁당한다는 느낌을 받지 않도록 하는 것이 중요하다. 탐색 질문은 상대방의 이해와 신뢰를 높이는 데 목적이 있다. 왜냐하면 탐색 질문을 통해 상대방의 관심과 협조를 이끌어낼 수 있기 때문이다.

탐색 질문의 사용 예시와 의미는 다음과 같다.

- "조금 더 구체적으로 설명해주실 수 있을까요?" → 모호한 답변을 명확히 하고 보다 구체적으로 상대방의 답변을 얻을 수 있다.
- "현재 상황에서 개선할 수 있는 부분이 있다면 무엇이라고 생각하시나요?" → 개선 영역과 관련된 추가 정보를 얻을 수 있다.
- "이 방안을 선택한 결정적인 이유는 무엇인가요?" → 상대방의 의도와 목적을 명확히 파악할 수 있다.

④ 유도 질문(Leading Question)

유도 질문은 상대방이 특정한 답변을 하도록 하거나 암묵적으로 압박을 하는 질문으로 중립적인 질문은 아니다. 이 질문은 답변하는 사람이 질문자의 기대에 부합하는 답을 하게끔 의도하기 때문에 상대방의 객관적이고 자발적인 의견을 얻기는 어렵다는 단점이 있다.

유도 질문의 사용 목적은 다음과 같다.

상대방에게 특정 방향의 답변을 유도할 때 사용된다. 상황에 따라 대화의 초점을 맞추거나 방향을 설정하는 데 유용하게 활용된다.

유도 질문의 사용 예시와 의미는 다음과 같다.

- "이 프로젝트는 성공적이었을 것 같지 않나요?" → 상대방이 긍정적인 평가를 하도록 유도한다.
- "우리 제품이 더 좋은 것 같지 않나요?" → 상대방이 긍정적인 대답을 하도록 유도한다.
- "우리 팀이 이번 경기에서 이길 것 같지 않나요?" → 상대방이 긍정적인 대답을 하도록 유도한다.

유도 질문은 질문하는 사람의 목적을 달성하는 데는 도움이 되지만, 상대방에게 부담을 줄 수 있다. 상호 간 자발적인 대화를 원하는 상황에서는 유도 질문의 사용은 피하는 것이 좋다.

질문은 각기 다른 상황에서 적절하게 대화의 목적에 따라 효과적으로 활용해야 한다. 열린 질문은 자유로운 의견을, 닫힌 질문은 명확한 답변을 이끌어낸다. 탐색 질문은 더 깊은 정보를 얻기 위해 사용되며, 유도 질문은 특정 답변을 유도할 때 유용하지만 신중하게 사용해야 한다.

표 2-5 | 질문 유형에 따른 목적, 예시 및 유의할 사항

질문 유형	목적	예시	유의할 사항
열린 질문	상대방의 생각과 의견을 이끌어냄	"당신의 생각은 어떤가요?"	질문이 광범위하면 대답하기가 어려울 수 있음
닫힌 질문	특정 정보 확인 및 결론 도출	"모든 프로젝트가 종료되었나요?"	대화 분위기가 안 좋아지거나, 단조로워질 수 있음
탐색 질문	추가 정보 확인 및 심화된 답변 유도	"그 부분을 더 자세히 말해주실래요?"	상대방이 부담을 느끼지 않게 해야 함
유도 질문	특정한 답변을 유도	"이 프로젝트는 반드시 성공할 것 같지 않나요?"	상대방의 공정한 의견을 방해할 수 있음

(4) 질문의 힘

시인 메리 올리버(Mary Jane Oliver)는 『휘파람 부는 사람』이라는 산문집에서 "이 우주가 우리에게 준 두 가지 선물은 사랑하는 능력과 질문하는 능력"이라고 했다.[5] 실로, 질문은 우주가 인간에게 부여한 가장 위대한 선물 중 하나이다. 질문은 단순히 정보를 얻는 행위를 넘어 사고를 자극하고, 행동을 변화시키며, 삶 전반에 깊은 영향을 미친다. 자기 성찰을 촉진하고, 대인 관계를 공고히 하며, 동기를 부여하고, 문제 해결의 실마리를 제공하는 등 질문은 다양한 삶의 영역에서 긍정적 변화를 이끄는 강력한 촉매제 역할을 한다. 우리는 질문을 통해 타인의 사고를 일깨우고, 관계를 심화시키며, 새로운 관점과 가능성을 탐색할 수 있다. 이처럼 질문의 힘을 적절히 활용할 때, 개인의 성장과 인간관계의 질적 향상에 커다란 기여를 할 수 있다.

5 인정과 칭찬: 긍정적인 동기부여의 또 다른 이름

직장에서 우리는 상사, 동료, 팀원들과 끊임없이 대화를 주고받는다. 장기간의 프로젝트를 마무리한 후, 중요한 프레젠테이션을 마친 후, 다른 부서와의 힘든 회의를 성공적으로 마무리한 후 등 우리는 자연스럽게 상대방의 노력과 성과에 대해 인정하거나 칭찬을 한다. 하지만 우리는 일상생활에서 인정과 칭찬을 거의 구분하지 않고 사용하지만 코칭에서는 인정과 칭찬에는 개념적인 차이가 있다. 하나는 칭찬, 즉 행동과 성과에 초점을 맞추는 방식 Doing이며, 다른 하나는 인정, 즉 그 행동을 가능하게 한 내면적 자원과 존재 자체 Being을 존중하는 방식이다. 효과적인 코칭을 위해서는 이 두 가지를 적절히 활용하는 것이 중요하다.

칭찬은 Doing에 대해 이야기하는 것이다. 직원이 뛰어난 성과를 냈을 때 "이번 제안서를 기한 내에 훌륭하게 마무리했네요! 덕분에 고객이 매우 만족해했어요"라고 말하면, 칭찬받는 사람은 자신의 노력이 칭찬을 받았다고 느낄 것이다. 중요한 프레젠테이션을 성공적으로 끝낸 후 "발표가 정말 명확하고 설득력 있었어요! 청중들도 집중해 들었어요"라고 이야기하면, 그는 자신이 발표를 잘했다는 사실에 대해 뿌듯해할 것이다. 칭찬은 긍정적인 구체적인 행동을 강화하는 역할을 하며, 직원이 비슷한 성과를 지속적으로 반복할 수 있도록 동기를 제공한다.

하지만 행동만을 강조하는 칭찬은 때로는 한계가 있다. 원하는 결과를 얻지 못했을 때, 그 사람은 자신을 부정적으로 평가할 수도 있다. 단순히 성과가 좋았기 때문에 칭찬받는다고 느낀다면, 성과가 저조한 순간에는 동기 요소가 저하될 수도 있다. 여기에서 중요한 역할을 하는 것이 바로 인정이다.

인정은 행동이 아니라 그 행동을 가능하게 한 그 사람의 내면적 요소, 즉 그 사람의 강점, 태도, 가치관 등에 대해 이야기하는 것이다. 보고서를 성공적으로 마친 직원에게 단순히 "보고서를 잘 작성했네요"라고 말하는 대신 "김 과장님의 논리적 사고력과 세밀한 분석력이 이 보고서에서 정말 빛을 발했어요. 그것이 바로 김 과장님의 강점이에요"라고 말하면, 그는 단순한 결과가 아니라 자신의 능력과 태도가 인정받았다고 느낄 것이다. 프레젠테이션을 마친 후 "박 차장님의 소통 능력과 자신감 덕분에 팀이 더 신뢰받고 있어요"라고 말하면, 그는 단순히 발표를 잘한 것이 아니라, 자신의 존재 자체 Being이 긍정적인 영향을 미친다는 사실을 깨닫게 된다.

이처럼 인정과 칭찬은 서로 다른 방식으로 동기부여에 작용한다. 칭찬은 즉각적인 성취감을 주고, 단기적인 행동 변화를 유도하는 데 효과적인 반면, 인정은 자기 존중감과 자기 효능감을 높이며, 장기적으로는 더 큰 몰입과 성장을 가능하게 한다.

예를 들면 어떤 직원이 중요한 클라이언트(Client)와의 세일즈 미팅을 성공적으로 마쳤다면 이렇게 칭찬과 인정을 할 수 있다.

- "오늘 미팅에서 정말 핵심을 잘 짚었어요! 클라이언트가 굉장히 만족한 것 같아요"라고 말하는 것은 Doing에 초점을 둔 칭찬이다.
- "김 과장님의 뛰어난 문제 해결력과 신뢰감 있는 태도가 미팅을 성공적으로 이끌었어요. 클라이언트가 굉장히 만족한 것 같아요. 이런 강점이 우리 팀에 큰 힘이 됩니다"라고 말하는 것은 Being에 초점을 둔 인정이다.

성과가 기대에 미치지 못한 상황에서도 인정을 활용하면 더 효과적인 코칭이 가능하다. 예를 들어 보자. "이번 프로젝트는 아쉽게도 목표를 달성하지 못했네요. 기대했던 결과가 나오지는 않았지만, 김 과장님의 끈기 있는 노력과 창의적인 태도와 긍정적인 업무 방식은 정말 인상적이었어요. 이 과정에서 배운 점들이 앞으로 더 좋은 결과를 만들어낼 거라고 저는 확신해요."

칭찬만 받는 직원은 성과가 나쁘면 동기를 잃을 가능성이 크지만, 인정을 함께 받는 직원은 자신의 강점과 가능성을 인식하며 계속 성장하려는 의지를 가지게 된다. 칭찬과 인정은 어느 하나가 더 중요하다고 단정지어 말할 수는 없다. 하지만 중요한 것은 이 칭찬과 인정 두 가지를 균형 있게 활용하는 것이다. 단기적으로는 칭찬이 필요하다. 직원들은 자신의 노력이 즉각적으로 칭찬받을 때 더 큰 동기를 느낀다. 하지만 장기적으로는 인정이 더욱 깊이 있는 코칭이 된다. 직원이 단순히 성과를 내는 사람이 아니라, 그 과정 속에서 의미 있는 가치를 지닌 존재라는 점을 깨닫도록 하는 것이야말로 리더가 할 수 있는 가장 강력한 코칭이다.

칭찬은 순간을 빛나게 하고, 인정은 직원을 성장하게 한다. 단순히 성과에 대한 평가를 넘어 직원이 자신의 내면적 가치를 발견하고 더욱 의미 있는 성장을 할 수 있도록 하는 것, 그것이 진정한 코칭의 인정과 칭찬이 아닐까 생각한다. 오늘, 단순히 "잘했어요"라고 말하는 대신 "김 과장님이 가진 초강력 긍정적인 태도와 에너지, 그리고 역량이 정말 큰 자산이에요. 정말 수고 많았어요"라고 말해보는 것은 어떨까? 한마디의 인정이 누군가의 커리어(Career)와 삶을 바꾸는 계기가 될 수 있다.

6 코칭 대화의 시점

코칭 대화를 시작하는 시점은 어디라고 생각하는가? 과거, 현재, 미래 중 어느 시점에서 시작하는 것이 코칭 대화일까? 코칭 대화는 시점을 어디에 두는가에 따라 대화의 목적이 달라진다.

과거의 특정 시점에서 시작해 미래로 나아가는 대화는 피드백 대화로, 과거를 돌아보며 잘된 영역과 개선이 필요한 영역을 파악하고 이를 강화하거나 개선하는 것을 목적으로 한다.

현재에 집중하는 대화는 학습과 성장에 관한 대화로, 현재의 상황을 진단하고 지금까지 학습한 내용을 점검하며 앞으로 나아갈 방향을 설정하는 것을 목적으로 한다.

미래에 집중하는 대화는 목표에 관한 대화로, 미래에 이루고자 하는 목표를 명확히 하고 이를 달성하기 위한 구체적인 계획을 수립하는 것을 목적으로 한다.

표 2-6 | 각 시점에서 사용할 수 있는 질문의 예시

시점	과거	현재	미래
대화의 목적	피드백 대화	학습에 대한 대화	목표에 대한 대화
질문	잘된 것은 무엇인가? 개선이 필요한 영역은 무엇인가?	지금까지 학습한 것은 무엇인가? 어디에 집중하고 있는가? 무엇이 잘되고 있는가?	목표를 달성하기 위해 이것을 어떻게 할 것인가? 어디에 집중할 것인가?

4절 피드백과 코칭

1 피드백에 대한 이해

코칭과 피드백은 어떠한 차이점이 있을까? 현재를 기준으로 시작하는 미래 지향적이고 과정 중심적인 대화가 코칭이라면, 과거의 일정 시점에서 시작하는 결과 중심적인 대화가 피드백이다.

코칭과 피드백은 팀원의 성장과 발전을 지원하기 위한 목적은 동일하다. 하지만 접근 방식과 중점 사항은 서로 다르다. 코칭은 팀원이 스스로의 문제를 해결하고 목표를 달성할 수 있도록 지원하는 과정이다. 적절한 질문과 경청을 통해 생각을 자극하고, 미래 지향적이고 장기적인 성장과 발전을 목적으로 한다. 코칭은 해결책을 제시하기보다 팀원이 스스로 바람직한 해결 방법을 찾아낼 수 있도록 하는 것을 목적으로 한다.

반면 피드백은 과거에 관찰된 구체적인 행동에 기반하고 그 행동이 미래에 끼칠 가능한 영향에 대해 대화하는 것이다. 관찰된 특정 행동의 긍정적인 영역과 개선 영역을 명확히 전달하며, 단기적으로 행동을 개선하거나 성과를 개선하는 것을 목적으로 한다. 피드백은 코칭과 비교하여 상대적으로 단방향으로 이루어지며, 구체적이고 명확하게 피드백을 하는 것이 핵심이다.

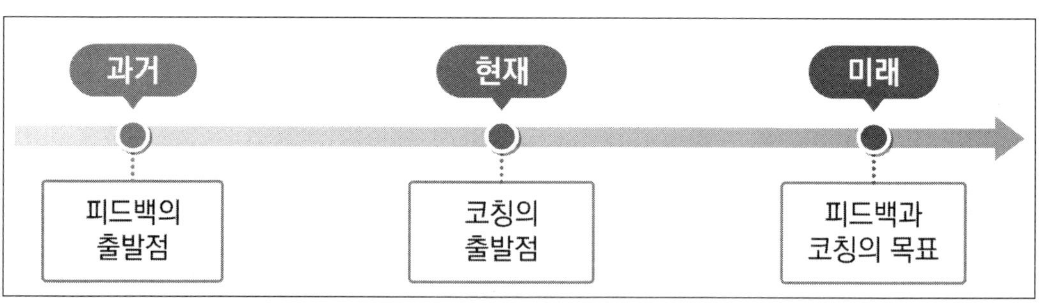

〈그림 2-4〉 피드백과 코칭의 시점

2 피드백의 본질

(1) 피드백의 정의

국립국어원 표준국어대사전에는 피드백을 "『심리』 진행된 행동이나 반응의 결과를 본인에게 알려주는 일"로 정의하고 있다.[6] 이는 어떤 행동이나 반응이 일어난 후, 그 결과에 대한 정보를 해당하는 사람에게 전달하는 과정을 의미한다. 피드백은 자신의 행동을 인식하고 이해하며, 필요시 수정하거나 발전시킬 수 있도록 하는 중요한 역할을 한다. 특히 심리학적 맥락에서 피드백은 학습, 성장, 행동 수정, 관계 개선 등 다양한 영역에서 긍정적인 변화를 이끌어낸다. 이를 통해 자신의 강점과 약점을 보다 명확히 파악하고, 이것을 통해 성장하고 발전할 수 있는 기회를 갖게 된다.

(2) 피드백의 목적

피드백의 목적은 무엇이라고 생각하는가? "피드백의 목적은 사람들을 '기분 좋게' 하는 것이 아니라, '더 잘하게' 만드는 것이다.(It's not to make people feel better, but to make them do better.)"

피드백의 목적은 상대방의 기분이나 감정을 좋게 하거나 위로하는 것이 아니라, 피드백을 받는 사람이 더 나은 긍정적인 행동 변화와 더 나은 성과를 내도록 하는 것을 목적으로 한다. 즉, 피드백은 단순히 상대방을 칭찬하거나 긍정적인 말로 마무리하는 것이 아니라, 대상자의 행동을 강화하거나 행동의 개선 영역에 대해 솔직하고 구체적으로 피드백함으로써 실제로 해당 행동이 더욱 강화되거나, 개선되고 나아질 수 있는 기회를 제공하는 데 목적이 있다.

(3) 피드백과 성과의 관계

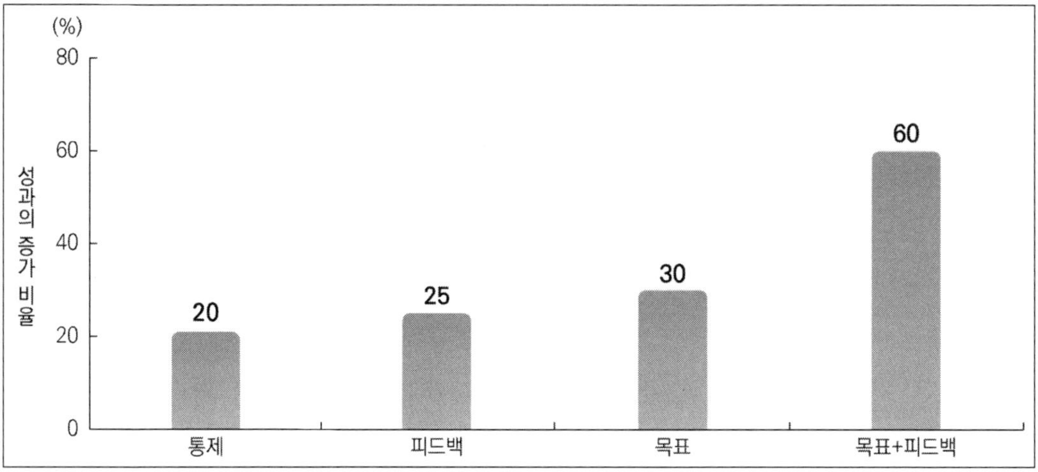

〈그림 2-5〉 피드백과 성과의 상관관계

출처: 앨버트 반두라(A. Bandura), 다니엘 서보니(D. Survone)(1993). 목적 체계의 동기효과를 통제하는 자기평가와 자기효능감 메커니즘. 미국성격 및 사회심리학지

위의 자료는 피드백과 성과의 관계를 나타내는 것으로, 피드백과 목표 설정이 성과 증가에 어떤 영향을 미치는지에 관한 연구이다.[7] 각 항목은 성과 증가 비율을 기준으로 측정되었다. 조직 구성원들을 통제만 했을 경우, 피드백만 제공했을 경우, 목표 설정만 되어 있을 경우, 그리고 명확한 목표가 설정되고 피드백이 주기적으로 제공되었을 경우 각각의 성과 증가 비율을 나타내고 있다. 각각에 대해 자세히 알아보자.

1) 통제만 하는 경우

통제는 피드백과 목표 설정이 이루어지지 않은 상태로 팀원의 성과를 통제하는 경우이다. 이 경우 성과 증가 비율은 20%로, 비교적 낮은 수준이다. 이는 피드백이나 목표 설정 없이도 약간의 성과는 달성할 수 있으나, 그 효과는 미미하고 제한적임을 알 수 있다.

2) 피드백을 제공하는 경우

통제 없이 피드백을 제공하는 경우 성과의 증가 비율은 25%이다. 이는 통제만 하는 경우보다 약간 더 높은 5%의 증가율을 보인다. 이는 통제만 하는 경우보다 피드백이 성과를 조금 더 향상시킬 수 있음을 나타낸다. 그러나 피드백만 제공하는 것은 통제만 하는 경우와 같이 성과 향상의 효과가 미미하고 크게 차이가 나지 않음을 알 수 있다.

3) 목표 설정을 한 경우

목표 설정을 한 경우 성과 증가 비율은 30%이다. 이는 통제를 했을 때보다 10%, 피드백을 제공했을 때보다는 5% 더 높은 수치이다. 목표는 방향성과 동기를 제공하며, 이를 통해 성과 향상에 어느 정도 긍정적인 영향을 미치는 것으로 볼 수 있다. 하지만 피드백 없이 목표 설정이 되었을 경우에는 예상한 것보다 성과 향상의 효과가 그다지 크지 않은 것을 알 수 있다.

4) 목표 설정과 주기적인 피드백이 제공된 경우

명확한 목표 설정이 되어 있고, 목표 달성과 관련된 피드백이 주기적으로 제공되는 경우에 성과 증가 비율은 60%로, 통제했을 때, 피드백을 제공했을 때, 목표를 설정했을 경우보다 높은 수치를 보여준다. 이는 피드백이 제공되었을 경우나 목표 설정이 되어 있을 경우보다 각각 35%, 30% 성과가 증가한 효과를 보인다. 목표 설정은 구체적인 방향성을 제공하고, 피드백은 현재 상태와 개선 방안을 이해하고 실행하는 데 효과가 있기 때문이다. 목표와 피드백이 결합되면 유기적으로 작용하여 상대적으로 성과가 최대화되는 것을 볼 수 있다.

즉, 통제하는 경우 자연적 성과 증가는 제한적이며, 피드백 또는 목표 설정이 단독으로만 된 경우 각각의 성과 향상 효과 또한 제한적이다. 가장 큰 성과 효과는 목표 설정과 주기적인 피드백이 동시에 제공될 때 나타남을 알 수 있다. 이는 목표 설정과 주기적인 피드백이 성과 달성에 있어 얼마나 중요한지 알 수 있게 한다. 명확한 목표 설정을 한 이후 이의 달성 여부를 연간 주기적이고 반복적으로 피드백을 제공했을 경우에만 높은 성과를 기대할 수 있다.

(4) 피드백의 황금 비율: 로사다 비율

유치원에 다니는 어린 자녀가 있다고 가정해보자. 이 어린 자녀에게 피드백을 준다고 상상해보고, 긍정적인 피드백과 부정적인 피드백의 비율을 어떻게 해야 가장 효과가 높을까 고민해보자. 과연 황금 비율은 얼마일까? 연구에 따르면 어린 아이들에게는 긍정적인 피드백과 부정적인 피드백의 비율이 7:1일 때 가장 효과가 높다고 한다.

피드백에도 황금 비율이 있다. 로사다 비율(Losada Ratio)은 긍정적인 피드백과 부정적인 피드백이 어떻게 균형을 이루어야 하는지를 설명하고 있다.[8] 로사다 비율은 긍정적인 피드백과 부정적인 피드백의 비율이 매우 중요하다는 개념으로서, 이 비율에 의하면 피드백의 효과를 극대화하기 위해서는 긍정적 피드백이 부정적 피드백보다 3배 정도 많아야 한다. 즉, 피드백 대상자에게 긍정적 피드백을 세 번 제공한 이후에 부정적 피드백을 한 번 제공하는 것이 이상적인 비율이며, 피드백 대상자에게 부정적인 피드백만 계속 제공했을 경우 효과가 없거나 미미하다는 의미이다. 이 3:1의 피드백 황금 비율이 유지될 때, 피드백을 받는 사람은 해당 피드백을 긍정적으로 받아들여 더 많이 동기부여 되어 행동의 변화를 가져오고 이를 통해 생산성이 증가된다.

1) 긍정적 피드백과 부정적 피드백의 균형

로사다 비율에서 말하는 긍정적 피드백은 칭찬, 격려, 감사 등과 같이 상대방이 잘한 행동을 칭찬 혹은 인정하고 그 행동을 지속적으로 강화하는 피드백을 의미하고, 부정적 피드백은 행동의 개선을 요구하는 피드백으로, 상대방의 부족한 부분에 대해 피드백을 주고 더 나은 행동의 변화를 통한 성과를 달성하도록 한다. 긍정적 피드백이 지나치게 과도하면 상대방은 "나는 모든 것이 완벽하다"고 느껴 더 이상 성장을 위한 노력을 하지 않을 수 있으며, 반대로 부정적 피드백이 지나치게 과도하면 자존감이 낮아지고 동기부여가 저하되어 성과가 떨어질 수 있다. 따라서 긍정적 피드백이 3배 이상 많을 때, 부정적 피드백의 영향이 상쇄되며 성과가 개선된다.

2) 피드백에서의 로사다 비율의 적용

피드백을 효과적으로 적용하기 위해서는 긍정적 피드백을 우선적으로 제공하고, 그 후에 부정적 피드백을 구조화하여 건설적이고 구체적으로 제시하는 것이 중요하다. 예를 들어 피드백 대상자가 잘한 점을 먼저 칭찬, 인정한 후, 개선할 점을 제시함으로써 상대방이 방어적인 태도를 취하지 않도록 할 수 있다. 이를 통해 상대방은 개선 영역을 보다 쉽게 받아들이고, 피드백을 성과 개선의 기회로 삼을 수 있다. 그러므로 로사다 비율은 피드백을 제공할 때 반드시 지켜야 할 황금 규칙이라고 할 수 있다.

3) 피드백 적용의 핵심 원칙

피드백을 제공할 때 기억해야 할 핵심 원칙에 대해 자세하게 알아보자.

첫 번째, 상대방의 행동에 집중한다. 피드백은 대상자의 가치관, 성격이 아닌 관찰된 행동에 초점을 맞추어야 하며, 행동의 개선이 필요한 영역에 대한 피드백은 가능한 한 간결하고 구체적으로 해야 한다.

두 번째, 즉각적으로 피드백을 한다. 피드백은 행동이 일어난 직후 바로 제공하는 것이 가장 효과적이다. 행동과 피드백 간의 시간 차이가 길어지면 효과가 줄어드는 것은 당연한 사실이다. 필자는 이를 피드백이 필요한 순간(Feedback in the moment)이라고 표현하고 싶다.

세 번째, 긍정적인 피드백을 먼저 제공하고, 부정적인 피드백은 해결책을 제시하는 형태로 제공하는 것이 효과적이다. 이에 대한 자세한 내용은 샌드위치 피드백 모델에서 자세히 살펴보기로 하고, 로사다의 피드백 비율 3:1 황금 법칙은 반드시 기억하기를 바란다.

3 효과적인 피드백 스킬

(1) 피드백 제공의 골든 룰(Golden Rule)

혹시 최근에 누군가에게 혹은 팀원에게 피드백을 한 경험이 있는가? 있다면 피드백을 받은 사람이 어떻게 반응하고 받아들였는지 기억하는가? 상대방에게 어떻게 피드백을 제공하는가에 따라 피드백의 효과는 달라지게 마련이며, 피드백을 효과적으로 하기 위한 피드백 제공의 네 가지 골든 룰은 다음과 같다.

1) 적절한 어조로 대화의 목적을 설명한다.

피드백을 시작하기 전에 대화의 목적을 명확히 밝혀야 한다. 이 과정에서 적절한 어조를 통해 상대방이 방어적인 태도를 취하지 않고 대화를 시작할 준비가 되어 있는지를 확인하고, 피드백 대화가 긍정적인 분위기와 방향으로 이어지게 해야 한다.

예시는 다음과 같다.

- "오늘 대화의 목적은 우리가 지난달 시작한 OOO 업무를 더 효과적으로 진행할 방법에 대해 함께 논의하고 관련된 피드백을 제공하기 위한 것입니다."

2) 피드백은 긍정적인 의견으로 시작해야 한다. 이는 피드백 제공의 가장 중요한 스킬이라고 할 수 있다.

피드백의 첫 시작은 대상자가 최근에 잘한 점, 부서 혹은 팀에 긍정적으로 기여한 부분 등에 대해 직접적으로 언급하며 시작하는 것이 중요하다. 이는 상대방의 피드백 수용성을 높이고 피드백 대화를 긍정적으로 이끌어 나가는 데 있어 매우 중요하다.

예시는 다음과 같다.

- "지난번 기획안 발표에서 이번 프로젝트의 목적과 방향성을 잘 발표해주셔서 참석하셨던 이해관계자들의 이해가 명확해졌고, 그로 인해 프로젝트가 순조롭게 시작될 수 있었어요. 그 부분에 대해 정말로 감사드려요."

3) 피드백은 구체적이고 간결해야 한다.

피드백을 할 때 애매모호하게 이야기하거나, 돌려서 간접적으로 표현하거나 추상적인 표현은 피해야 하며, 구체적이고 간결하게 피드백을 해야 한다.

예시는 다음과 같다.

- "지난 월간 회의에서 1분기 고객만족도 분석 결과를 충분하게 정리하지 않고 발표해서, 참석했던 이해관계자 분들이 해당 내용을 이해하는 데 어려움이 있었어요."

4) 피드백 대화를 '발전의 기회'로 이끌어간다.

피드백을 하는 목적은 비판이 아닌 특정 행동의 개선을 통한 성장과 발전이다. 따라서 피드백을 통해 상대방이 배움을 통해 성장하고 발전할 수 있는 기회에 대해 강조해서 언급해야 하며, 이를 통해 실행 가능한 행동 계획(Action Plan)을 수립하고 실천할 수 있도록 하는 것이 중요하다.

예시는 다음과 같다.

- "다음 회의에서는 데이터를 보다 더 시각화하면 쉽게 설명할 수 있을 것 같아요. 그러면 회의에 참석한 이해관계자 분들이 더 잘 이해할 수 있을 거예요."

(2) 피드백을 제공할 때 고려해야 할 사항

1) 좋은 피드백을 주는 다섯 가지 방법

좋은 피드백이란 무엇이라고 생각하는가? 피드백은 코칭과 마찬가지로 상대방과의 신뢰를 바탕으로 이루어져야 한다. 비판이 아닌 개선 방향을 제시하고, 부정적인 표현을 사용하지 않고, 구체적인 내용으로 상대방의 개선 영역에 대해 알려주고, 명령조보다는 기대 사항을 전달하는 것이 좋은 피드백을 주는 핵심이다. 이러한 피드백은 상대방이 발전하고 성장하는 디딤돌을 만들어가는 데 큰 역할을 한다.

그렇다면 효과적인 피드백을 제공하기 위해서는 어떤 방법이 있을까?

좋은 피드백을 제공하는 다섯 가지 방법은 다음과 같다.

첫째, 설교가 아닌 열린 대화로 접근하는 것이 중요하다. 피드백을 줄 때 일방적으로 가르치려 하는 것은 바람직하지 않다. 왜냐하면 피드백은 상호 소통을 통해 더 나은 방향을 찾아가는 과정이기 때문이다. 리더가 팀원에게 피드백을 제공할 때도 마찬가지이다. 피드백의 목적과 개선하고자 하는 부분을 명확히 설명하고, 솔직한 의견을 듣고 싶다는 의도를 전달하는 것이 필요하다.

둘째, 비판하지 말아야 한다. "오늘 고객과의 계약을 성사시키지 못했네요"와 같은 말은 상대방의 잘못을 지적하는 비판에 가깝다. 대신 "오늘 고객의 아주 미묘한 반응에서 계약 성사가 어려운 부분이 있었던 것 같아요. 이런 점을 다음에 보완하면 좋을 것 같아요"와 같이 피드백을 하면 상대방은 부담을 느끼지 않고 피드백받은 내용을 고민하게 된다.

셋째, Yes, but 화법 대신 Yes, and 화법을 사용한다. "그러나", "하지만"과 같은 부정적인 접속사는 상대방에게 방어적인 태도를 유발할 수 있다. 대신 "이번 업무를 잘 수행했어요. 그리고 관련해서 한두 가지 사항을 보완하면 더 좋겠어요"와 같이 긍정적인 대화의 흐름 속에서 개선할 점에 대해 피드백을 하는 것이 효과적이다.

넷째, 구체적인 내용을 전달해야 한다. 단순히 "잘했습니다"라고 말하는 것은 피드백을 이해하는 데 도움이 되지 않는다. "이번 주 수요일 프레젠테이션을 할 때 분명하고 정확하게 내용을 전달해서 매우 쉽게 이해할 수 있어서 좋았어요"와 같이 구체적으로 피드백을 하면, 상대방이 어떤 점에서 피드백을 받았는지 명확하게 알 수 있다.

다섯째, 일방적인 지시보다는 기대 사항을 중심으로 피드백을 하는 것이 중요하다. "다음부터 이렇게 하세요"와 같은 명령조의 피드백은 상대방의 피드백 수용성을 제한할 수 있다. 대신 "당신이 성장하는 데 도움이 될 것 같은 방법이 있어요. 이러한 것들을 한 번 고려해보면 좋을 것 같아요"와 같이 기대 사항 중심으로 피드백을 하면 상대방이 스스로 고민하고 실행할 가능성이 높아진다.

이와 같은 좋은 피드백을 주는 다섯 가지 방법을 활용하면, 피드백을 제공하는 것이 더 이상 어렵지 않고 피드백의 효과를 높이는 기회가 될 수 있다.

(3) 피드백을 받을 때 고려해야 할 사항

피드백을 효과적으로 받기 위한 Do와 Don't

여러분은 피드백을 받을 때 어떤 기분이 드는가? 결론부터 말하면 피드백은 성장을 위한 기회이자 자신을 객관적으로 이해할 수 있는 중요한 과정이다. 비록 부정적인 행동의 수정을 요하는 피드백일지라도, 이를 잘 받아들이고 피드백받은 내용을 잘 활용한다면 내 자신의 부족한 점을 보완하고 더 나은 방향으로 나아갈 수 있는 성장의 발판이 될 것이다.

그렇다면 피드백을 성장의 기회로 삼기 위해 어떻게 해야 할까? 피드백을 받을 때 '해야 할 것(Do)'과 '하지 말아야 할 것(Don't)'으로 구분하여 자세하게 알아보자.

1) Do - 피드백이 성장의 씨앗이 되는 행동

첫째, 피드백을 자신에 대한 공격이 아니라, 자신을 더 깊이 이해할 수 있는 기회로 받아들이는 태도가 필요하다. 다른 사람의 시선과 관점을 통해 내가 미처 알지 못했던 나를 발견할 수 있기 때문이다.

둘째, 즉각적인 감정적 반응보다는 내가 받은 피드백에 대해 충분히 이해하고 곰곰이 생각할 시간을 갖는 것이 중요하다. 순간적으로 기분이 상하는 것이 인간의 자연스러운 감정이라지만, 거기에 휘둘리지 않고 한 발짝 물러서서 내가 받은 피드백의 내용과 본질을 곰곰이 생각해보는 성찰의 시간을 갖는 것이 필요하다.

셋째, 피드백이 불명확할 때는 피드백을 한 사람에게 다시 물어봄으로써 구체적으로 피드백의 목적을 한 번 더 확인하는 것이 필요하다. "제가 어떤 점이 부족했는지 구체적으로 다시 한 번 더 말씀해주실 수 있으세요?"와 같이 물어본다면, 오해를 줄이고 정확한 행동의 개선 방향을 찾는 데 도움이 된다.

넷째, 다른 사람들의 의견을 적극적으로 구해보는 것도 좋은 방법이다. 피드백을 받은 뒤 동료나 선후배에게 "이런 피드백을 받았는데, 이럴 땐 어떻게 하면 좋을까요?"라고 조언을 구하면, 다양한 관점에서 해결책을 찾을 수 있다.

2) Don't - 피드백의 기회를 놓치는 행동

첫째, 피드백을 개인적인 비난으로 받아들이고 방어적인 태도를 취하는 것은 피해야 한다. 이런 태도는 상대방과의 신뢰를 무너뜨릴 수 있기 때문이다.

둘째, 불명확한 피드백을 제대로 이해하지 않고 스스로 의미를 부여해버리는 것은 바람직하지 않다. 잘못된 해석은 오히려 엉뚱한 방향으로 나아가게 만들 수 있기 때문이다.

셋째, 자신이 받은 피드백을 무시하고 전혀 받아들이지 않거나, 받은 피드백과 반대되는 행동을 하는 것은 반드시 피해야 한다. 이러한 태도는 '저 사람은 아무리 피드백을 해도 받아들이지 않는다'는 부정적인 인상을 심어줄 수 있기 때문이다.

넷째, 피드백의 배경과 이유를 깊이 고민하지 않고 단순히 피드백을 받은 내용만 아무 생각 없이 받아들이고 따르는 것도 피해야 한다. 피드백은 그 의미와 목적을 이해하고 나에게 맞게 적용해야만 진정한 효과가 있기 때문이다.

다섯째, 피드백을 주는 사람의 설명을 듣지 않고 중간에 말을 끊어버리는 것은 좋지 않다. 이러한 태도는 대화를 단절시키고, 앞으로 더 나은 피드백을 받을 기회마저 잃게 만들 수 있기 때문이다.

피드백은 나의 성장을 위한 미래의 씨앗 뿌리기와 물을 주는 행위라고 생각하고, 이를 긍정적으로 받아들이는 태도가 중요하다. 반사적이고 감정적인 반응보다는 피드백의 본질을 이해 및 심사숙고하고 이를 활용해 자신의 부족한 점을 보완하고 개선해 나갈 때, 비로소 우리는 한 단계 더 성장하고 발전할 수 있게 된다.

(4) 피드백과 조하리의 창

조하리의 창(Johari Window)은 심리학자 조셉 루프트(Joseph Luft)와 해리 인검(Harry Ingham)이 개발한 자기인식과 대인관계를 위한 도구이며, 이들의 이름을 따 조하리의 창으로 불린다. 이 모델은 자신과 타인이 서로에 대해 알고 있는 정보에 따라 네 가지 영역(Spot)으로 구분되며, 관계의 특성, 개인의 의사소통 스타일 등을 알아보는 데 활용된다. 조하리의 창은 자기 자신에 대해 스스로 얼마나 알고 있는지와 타인이 자신을 얼마나 알고 있는지에 따라 네 가지 영역(Spot)으로 나뉜다.[9]

〈그림 2-6〉 조하리의 창

첫 번째는 공개 영역(Open Spot)이다. 자신도 알고 있고 타인도 알고 있는 영역으로 여기에는 개인의 성격, 행동 습관 등 타인과 공유되고 있는 정보의 영역이다. 공개 영역은 자신에 대한 공개성과, 타인과의 신뢰 수준을 나타낸다. 이 영역이 클수록 타인과의 관계가 투명하고 신뢰가 잘 형성된다. 의사소통이 원활하고 신뢰가 잘 형성된 관계에서는 공개 영역이 확장되며, 공개 영역은 자신에 대한 피드백을 수용하고 타인과 정보를 적극적으로 공유할 때 확장된다.

두 번째는 미공개 영역(Hidden Spot)이다. 자신은 알고 있지만 타인은 알지 못하는 영역이다. 예를 들어 내면의 감정, 비밀, 고민, 숨기고 싶은 나만의 약점 등이 이에 해당된다. 미공개 영역이 클수록 개인이 타인에게 자신을 드러내지 않으려 하며, 방어적인 성향을 나타낸다. 자기 개방(Self-disclosure)을 통해 이 영역을 줄이고 공개 영역으로 확장할 수 있다. 다만 자기 개방의 정도는 상황과, 타인과의 상호 관계의 정도에 따라 달라질 수 있다. 타인과의 신뢰가 높을수록 미공개 영역이 줄어드는 경향이 있다.

세 번째는 무의식 영역(Blind Spot)이다. 자신은 알지 못하지만 타인은 알고 있는 영역이다. 즉, 피드백의 영역(Feedback Spot)이다. 무의식적인 습관, 행동, 말투 등이 이에 해당된다. 이 영역은 개인이 인식하지 못하는 자신의 모습을 나타내며, 주변 사람들이 제공하는 피드백의 수용을 통해 점차 축소될 수 있다. 상대방의 피드백을 받아들이는 데 있어 매우 중요한 영역으로서, 피드백을 받아들이는 열린 마음과 긍정적인 태도가 이 영역을 줄이는 데 중요한 역할을 한다. 무의식 영역이 줄어들면 개인은 자신에 대해 더 잘 이해할 수 있고, 이를 통해 성장과 발전이 가능해진다.

네 번째는 미지의 영역(Unknown Spot)이다. 자신도 모르고 타인도 알지 못하는 영역이다. 숨겨진 재능, 잠재력, 무의식적인 동기, 또는 심리적 트라우마 등이 이 영역에 포함된다. 미지의 영역은 모든 사람에게 존재하며, 자기 성찰과 새로운 경험, 그리고 타인의 관찰을 통해 점차 축소될 수 있다. 미지의 창이 줄어들수록 개인의 잠재력과 숨겨진 가능성이 드러난다. 이 영역은 성장 가능성을 상징하며, 개인이 스스로의 한계를 넘어설 수 있는 기회의 영역이다.

조하리의 창은 자기인식과 대인관계 개선에 효과적인 개념이다. 이를 활용하면 자신이 타인에게 어떻게 비춰지는지 이해하고, 자신의 행동을 객관적으로 바라볼 수 있다. 또한 타인과 신뢰를 기반으로 피드백을 주고받으면서 더 나은 관계를 만들어갈 수 있다.

(5) 피드백의 종류

피드백은 지지적 피드백(Supportive feedback), 교정적 피드백(Corrective feedback), 무의미한 피드백(Insignificant feedback), 그리고 학대적 피드백(Abusive feedback)의 네 가지 종류가 있으며,[10] 각각의 피드백이 어떠한 목적과 특징, 그리고 효과가 있는지에 대해 알아보자. 피드백은 상대방의 행동에 기반하여 대화하는 것으로, 피드백을 어떻게 하느냐에 따라 상대방에게 긍정적인 영향을 줄 수도 있고 부정적인 영향을 줄 수도 있다.

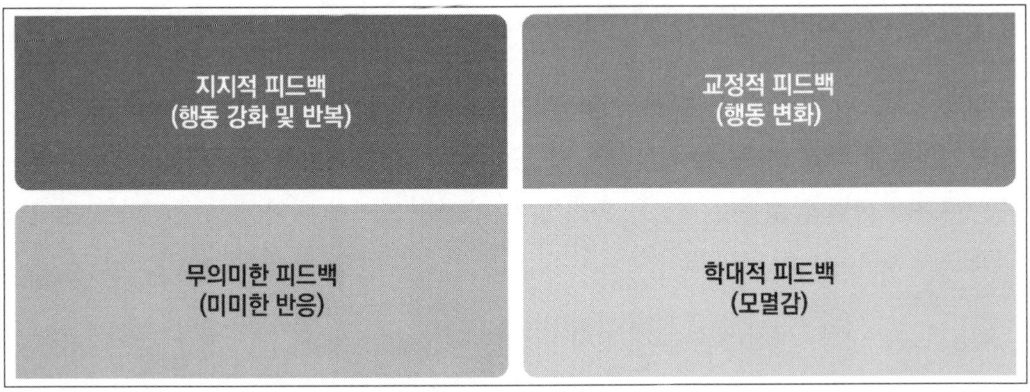

〈그림 2-7〉 피드백의 종류

1) 행동을 강화하는 지지적 피드백(Supportive Feedback)

지지적 피드백은 어떤 특정한 바람직하고 긍정적 행동이 지속적으로 반복되도록 하는 피드백이다. 특정한 행동이나 업무 성과 등 긍정적인 부분을 인정 및 칭찬하고 격려하는 피드백이다. 이는 상대방이 자신의 강점을 인식하고 이와 관련된 행동을 지속하거나 더욱 강화하기 위해 사용하는 피드백이다.

지지적 피드백의 예시는 다음과 같다.

- 해당 문제를 해결하기 위해 다양한 방법과 접근법을 시도한 것은 정말 멋있었어요. 창의적인 접근 방식이 큰 도움이 되었어요.
- 프로젝트 초반부터 끝까지 세세하게 계획을 관리한 덕분에 모든 일이 순조롭게 진행되었어요. 김 과장님의 탁월한 리더십이 큰 역할을 했어요.
- 이번 보고서에서 데이터 분석 결과를 명확하게 기술한 점이 정말 훌륭했어요. 덕분에 회의에서 결론을 쉽게 낼 수 있었어요.
- 다른 부서와 갈등이 발생했을 때 조율 과정에서 주도적인 역할을 한 것이 저는 정말로 인상 깊었어요. 이제 앞으로는 그 부서와 불협화음 없이 협력해서 더욱 효과적으로 업무를 진행할 수 있을 것 같아요.
- 다른 업무도 많고 바빠서 쉽지 않았을 텐데 업무 마감 기한을 잘 준수한 것뿐만 아니라, 내용 또한 훌륭했어요. 꾸준한 노력과 성실함이 돋보였어요.

2) 행동을 변화시키는 교정적 피드백(Corrective Feedback)

교정적 피드백은 행동의 변화를 일으키는 피드백이다. 행동의 개선이 필요한 영역에 대해 인지하게 하고, 행동 개선을 위한 대안을 제시하고 대화하는 피드백이다. 이는 비판적인 대화가 아니라 행동의 개선을 통해 발전 가능한 영역에 대해 상호 동의하고 합의하는 대화가 이루어져야 효과적이다.

교정적 피드백의 예시는 다음과 같다.

- 다른 업무로도 많이 바쁠 텐데 기획안 작성하느라 수고 많았어요. 이번 기획안은 전체적으로 잘 작성되었어요. 그리고 제가 드리고 싶은 피드백은 관련된 데이터를 더 명확히 표시하면 더 설득력이 있고 좋은 보고서가 될 것 같아요.
- 보고서 내용이 전반적으로 잘 정리되었어요. 그리고 관련된 데이터를 조금 더 시각화하면 이해관계자가 더 쉽게 이해할 수 있을 것 같아요. 다음 보고서에는 관련된 도표, 그래프, 차트를 추가해보면 어떨까요?
- 회의 중 의견을 잘 전달하긴 했지만, 시간이 부족해서 다른 팀원들의 의견을 듣는 시간이 다소 부족했어요. 다음 회의부터는 시간에 대해 조금 더 신경을 쓰면 좋겠어요. 다음 회의에서 팀원들의 의견을 듣는 시간을 지금보다 더 늘리면 훨씬 더 효과적인 논의가 될 것 같아요.
- 프로젝트 일정이 잘 진행되고 있지만, 앞으로 마감 일정을 지키기 위해서는 관련된 업무의 기한을 조금 더 엄격히 지킬 필요가 있는 것 같아요. 지금은 우선 프로젝트의 주요 마일스톤(Milestone)을 재확인해보고 각각의 일정에 대해 확인해본 후 확정하면 좋겠어요.
- 프레젠테이션 자료의 내용은 훌륭했는데, 디자인이 조금 더 깔끔했으면 전달력이 더 좋아졌을 것 같아요. 그리고 슬라이드 간 일관된 형식을 유지하면 좋을 것 같아요.

3) 미미한 반응을 일으키는 무의미한 피드백(Insignificant Feedback)

무의미한 피드백은 하나마나 효과가 없는 피드백이다. 나는 상대방을 위해 열심히 피드백을 했다고 생각하지만, 상대방은 '도대체 무슨 말씀을 하시는 거지?'라고 마음속으로 생각하며 고개를 갸우뚱하는 경우이다. 내가 제공한 피드백이 의미가 있었는지, 의미가 없었는지는 상대방 기준에서 해석해야 한다. 무의미한 피드백은 상대방에게 구체적인 피드백 정보를 제공하지 않거나, 행동 변화에 도움이 되지 않는 피드백이다. 이는 대상자에게 긍정적인 효과를 주지 못하며, 상호 신뢰를 무너뜨릴 수 있고, 오히려 상대방에게 혼란을 주거나 동기가 떨어지고 지금까지 쌓아온 신뢰가 훼손될 수 있는 피드백이다.

무의미한 피드백의 예시는 다음과 같다.

- 와! 좋았어요. (어떤 부분이 좋았는지 구체적으로 설명하지 않아 피드백 대상자가 무엇을 강화하거나 개선해야 할지 알 수 없다.)
- 이렇게 하면 되죠. (구체적인 방향이나 기대 사항 없이 단순히 동의하는 표현으로, 피드백 대상자가 스스로 판단해야 하는 부담을 가중시킨다.)
- 다 괜찮은데 뭔가 부족한 것 같아요. (구체적인 부족한 점을 언급하지 않아 피드백 대상자가 문제를 파악하거나 개선하기 곤란하다.)
- 그냥 그렇게 계속 해보세요. (무엇을 잘하고 있는지 또는 어떤 점을 개선해야 하는지 알려주지 않아 피드백 대상자에게 도움이 되지 않는다.)

4) 모멸감을 느끼게 하는 학대적 피드백(Abusive Feedback)

학대적 피드백은 대상자에게 모멸감을 초래하는 피드백으로 반드시 하지 말아야 할 피드백이다. 학대적 피드백은 피드백 대상자의 특정 행동이나 태도에 대해 비난함으로써 감정을 상하게 하는 피드백이다. 이는 건설적인 피드백이 아니며, 피드백 대상자의 자존감을 떨어뜨리고 지금까지 쌓아온 상호 신뢰 관계를 훼손할 가능성이 매우 크다.

학대적 피드백의 예시는 다음과 같다.

- 당신은 항상 일을 이렇게 엉망으로 해요. 도대체 뭐가 문제인지 모르겠어요. (피드백을 구체적으로 하고 있지 않으며, 피드백보다는 상대방에 대한 불만으로 여겨진다.)
- 이런 간단한 일도 제대로 못하나요? 도대체 왜 제가 이 일을 당신에게 맡겼는지 모르겠네요. (상대방의 능력을 폄하하며, 감정을 앞세운 비난이다.)

- 당신은 항상 실수만 해요. 도대체 일은 언제부터 제대로 할 거예요? (구체적인 문제 해결 방안 없이 상대방의 과거 실수를 반복적으로 언급하며 비난한다.)
- 이건 정말 최악이에요. 다른 사람한테 맡길 걸 그랬어요. (상대방의 노력을 무시하고, 비교를 통해 수치심을 유발한다.)
- 어떻게 이렇게 멍청한 결정을 할 수 있나요? 상식적으로 생각해보세요. (상대방의 판단력을 비하하며, 인격적인 모욕이 될 수 있다.)

피드백은 상대방의 행동과 성과를 긍정적으로 강화하거나 개선하기 위해 필요한 대화이다. 그러나 피드백의 유형에 따라 그 효과는 크게 달라지게 된다. 지지적 피드백과 교정적 피드백은 대상자와 신뢰를 형성하고 성과를 향상시키는 데 필수적이며, 무의미한 피드백과 학대적 피드백은 반드시 피해야 한다. 효과적인 피드백은 명확하고 구체적이며, 대상자의 성장을 지원하는 것이 목적이라는 것을 반드시 기억해야 한다.

피드백이 어려운 이유는 피드백을 제공하는 사람은 지지적 피드백 혹은 교정적 피드백을 하고 있다고 생각하는 반면 피드백을 받는 사람은 무의미한 피드백이라고 생각하고 있기 때문은 아닐지에 대해 깊이 고민해봐야 한다. 그리고 피드백을 제공하는 사람은 교정적 피드백을 하고 있다고 생각하는데 피드백을 받는 사람은 학대적 피드백을 받고 있다고 느낄 수도 있기 때문이다. 학대적 피드백은 절대로 해서는 안 된다. 하지만 최악의 경우는 언제일까? 어떤 피드백도 받지 못하는 경우가 아닐까! 어떤 피드백도 받지 못하면 조하리의 창에서 알아본 자신의 맹점인 무의식 영역(Blind Spot)을 개선할 기회는 결코 오지 않는다.

4 실전 피드백 모델

(1) 샌드위치 피드백 모델

샌드위치 피드백 모델(Sandwich Feedback Model)은 지지적 피드백과 교정적 피드백을 조화롭게 제공하기 위한 피드백으로, 세 단계로 구성되어 있다. 이 모델은 피드백을 받는 사람이 부정적인 피드백을 방어적으로 받아들이는 것을 방지하고, 수용성을 높이기 위해 유용하게 사용할 수 있다. 모델 이름 그대로 샌드위치처럼 지지적 피드백이 교정적 피드백을 감싸는 형태를 취한다.

1) 첫 번째 단계: 지지적 피드백으로 시작

샌드위치 피드백의 첫 번째 단계는 지지적 피드백으로 시작하는 것이다. 이 단계에서는 대상자의 성과나 긍정적인 행동을 구체적으로 칭찬하고, 인정받고 있다는 느낌을 줄 수 있는 내용을 전달한다. 이는 피드백을 받는 사람이 긍정적인 감정을 느끼며 대화를 시작하도록 한다. 예를 들어 "이번 프로젝트에서 데이터 분석의 정확도가 매우 뛰어났고, 프로젝트 결과를 명확히 전달하려는 노력이 돋보였습니다"와 같이 상대방의 노력을 먼저 인정한다. 이를 통해 상대방은 자신이 존중받고 있다는 생각을 하게 된다.

2) 두 번째 단계: 개선점 제시를 위한 교정적 피드백

두 번째 단계는 교정적 피드백을 제시한다. 이 단계에서는 상대방의 행동이나 성과 중 개선이 필요한 부분을 구체적이고 명확하게 전달한다. 단순한 비판이 아닌, 문제를 해결하기 위한 대안이나 조언을 포함하는 것이 중요하다. 예를 들어 "다만 보고서 작성 시 데이터 해석 과정에 대해 더 구체적인 설명이 추가되었다면, 전체적으로 설득력이 더 높아졌을 것 같습니다"처럼 개선점을 제시하면서 구체적인 방향성을 제공해야 한다. 이 과정에서 비난이나 모호한 표현을 지양하고, 개선해야 할 행동에 초점을 맞추는 것이 핵심이다.

3) 세 번째 단계: 지지적 피드백으로 긍정적인 마무리

샌드위치 피드백의 마지막 단계는 긍정적인 마무리이다. 이 단계에서는 대화의 끝을 긍정적으로 마무리하여 상대방이 피드백을 행동 개선의 기회로 받아들이도록 한다. 이를 위해 상대방의 가능성을 강조하거나, 미래에 대한 기대의 표현을 한다. 예를 들어 "지금까지 보여주신 열정과 노력으로 보아, 앞으로 더욱 발전된 보고서를 작성하실 수 있을 것이라고 기대합니다"와 같이 긍정적인 기대를 이야기한다. 이는 상대방이 개선점을 수용하면서도 자신감을 갖도록 한다.

샌드위치 피드백 모델은 지지적 피드백과 교정적 피드백을 조화롭게 전달하여 피드백을 받는 사람의 수용성과 동기부여를 높이는 데 효과적인 방법이다. 그러나 진정성과 피드백 내용의 명확성을 유지하고, 개선점 전달이 희미해지지 않도록 주의하며 사용하는 것이 중요하다. 이를 적절히 활용하면 피드백을 통해 대상자의 행동 개선에 긍정적인 영향을 미칠 것이다.

(2) CAI 피드백 모델

CAI 피드백 모델은 Context & Circumstances(맥락 및 상황), Action(행동), Impact(영향)의 세 가지 단계로 구성되어 있으며, 피드백 대상자의 구체적인 맥락과 상황은 무엇이었는지, 그 상황에서 어떤 행동을 했는지, 그리고 그 행동이 지속되었을 때 어떠한 영향을 미칠지에 대해 피드백을 제공하는 모델이다. 이 모델을 통해 피드백을 명확하고 객관적으로 제공할 수 있으며, 특정 행동을 강화하는 목적의 지지적 피드백과 특정 행동을 개선하는 목적의 교정적 피드백에 모두 효과적으로 활용할 수 있다. CAI 피드백 모델은 특정한 맥락과 상황에서 대상자의 관찰된 행동을 바탕으로 발생 가능한 영향에 대해 구체적으로 피드백을 제공하는 데 중점을 두고 있으며, 피드백 대상자의 관찰된 특정 행동에 기반하여 피드백을 제공하는 모델이라는 내용을 기억할 필요가 있다.

CAI 피드백 모델의 각 단계는 다음과 같다.

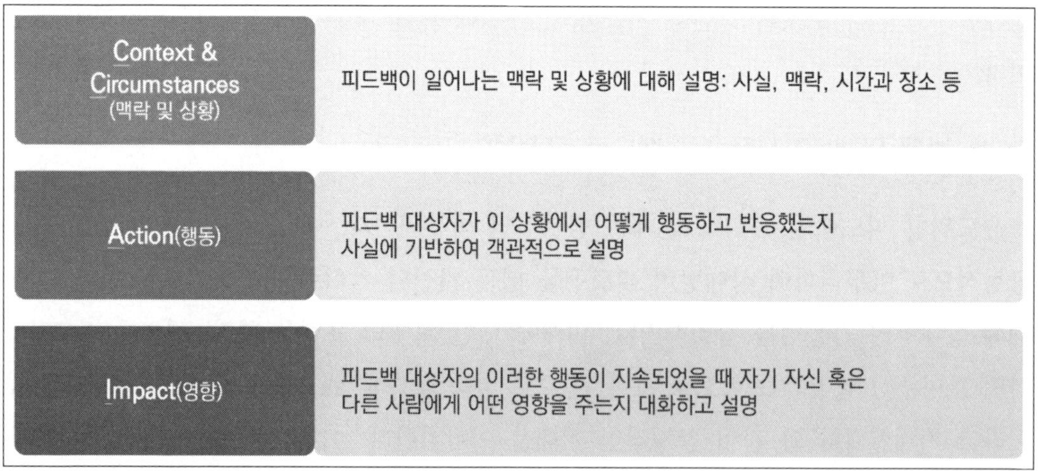

〈그림 2-8〉 CAI 피드백 모델

1) Context & Circumstances(맥락 및 상황)

피드백 제공자가 관찰한 매우 구체적인 상황에 대해 피드백을 한다. 대상자에게 행동이 발생한 구체적인 상황에 대해 객관적으로 명확히 설명하여 왜 피드백을 제공하는지에 대해 확실하게 이해할 수 있도록 하는 피드백의 시작 단계이다.

2) Action(행동)

피드백 대상자의 관찰된 구체적인 행동에 대해서만 이야기한다. 피드백을 제공하는 사람이 관찰한 구체적인 특정 행동에 대해서만 아주 명확하게 전달해야 하며, 피드백 제공자의 개인적인 편견, 선입견 혹은 주관이 개입되어서는 안 된다.

3) Impact(영향)

행동의 결과로서 발생할 수 있는 미래에 끼치는 영향에 대해 피드백을 한다. 긍정적인 행동이건 부정적인 행동이건 피드백 제공자가 관찰한 특정 행동이 지속될 경우에 해당 부서(팀), 동료, 개인의 세평, 그리고 성과 등에 미칠 가능한 결과에 대해 구체적으로 피드백을 한다. 특정 행동으로 인한 미래 영향에 대해 피드백을 제공할 때에는 대상자가 쉽게 이해하고 받아들일 수 있도록 명확하고 직접적이며 간결한 언어를 사용하고 객관적으로 설득력 있게 피드백을 전달해야 한다.

4) CAI 피드백 모델을 활용한 대화 예시

CAI 피드백 모델을 활용한 지지적 피드백의 예시는 다음과 같다.

"어제 고객과 상담을 할 때 (Context & Circumstances)

김 과장님께서 고객의 어려운 질문에 대해 매우 정확하고 신속하게 답변하는 모습을 보았습니다. (Action)

그 결과, 그 고객이 우리 회사의 고객 중심 문화와 업무 전문성에 대해서 매우 신뢰하게 되었고, 김 과장님과의 상담 후에 저에게 계속 거래를 하고 싶다는 의사를 이야기해 주었습니다. 김 과장님께서 앞으로도 이렇게 고객을 응대한다면 더 많은 고객이 우리를

신뢰하고 거래를 지속해 나갈 것이라고 생각합니다. 수고 많았어요." (Impact)

CAI 피드백 모델을 활용한 교정적 피드백의 예시는 다음과 같다.

"이번 주 주간 팀 회의에서 (Context & Circumstances)

이 차장님께서 다른 팀원이 제시한 의견을 끝까지 듣지 않고 여러 차례 중간에 끼어들고 말을 끊는 모습을 보았습니다. (Action)

그로 인해 일부 팀원들이 자신의 의견을 충분히 전달하지 못했고 말을 할까 말까 망설이거나 주저하는 팀원들 또한 볼 수 있었습니다. 그래서 회의 진행이 예상보다 많이 지연되었습니다. 다음주 주간 회의부터는 직원들의 말에 중간에 끼어들지 말고 조금 더 경청하는 모습을 보여주면 좋겠습니다. 지금까지 제가 드린 말씀에 대해 어떻게 생각하세요?" (Impact)

이번에는 대화 예시를 통해 CAI 피드백 모델의 활용 방법에 대해 알아보자.

맥락 및 상황(Context & Circumstances)에 대해 명확히 설명한다. 피드백 대상자가 기억할 수 있는 구체적인 상황을 제시한다.

→ "김 대리님이 지난주 월요일 오전 10시 A 프로젝트에 대한 프레젠테이션을 할 때

행동(Action)을 구체적으로 설명한다. 피드백 대상자의 특정 행동에 대해서만 객관적으로 설명한다.

→ B에 해당하는 최신 데이터가 업데이트되어 있지 않았어요.

영향(Impact)을 명확히 전달한다. 그 행동이 피드백 대상자, 동료, 부서에 미칠 영향을 간결하고 구체적으로 설명한다.

→ 그로 인해 그날 참석하셨던 이해관계자 분들께서 매우 혼란스러워했어요. 그래서 이후에 생각했던 것보다 질의 응답 시간이 매우 길어졌어요. 다음부터는 프레젠테이션 준비를 할 때 최신 데이터를 업데이트하는 것부터 우선순위로 처리하는 것을 당부드려요."

5절 어려운 대화 다루기

리더십에서 '어려운 대화(Crucial Conversation)'란 리더가 팀원 등 상대방과 갈등이 발생할 수 있거나, 감정적으로 예민할 수 있는 민감한 주제에 대해 리더로서 책임감을 가지고 솔직하게 대화를 나누는 것으로, 용감한 대화(Courageous Conversation)라고도 한다.

1 어려운 대화 준비하기

어려운 대화를 효과적으로 하기 위한 준비 단계에 대해 알아보자. 어려운 대화는 체계적인 준비가 대화의 성공을 좌우한다고 해도 과언이 아니다.

(1) 준비 - 사실과 정보의 수집

어려운 대화를 시작하기 전에 충분한 정보를 수집하고 준비하는 과정이 중요하다. 이는 대화의 목적과 방향을 명확히 하기 위해 필요한 단계이다. 사실에 기반한 자료를 충분히 수집함으로써 상대방의 관점과 자신의 입장을 논리적으로 정리할 수 있다. 대화 주제가 성과 평가라면, 관련된 데이터나 실적, 구체적인 사례를 준비하는 것이 필요하다. 철저하고 충분한 준비 과정은 어려운 대화의 객관성과 설득력을 높인다.

(2) 객관적 - 모든 편향(Bias)에 대한 인지

객관성을 유지하기 위해 자신의 편향과 선입견에 대해 인식하는 것이 필요하다. 어려운 대화를 준비하면서 스스로의 감정이나 고정관념이 대화에 영향을 미치지 않도록 주의해야 한다. 즉, 어려운 대화 시 태도가 기분이 되어서는 안 된다. 상대방의 행동을 평가할 때 "이 사람은 항상 이렇게 행동해"라는 고정관념을 버리고, 상황의 맥락과 배경을 고려해야 한다. 객관성을 확보하면 감정적으로 대응하지 않고, 문제의 본질에 집중할 수 있다.

(3) 대화를 위한 시간 계획 세우기

어려운 대화를 위해서는 적절한 시간과 장소를 선택하는 것이 중요하다. 시간이 부족하거나 방해가 되는 환경에서 대화를 하면 효과적인 대화의 결과를 얻기 어렵다. 어려운 대화를 위해 충분히 준비할 수 있는 시간을 갖고, 방해가 되지 않는 조용하고 편안한 장소를 선택한다. 어려운 대화를 위해 지금까지 가본 적 없는 새로운 장소나 분위기 좋은 곳에서 대화를 나누는 것도 좋은 방법 중의 하나이다. 어려운 대화의 시간과 장소를 미리 계획하면 대화가 산만해지지 않고, 상호 명확한 결론에 도달할 가능성이 높아진다.

(4) 자신의 상황을 관리 - 진정하고, 현재에 집중하기

어려운 대화를 시작하기 전에 자신의 감정을 관리하고 차분한 상태를 유지하는 것이 중요하다. 이는 대화의 분위기에 직접적인 영향을 미친다. 대화 전 심호흡을 하거나 잠시 명상을 통해 마음을 진정시키는 것이 도움이 될 수 있다. 또한 과거의 사건이나 미래에 대한 불안을 내려놓고, 현재 대화의 내용과 목적에 집중해야 한다. 이는 상대방과의 소통을 더욱 효과적으로 만들어준다.

사실과 데이터에 기반한 준비, 객관성 유지, 체계적인 시간 계획, 자신의 상황 관리는 어려운 대화를 준비하고 진행하는 데 있어 중요한 가이드라인이며, 대화를 더 명확하고 효과적으로 만들기 위한 핵심 요소이다. 이러한 단계를 통해 어려운 대화가 갈등 상황을 해결하고, 상호 이해와 문제 해결의 기회로 발전할 수 있다.

2 어려운 대화 다루기

(1) 어려운 대화를 그만두게 하는 원인

어려운 대화를 꺼리거나 그만두게 하는 원인은 크게 다섯 가지이며, 자세한 내용은 다음과 같다.

1) **두려움:** 어려운 대화를 앞두고 사람들이 가장 흔히 느끼는 감정은 '두려움'이다. 이는 대화를 통해 발생할 수 있는 부정적인 결과를 미리 걱정하는 데서 비롯된다. 상대방이 거절하거나 감정적으로 격해질 것에 대한 우려, 갈등이 심화될 가능성, 혹은 자신이 상처를 받을 것 같은 막연한 두려움 등이다.

2) **정보의 부족:** 대화를 준비하는 과정에서 관련된 정보를 충분히 수집하지 못했거나, 상황에 대해 명확히 이해하지 못할 때 대화를 꺼리게 된다. 준비가 부족한 상태에서 대화를 시도하면 상대방을 설득하지 못하거나 신뢰를 떨어뜨릴까봐 우려하는 경우가 발생할 수 있다.

3) **안정감:** 자신의 심리적·감정적 안정감을 유지하려는 니즈 때문에 어려운 대화를 피하게 된다. 어려운 대화는 스트레스를 유발하고 감정적으로 부담이 되기 쉽기 때문에 이를 피함으로써 자신의 평정심을 유지하려는 심리가 작용한다.

4) **평판과 인기:** 대화를 통해 자신의 평판이 나빠질까 걱정하거나, 대화로 인해 인간관계가 손상될 것을 우려하는 경우가 많다. 이는 다른 사람들의 시선에 민감하거나, 대인관계에서의 갈등을 피하려는 인간의 일반적인 니즈에서 비롯된다.

5) **시간:** 바쁜 일상 속에서 어려운 대화를 위한 시간을 내기 어렵다고 느껴 대화를 미루거나 포기하는 경우이다. 어려운 대화는 종종 더 많은 준비와 노력이 필요하기 때문에 이를 귀찮게 여기거나 후순위로 밀어두는 경우가 발생한다.

3 어려운 대화의 과정과 해결 전략

앞에서 살펴본 것처럼, 어려운 대화를 효과적으로 하기 위해서는 충분한 준비와 체계적인 접근이 필요하다. 서로 다른 입장을 가진 사람들이 원활하게 소통하며 문제를 해결하거나 합의에 도달하기 위해서는 일정한 원칙과 단계를 따르는 것이 중요하다. 어려운 대화의 목적을 명확히 하고, 상대방의 의견을 존중하며 경청하는 태도를 유지하는 것이 핵심이다. 또한 대화 중 논쟁이 발생했을 때 감정적으로 대응하기보다는 논리적인 근거를 바탕으로 해결책을 모색하는 과정이 필요하다. 어려운 대화가 실질적인 해결로 이어질 수 있도록 다음과 같은 단계에 따라 대화를 진행하는 것이 바람직하다.

(1) 대화의 시작: 긍정적인 분위기 조성과 대화의 맥락 설정

어려운 대화를 시작할 때는 무엇보다도 대화의 분위기를 잘 조성하는 것이 중요하다. 감정적으로 격양된 상태에서는 대화가 제대로 이루어지기 어렵기 때문이다. 따라서 먼저 상대방이 열린 자세로 대화에 임할 수 있도록 라포(Rapport)를 형성하고 신뢰를 구축하는 과정이 필요하다.

먼저, 대화를 시작할 때 감사와 존중의 표현을 하는 것이 좋다. 예를 들어 "이렇게 대화를 나눌 시간을 내주셔서 감사합니다" 혹은 "서로 솔직하게 이야기할 수 있는 기회가 생겨서 다행입니다"와 같은 말로 대화를 시작하면, 상대방도 보다 긍정적인 태도로 대화에 참여할 가능성이 높아진다. 그다음으로 대화의 목적과 맥락을 명확히 설명하는 것이 필요하다. "오늘 이 대화를 통해 우리가 해결하고자 하는 문제는 OOO입니다", "이번 대화를 통해 서로의 입장을 조율하고, 최선의 해결책을 찾고자 합니다"처럼 대화의 목표를 명확히 하면, 불필요한 오해를 줄일 수 있다. 또한 현재 상황에 대한 객관적인 자신의 입장을 명확히 전달하는 것도 중요하다. "최근 몇 주 동안 업무 일정이 자주 변경되었고, 그로 인해 팀원들 간에 혼선이 생기고 있습니다"처럼 구체적인 상황을 설명한 후 "이 문제를 어떻게 해결할 수 있을지 논의하고 싶습니다"라고 덧붙이면, 상대방도 대화의 흐름을 보다 쉽게 이해할 수 있다.

(2) 대화의 목표 설정: 방향을 명확히 정리하기

어려운 대화를 보다 생산적으로 이끌기 위해서는 대화의 목표를 분명히 설정해야 한다. 방향이 명확하지 않으면 대화가 산만해지고, 핵심에서 벗어나 불필요한 감정 싸움으로 번지거나 원하는 결과를 얻지 못할 가능성이 높다.

공동의 대화 목표를 설정하는 것이 첫 번째 단계이다. "이번 대화를 통해 우리 팀의 협업 방식을 개선하는 방법을 찾는 것이 중요하다고 생각합니다"와 같이 대화의 목적을 명확하게 설정하면, 서로 다른 의견을 조율하는 과정에서 중심을 잃지 않을 수 있다. 더불어 자신의 대화 목표도 스스로 정리하는 것이 필요하다. "저는 팀원들과의 업무 조율을 조금 더 원활하게 하고 싶습니다" 혹은 "이 문제를 해결하여 앞으로의 일정 조정이 더 효율적으로 이루어졌으면 좋겠습니다"처럼 자신의 입장을 명확히 하면, 상대방도 이를 고려하며 대화를 이어갈 수 있다.

(3) 경청과 상호 이해: 신뢰를 바탕으로 소통하기

어려운 대화에서 가장 중요한 것은 상대방의 의견을 존중하며 경청하는 태도이다. 상대방의 이야기를 진심으로 듣지 않으면, 오히려 갈등이 심화될 수 있다. 우선, 적극적으로 경청하는 태도를 유지해야 한다. 상대방이 이야기하는 동안 고개를 끄덕이거나 적절한 반응을 보이며 관심을 표현하는 것이 중요하다. 또한 상대방이 말을 끝낼 때까지 차분하게 기다려야 하며, 중간에 끼어들거나 반박하려는 태도는 피하는 것이 좋다. 그다음으로, 열린 질문을 활용하여 상대방의 의견을 더욱 깊이 이해하는 것이 필요하다. 예를 들어 "이 상황에서 가장 중요하게 생각하는 부분은 무엇인가요?"라고 질문하면 상대방이 자신의 의견을 보다 명확히 정리할 수 있는 기회를 얻게 된다. 또한 상대방의 의견이 제대로 전달되었음을 확인하는 과정도 필요하다. 상대방의 말을 요약하거나 반복하여 확인하면 오해를 줄일 수 있다. 예를 들어 "즉, 김 과장님은 일정 조정이 필요하다고 생각하시는 거죠?"와 같이 질문하면, 상대방도 자신의 의견이 정확하게 전달되었는지 확인할 수 있다.

(4) 논쟁과 해결책 모색: 감정보다는 논리로 접근하기

어려운 대화에서는 논쟁이 발생하는 경우가 많다. 하지만 논쟁 자체가 반드시 부정적인 것은 아니다. 이를 효과적으로 다루면 오히려 더 나은 해결책을 찾을 수도 있다. 서로 간의 논쟁이 발생했을 때는 합리적 사고와 사실을 기반으로 논리적인 근거를 제시하는 것이 중요하다. 예를 들어 "저는 A 방안이 더 적합하다고 생각합니다. 그 이유는 ~ 때문입니다"와 같이 자신의 의견을 뒷받침할 수 있는 근거를 함께 제시하면, 상대방이 더욱 수용하기 용이해진다. 또한 상대방의 반대 의견을 존중하는 태도를 보이는 것도 중요하다. 상대방이 반대 의견을 제시할 때 즉각적으로 반응하고 반박하기보다는 먼저 입장을 이해하려고 노력해야 한다. "그렇게 생각하시는 이유를 조금 더 자세히 말씀해주실 수 있나요?"라고 물어보면, 상대방도 자신의 의견이 존중받고 있다고 느끼게 된다. 결국 어려운 대화의 목표는 문제를 해결하기 위한 것이다. 따라서 단순히 반박하는 것이 아니라, "이 문제를 해결하기 위해 어떤 방법이 있을까요?"라고 질문하며 함께 해결책을 찾으려는 태도를 보이는 것이 중요하다.

(5) 대화의 마무리: 합의 도출과 실행 계획 수립

대화를 마무리할 때는 지금까지 논의된 내용을 정리하고, 실질적인 실행 계획을 세우는 것이 필요하다. 우선, 합의된 내용을 요약하며 정리해야 한다. 예를 들어 "우리는 앞으로 일정 조정을 위해 주간 회의를 추가하는 방향으로 논의를 했습니다. 맞나요?"라고 확인하면, 이후의 실행 과정에서 혼선이 생기는 것을 방지할 수 있다. 또한 구체적인 실행 계획을 수립하는 것이 중요하다. "논의된 바와 같이 이번 주 금요일까지 새로운 일정 조정안을 작성해서 공유하겠습니다"처럼 실행 계획을 구체적으로 정하면, 논의가 실제 행동으로 이어질 가능성이 높아진다. 이처럼 지금까지 설명한 바와 같이 어려운 대화를 위한 체계적인 접근 방식을 적용하면, 어려운 대화도 예상했던 것보다 더 생산적이고 의미 있는 결과로 이어질 수 있다.

표 2-7 | 어려운 대화의 단계별 주요 내용

단계	핵심 내용
1. 대화의 시작 (긍정적인 분위기 조성 및 맥락 설정)	• 대화를 시작할 때 감사와 존중을 표현 • 대화의 목적과 맥락을 명확히 설명 • 현재 상황을 객관적으로 설명하고 자신의 입장을 전달
2. 대화의 목표 설정 (방향을 명확히 정리)	• 공동의 목표를 설정하여 대화가 산만해지지 않도록 함 • 목표를 명확히 하여 자신의 입장을 효과적으로 전달
3. 경청과 상호 이해 (신뢰를 바탕으로 소통)	• 상대방의 의견을 존중하며 적극적으로 경청 • 열린 질문을 통해 상대방의 의견을 깊이 이해하기 위해 노력 • 상대방의 의견을 요약하여 되물음으로써 상호 오해를 방지
4. 논쟁과 해결책 모색 (감정보다는 논리적 접근)	• 논리적인 근거를 제시하여 의견을 전달함 • 상대방의 반대 의견을 존중하고 상대방의 입장을 이해하려 노력 • 해결책을 함께 모색하며 건설적인 논의를 이끌어감
5. 대화의 마무리 (합의 도출 및 실행 계획 수립)	• 대화에서 합의된 내용을 요약하여 정리 • 실행 계획을 구체적으로 수립하여 실천 가능성을 높임

6절 종합 정리 및 실전 연습

1 주요 내용 요약 정리

(1) 학습 개요 및 목표

금융업계에서는 변화하는 환경에 빠르게 적응하고 팀원들의 역량을 강화하기 위해 코칭 중심의 쌍방향 커뮤니케이션이 필요하다. 이를 위해 코칭과 커뮤니케이션의 관계, 메라비언의 법칙, 대화 유형(지시적 대화와 비지시적 대화, 일방적 대화와 상호작용 대화)을 이해하고, 신뢰를 기반으로 한 효과적인 코칭 대화를 다루었다. 또한 GROW, FLOWER 코칭 모델을 활용하여 체계적으로 코칭을 하는 방법을 익히고, 실무에 적용할 수 있도록 하였다. 경청과 질문 스킬을 활용하여 보다 깊이 있는 대화를 이끌어내고, 지지적 피드백과 교정적 피드백을 통해 팀원들의 동기부여와 성과 향상을 이끈다. 마지막으로, 어려운 대화의 해결 전략을 학습하여 어려운 문제를 해결할 수 있는 커뮤니케이션 역량을 키운다.

(2) 코칭과 효과적인 커뮤니케이션

코칭은 상대방이 스스로 답을 찾고 성장할 수 있도록 지원하는 과정이다. 이를 위해서는 효과적인 커뮤니케이션이 필수적이며, 특히 코칭에서는 신뢰를 기반으로 한 대화가 중요하다. 메라비언의 법칙에 따르면 커뮤니케이션에서 말의 내용이 차지하는 비율은 불과 7%이며, 음성적 요소(목소리 톤, 높낮이 등)가 38%, 시각적 요소(표정, 몸짓, 자세 등)가 55%를 차지한다. 따라서 단순히 말의 내용만을 신경 쓰는 것이 중요한 것이 아니라, 비언어적인 요소를 통해 더욱 효과적으로 의사를 전달할 필요가 있다. 또한 대화의 종류는 크게 지시적 대화와 비지시적 대화, 일방적 대화와 상호작용 대화로 나뉜다.

- 지시적 대화는 해결책을 직접 제시하는 방식으로, 신속한 문제 해결이 필요할 때 효과적이다.

- 비지시적 대화는 상대방이 스스로 해결책을 찾도록 하는 방식으로, 장기적으로 상대방의 사고력과 문제 해결 능력을 향상시키는 데 유용하다.
- 일방적 대화는 빠른 의사결정과 실행이 필요한 상황에서 유용하지만, 상대방의 참여를 제한할 수 있다.
- 상호작용 대화는 상대방이 적극적으로 참여하며 스스로 해결 방법을 찾을 수 있도록 하는 방식으로, 코칭과 가장 유사한 형태의 대화 방식이다.

신뢰의 공식도 중요한 개념이다. 신뢰는 구체적인 행동과 태도를 통해 형성된다. 신뢰 공식은 다음과 같다.

- 신뢰를 높이려면 신뢰성(Credibility), 책임감(Reliability), 친밀감(Intimacy)을 강화해야 한다.
- 반대로, 신뢰를 저해하는 자기 중심성(Self-Interest)을 줄여야 한다. 자기 중심성이 높아질수록 신뢰는 감소한다.
- 신뢰를 구축하기 위해서는 상대방과의 약속을 지키고, 진정성 있는 태도로 경청하며, 상대방의 입장에서 생각하는 것이 중요하다.

(3) 코칭의 기본 개념과 핵심 모델

코칭은 코칭 대상자가 스스로 성장할 수 있도록 지원하는 과정이다. 이를 효과적으로 수행하기 위해서는 체계적인 코칭 모델을 활용하는 것이 중요하다.

1) GROW 코칭 모델

- Goal(목표 설정): 상대방이 이루고 싶은 목표를 명확히 정의하는 단계
- Reality(현실 점검): 현재 상황과 문제를 객관적으로 검토하는 단계
- Options(대안 탐색): 다양한 해결 방안을 모색하고 실행 가능한 대안을 찾는 단계
- Will(의지 확인): 실행 계획을 구체화하고 실행 의지를 다지는 단계

2) FLOWER 코칭 모델

- Friendly: 코치는 친구와 같은 친근한 대화의 시작으로 코칭 대상자와의 신뢰를 형성
- Lovely: 코치는 코칭 대상자를 존중하고 지지하는 마음으로 긍정적 변화를 지원
- Open-Minded: 코치는 열린 마음의 대화와 질문으로 코칭 대상자가 새로운 가능성을 찾을 수 있도록 함
- We: 코치는 코칭 대상자와 파트너십 관계를 통해 협력하고, 목표를 설정하고 실행
- Earn: 코치는 코칭 대상자가 성공과 성취의 기쁨을 경험할 수 있도록 함
- Relationship: 코치는 코칭 대상자와 지속적인 신뢰 형성을 통한 관계 형성 및 신뢰 구축을 통해 지속적인 성장을 지원

(4) 효과적인 코칭 대화 스킬

효과적인 코칭 대화를 위해서는 경청, 질문, 인정과 칭찬이 중요하다.

1) 질문 스킬

- 좋은 질문은 상대방의 사고를 자극하고, 새로운 가능성을 발견하도록 한다.
- 열린 질문을 통해 상대방이 스스로 답을 찾도록 돕는다.

2) 인정과 칭찬

- 인정과 칭찬은 상대방의 동기부여에 중요한 역할을 한다.

(5) 피드백과 코칭

피드백은 상대방의 성장과 개선을 위한 필수 과정이다.

- 로사다 비율: 긍정적 피드백과 부정적 피드백의 이상적인 비율 3:1을 유지하는 것이 중요하다.

- 피드백 제공 모델
  - 샌드위치 피드백 모델: 긍정적 피드백 → 개선점 → 긍정적 마무리
  - CAI 피드백 모델: 맥락 및 상황(Context & Circumstances) → 행동(Action) → 영향(Impact)

(6) 어려운 대화하기

- 어려운 대화는 감정적인 반응이 포함될 수 있으므로, 신중한 접근이 필요하다.
- 상대방의 감정을 존중하며, 문제 해결 중심으로 대화를 이끌어야 한다.
- 열린 태도를 유지하고, 감정을 조절하며, 상대방의 입장에서 생각하는 것이 중요하다.

(7) 종합 정리 및 실전 연습

금융업계에서 코칭 스킬을 활용하는 것은 구성원의 성장과 성과 달성을 위한 중요한 요소이다. 이를 위해 신뢰를 구축하고, 효과적인 질문과 경청을 활용하며, 피드백을 효과적으로 제공하는 것이 필요하다.

2 연습 문제 및 해설

연습 문제

1. 코칭이란 무엇을 목표로 하는 과정인가?

① 구성원의 잠재력을 극대화하고, 목표를 달성하도록 돕는 과정
② 리더가 지시를 통해 목표를 달성하게 하는 과정
③ 조직의 규칙과 절차를 준수하는 과정
④ 직무 스킬을 교육하는 과정

2. 메라비언의 법칙에서 의사소통의 55%를 차지하는 요소는 무엇인가?

① 말의 내용 ② 음성적 요소
③ 시각적 요소 ④ 비언어적 행동

3. 코칭 대화와 일반 대화의 주요 차이점은 무엇인가?

① 코칭 대화는 대화 주제가 자주 바뀐다.
② 일반 대화는 열린 질문을 중심으로 한다.
③ 코칭 대화는 구조화된 프로세스를 따른다.
④ 코칭 대화는 대화의 목적을 설정하지 않는다.

4. GROW 코칭 모델의 마지막 단계에서 코칭 대상자가 집중해야 할 것은?

① 문제 상황 점검 ② 목표 달성 여부 검토
③ 실행 의지 확인 및 계획 구체화 ④ 대안 탐색

5. 피드백의 황금 비율(로사다 비율)은 긍정적 피드백 대 부정적 피드백의 비율로, 가장 적절한 것은?

① 1:1 ② 3:1 ③ 5:1 ④ 6:1

정답 및 해설

1. ①

코칭은 구성원이 스스로 문제를 해결하고 이를 통해 성장할 수 있도록 지원하는 과정이다.

2. ③

메라비언의 법칙에 따르면 의사소통의 55%는 시각적 요소(표정, 몸짓 등)에서 비롯된다. 비언어적 행동이 말의 의미 전달에 중요한 역할을 한다.

3. ③

코칭 대화는 Goal(목표 설정), Reality(현실 점검), Options(대안 탐색), Will(의지 확인)의 코칭 모델을 따른다. 이는 일반 대화와의 주요 차이점이다.

4. ③

GROW 모델의 마지막 단계인 Will(의지 확인)에서는 실행 의지와 구체적인 실행 계획을 확인한다. 이는 목표를 실질적으로 달성하기 위한 필수적인 단계이다.

5. ②

로사다 비율은 긍정적 피드백과 부정적 피드백의 비율이 3:1일 때 피드백의 효과가 가장 높다.

3 생각해볼 만한 질문

1. 코칭 리더십을 강화하기 위해 내가 가장 먼저 변화시켜야 할 행동이나 태도는 무엇이며, 이를 실천하기 위해 어떤 목표를 설정할 수 있을까?

2. 코칭 대화와 일반 대화의 가장 큰 차이점은 무엇이며, 코칭 대화를 통해 내가 팀 구성원과 보다 효과적인 커뮤니케이션을 할 수 있는 방법은 무엇인가?

3. 신뢰 형성의 요소 중 '자기 중심성(Self-Interest)'을 줄이기 위해 내가 실무에서 적용할 수 있는 구체적인 방법은 무엇이 있는가?

4. GROW 코칭 모델에서 'Will(의지 확인)' 단계가 중요한 이유는 무엇이며, 이를 성공적으로 이끌어내기 위해 필요한 리더십 스킬과 역량은 무엇인가?

5. 피드백의 황금 비율을 활용하여 조직 내 긍정적인 변화를 위해 내가 실천할 수 있는 피드백 방식은 무엇인가?

4 Wrap Up: 3-2-1

1. 학습한 내용 중 가장 중요한 세 가지는 무엇인가? 그리고 그 이유는 무엇인가?

1.

2.

3.

이유:

2. 학습한 내용 중 반드시 기억해야 할 두 가지는 무엇인가? 그리고 그 이유는 무엇인가?

1.

2.

이유:

3. 학습한 내용 중 반드시 실행해야 할 한 가지는 무엇인가? 그리고 그 이유는 무엇인가?

1.

이유:

금융인을 위한
코칭 가이드

제 3 장

[So what?] 금융 분야별 맞춤형 코칭 전략: 현장에서 바로 쓰는 금융 코칭 사례집

학습 목표

제3장의 학습 목표는 다음과 같다.

- 연간 목표 설정, 성과 점검, 팀 구성원의 커리어 개발 등 다양한 금융 업무 상황에 맞는 코칭 대화 시나리오를 학습하고, 이를 통해 실무에 즉시 적용할 수 있다.
- 코칭 모델 및 피드백 모델을 실제 코칭 대화에 적용함으로써 금융 현장에서 팀 구성원과의 소통 역량을 강화하고, 이를 통해 효과적인 코칭 및 피드백 대화를 할 수 있다.
- 업무별 코칭 및 피드백 시나리오를 분석하여 팀 구성원의 특성에 맞는 맞춤형 코칭 전략을 수립하고, 이를 업무에서 효과적으로 활용할 수 있는 코칭 역량을 강화할 수 있다.

학습 개요

제3장에서는 금융 업무 현장에서 바로 활용할 수 있는 코칭 대화법을 제시하고 있다. 리더(관리자)가 팀원과의 1:1 대화에서 코칭 대화 방법을 연습하고 업무 현장에 적용할 수 있도록 구성되었다. 단순한 이론이 아닌, 실제 금융 현장에서 발생할 수 있는 코칭 상황을 바탕으로 구성된 코칭 대화 시나리오로, 현장에서 바로 활용할 수 있다.

그동안 필자의 코칭 경험을 바탕으로, 널리 활용되는 GROW 코칭 모델과 SBI 피드백 모델을 바탕으로 각 대화를 설계하였으며, 이를 통해 리더는 직원의 목표 설정, 현실 점검, 대안 탐색, 실행 계획 수립에 이르기까지 팀원과의 대화를 효과적으로 이끌어낼 수 있는 코칭 스킬을 익힐 수 있다.

3장에 포함된 주요 코칭 대화는 다음과 같다.

- 성과 코칭: 목표 설정 및 성과 점검 대화
- 비즈니스 코칭: 팀워크, 커뮤니케이션, 프레젠테이션 역량 향상
- 커리어 코칭: 장기 경력 설계 및 실행 전략 수립
- 라이프 코칭: 일과 삶의 균형 재설계
- 피드백 대화: 행동 개선을 위한 건설적 피드백

각 대화는 리더와 팀원 간 실제 대화의 흐름을 담고 있어 단순히 내용을 이해하는 수준을 넘어 실무에서 코칭을 어떻게 실천할 것인지 구체적으로 연습할 수 있도록 구성되어 있다. 이번 장을 통해 코칭 대화를 체계적으로 익혀 신뢰 기반의 코칭 리더십을 강화하고, 실무에 효과적으로 적용할 수 있는 역량을 기를 수 있기를 기대한다.

제 3 장 [So what?] 금융 분야별 맞춤형 코칭 전략: 현장에서 바로 쓰는 금융 코칭 사례집

1절 금융 분야별 맞춤형 코칭 전략

GROW 코칭 모델에 기반한 코칭 대화

코칭 대화 1: 연간 목표 설정 대화 - 지점장이 직원과 함께 연간 성과 목표를 설정하는 코칭 대화

Goal (목표 설정)

지점장: 조 대리님, 벌써 새로운 한 해가 시작되었네요. 요즈음 어떻게 지내요?

조 대리: 네. 지점장님. 요즘 연초라 개인적으로 새해 계획도 세워보고, 업무와 관련되어 이것저것 고민하고 있습니다.

지점장: 그렇군요. 지난번 전체 팀 미팅을 통해, 그리고 메일로 안내드린 것처럼, 오늘은 조 대리님과 올 한 해 업무 목표와 관련해 이야기를 나눠보려고 해요. 올해 가장 집중하고 싶은 업무에 대해 이야기해주시겠어요?

조 대리: 네, 지점장님. 올해는 자산 관리 상품에 조금 더 집중해보고 싶습니다.

지점장: 자산 관리 상품이라고 하면, 조금 더 구체적으로 이야기해주시겠어요?

조 대리: 펀드나 방카슈랑스, 신탁 같은 자산 관리(Wealth Management) 상품입니다. 작년에는 예·적금 중심으로 고객 상담을 했는데요. 올해는 고객의 자산 상황에 맞는 WM 상품을 제안하면서 자산 관리 상담 역량을 키우고 싶습니다.

지점장: 그렇군요. 만약 말씀하신 목표를 달성하면 조 대리님께는 어떤 변화가 있을까요?

조 대리: 우선 성과 면에서도 더 안정될 것 같고요. 고객님들과 상담하면서 신뢰를 더 쌓을 수 있을 것 같습니다. 그리고 자산 관리 상품에 대한 자신감도 생길 것 같고요.

지점장: 네. 혹시 구체적으로 어느 정도 수준을 목표로 생각하고 있어요?

조 대리: WM 상품 신규 가입 고객 수는 월 ○명 이상, 방카슈랑스는 월 ○건 이상 가입을 목표로 하고 있습니다. 그리고 자산 관리 상담도 월 ○○회 이상 하고 싶습니다.

지점장: WM 상품 중심으로 성과 목표도 세우셨고, 상담 횟수까지 구체적으로 설정했네요. 조 대리님이 생각하는 장기적인 커리어 계획과는 어떤 연관성이 있나요?

조 대리: 향후에 PB RM이나 자산 관리 전문가로 성장하려면 지금부터 이런 WM 상품 상담 경험을 많이 쌓아야 한다고 생각합니다.

지점장: 동의합니다. 그러면 자산 관리 상품 세일즈 강화를 위해 WM 상품 월 ○건, 방카슈랑스 월 ○건, 상담 월 ○○회 이상을 목표로 정해보면 괜찮겠어요?

조 대리: 네, 그렇게 하겠습니다.

Reality (현실 점검)

지점장: 현재 상황을 돌아보면 자산 관리 상품 상담은 어느 정도 하고 있어요?

조 대리: 말씀드리면 솔직히 작년에는 자산 관리 상품 상담 비중이 매우 낮았습니다. 주로 고객과 예·적금 위주로 상담을 했고, 자산 관리 상담은 고객이 먼저 문의할 때만 상담을 진행했어요.

지점장: 고객이 먼저 묻지 않으면 자산 관리 상담은 적극적으로 제안하지 않았군요. 이유가 뭔지 알 수 있을까요?

조 대리: 아무래도 WM 상품이나 방카슈랑스는 상품이 다양하고 상대적으로 복잡해서 고객에게 설명하기 어려울 때가 많았어요. 혹시 고객께 잘못 설명해서 불안전판매가 될까봐 불안하고 자신이 없었던 것도 사실입니다.

지점장: 반면에 자산 관리 상담이나 상품 제안이 잘됐던 경험도 있나요?

조 대리: 네, 한 번은 고객 자녀 유학자금 마련 상담을 하면서 고객께 적립식 펀드와 적립식 방카슈랑스 상품을 같이 제안드렸는데, 고객이 고맙다고 말씀하시더라고요. 그때는 보람도 느끼고, '나도 할 수 있겠구나'라는 자신감도 조금 생겼어요.

Options (대안 탐색)

지점장: 그런 일이 있었군요. 그러면 목표를 달성하기 위해서 어떤 방법들이 있는지 같이 생각해볼까요? 조 대리님은 어떤 방법이 떠오르세요?

조 대리: 일단 상품에 대한 이해가 부족한 편이니까, 먼저 자산 관리와 관련된 연수를 꾸준히 수강해야 할 것 같아요.

지점장: 자산 관리 연수요? 연수는 어떤 방식이 좋을까요?

조 대리: 금융연수원의 KBI tube를 활용해 자산 관리와 관련된 모바일 과정을 수강하거나 지점에서 진행하는 고객 대상 세미나에 적극적으로 참여해보려고 합니다.

지점장: 좋은 방법이네요. 또 다른 방법이 뭐가 있을까요?

조 대리: 고객과 상담할 때 자연스럽게 자산 관리 이야기를 꺼낼 수 있는 저만의 세일즈 스크립트를 만들어두면 좋겠다는 생각이 들었습니다.

지점장: 세일즈 스크립트 좋습니다. 혹시 작성하면서 도움받을 수 있는 직원이 있을까요?

조 대리: 네, 박 과장님이 자산 관리 상담을 참 잘하더라고요. 조언을 구해서 제 고객 상담에도 반영해보면 좋을 것 같습니다.

지점장: 박 과장께 조언을 구하면 많은 도움이 될 거예요. 또 다른 방법은 뭐가 있을까요?

조 대리: 고객 상담 후에 제 상담 내용을 기록해보는 습관도 들이고 싶습니다. 그렇게 하면 점점 나아지겠죠.

지점장: 좋은 아이디어예요. 지금까지 해보겠다고 한 내용을 정리해서 이야기해줄래요?

조 대리: 네, 지점장님. KBI Tube 모바일 연수 과정 수강, 저만의 세일즈 스크립트 작성, 선배의 조언으로부터 배우기, 상담 내용 기록, 이렇게 네 가지 정도를 말씀드렸습니다.

지점장: 그래요. 그리고 추가적으로 생각나는 실행 계획이 있으면 언제든 이야기해주세요.

Will (실행 계획)

지점장: 그러면 구체적으로 무엇을 언제부터 시작할 계획인가요?

조 대리: 일단 다음주부터 KBI Tube 모바일 연수부터 시작해보겠습니다. 매일 출근하는 지하철과 업무 시작 전 모두 1시간 정도 시간을 내서 연수를 하고 학습 내용을 정리하겠습니다.

지점장: 좋아요. 그러면 세일즈 스크립트 작성은 어떻게 하려고 해요?

조 대리: 연수 중에 학습한 내용도 반영하고, 박 과장께 다음주 중에 조언을 구해서 초안을 만들어보겠습니다. 완성하는 데 2주나 3주면 충분할 것 같습니다.

지점장: 네, 상담 기록은 어떻게 실천해보려고 해요?

조 대리: 고객과 상담 후 10분이나 15분 정도 투자해서 상담 내용과 고객 반응, 제가 느낀 점 등을 간단히 정리하겠습니다.

지점장: 좋습니다. 혹시 실행하면서 어려움이 생기면 어떻게 할 계획인가요?

조 대리: 지점장님께 상담 과정에서 생긴 고민이나 어려운 점을 바로 말씀드리고 조언을 구하겠습니다.

지점장: 좋아요. 바로 알려주세요. 그리고 한 달 정도 실행해보고, 다음달 초에 같이 점검해보면 어떨까요?

조 대리: 네, 그렇게 하면 좋겠습니다.

지점장: 조 대리님, 올해 성과 관련 자산 관리 상담 목표를 꼭 달성할 수 있도록 저도 계속 지원하고 응원하겠습니다. 구체적으로 필요한 내용이 있으면 알려주세요. 기대되네요. 그리고 응원하겠습니다.

조 대리: 감사합니다. 열심히 해보겠습니다!

지점장: 그래요. 좋은 하루 보내고요.

조 대리: 네. 지점장님, 감사합니다. 좋은 하루 보내세요.

1. 이 코칭 대화를 통해 새롭게 알게 된 점은 무엇인가?

2. 이 코칭 대화에서 가장 기억에 남거나 인상적인 질문이나 대화 내용은 무엇이며, 그 이유는 무엇인가?

3. 특히 효과적이라고 느낀 인상 깊었던 코칭 스킬은 무엇인가?

4. 만약 본인이 직접 코칭을 한다면, 더욱 깊이 있고 효과적인 코칭을 위해 어떤 점을 다르게 하고 싶은가?

코칭 대화 2: 연중 성과 검토 대화 - 지점장과 직원이 상반기 성과를 점검하고 하반기 성과 향상을 위한 코칭 대화

Goal (목표 설정)

지점장: 조 대리님, 벌써 상반기가 지나고 하반기를 시작하게 되었네요. 지난 6개월 동안 참 고생 많았어요. 상반기 목표 달성을 위해 많이 노력했지만, 아쉽게도 조금 목표에 미치지 못한 부분들이 있었던 것 같아요. 어떻게 생각해요?

조 대리: 네, 지점장님. 저도 아쉬움이 큽니다. 초반에는 나름대로 열심히 했는데, 기대만큼 성과가 나오지 않다 보니까 심리적으로 위축되고, 자신감이 떨어진 것 같습니다. 자산 관리 상품 상담도 여전히 어렵고, 고객 반응이 좋지 않을 때는 더 위축되는 것 같습니다.

지점장: 그렇죠. 저도 조 대리님이 노력하는 모습을 늘 보고 있기 때문에 더 잘되기를 바라는 마음입니다. 그러면 하반기에는 어떤 부분에 더 집중해보고 싶어요?

조 대리: 하반기에는 고객과의 자산 관리 상품 상담 기회를 늘려 정말로 목표했던 성과를 끌어올리고 싶습니다. 특히 WM 상품과 방카슈랑스 상품 판매 성과를 상반기보다 확실히 개선해보고 싶습니다.

지점장: 좋아요. 더 구체적으로 하반기에는 어떤 성과를 목표로 하면 좋을까요?

조 대리: 하반기에는 WM 상품 신규 고객 월 ○명, 방카슈랑스 월 ○건 이상, 자산 관리 상담은 월 ○○회 이상 진행하는 것을 목표로 하겠습니다. 그리고 고객 상담을 할 때 더 자신감을 가지고 자연스럽게 상품을 제안할 수 있는 역량도 키우고 싶습니다.

지점장: 그렇군요. WM 신규 고객 월 ○명, 방카슈랑스 월 ○건, 자산 관리 상담 월 ○○회를 하반기 목표로 설정하고, 고객 상담 역량 강화까지 함께 목표로 하는 것으로 정리해볼까요?

조 대리: 네, 그렇게 하면 좋겠습니다.

Reality (현실 점검)

지점장: 그러면 상반기 성과를 돌아봤을 때, 어떤 점이 가장 어려웠나요?

조 대리: 가장 어려웠던 건 고객과의 첫 대화였습니다. 예·적금 상담은 상대적으로 편했는데, 자산 관리 상품은 고객들이 조금만 거부감을 보여도 제가 당황해서 더 이상 제안을 못하겠더라고요.

지점장: 고객이 거절하거나 부정적인 반응을 보이면 위축되는 느낌이었군요. 혹시 그럼에도 고객 상담이 잘 진행된 경우도 있었나요?

조 대리: 네. 작년 말에 정기예금을 가입했던 고객께서 두 달 전에 내점하셨는데, 제가 거치식 방카슈랑스 상품과 적립식 펀드를 권유했고 흔쾌히 해당 상품을 가입하셨어요. 그때는 정말 뿌듯했어요.

지점장: 그랬군요. 그 경험을 떠올려보면, 잘 진행된 상담에서는 어떤 점이 달랐던 것 같아요?

조 대리: 제가 고객의 상황에 맞춰서 자연스럽게 자산 관리 이야기를 풀어갈 수 있었던 것 같아요. 제가 미리 고객의 니즈와 상황을 조금 더 파악하고 준비했기 때문에 자신감도 있었고요.

지점장: 그렇군요. 그럼 상반기에는 고객별 상황 분석이나 상담 준비가 부족했던 경우도 있었겠네요?

조 대리: 맞습니다. 바쁘다 보니 그냥 내점하시는 고객을 준비 없이 바로 응대하면서 상품 설명을 시작하게 됐던 것 같습니다.

지점장: 조 대리님이 지금까지 이야기한 내용을 정리하면, 상담 준비가 다소 부족했었고, 고객이 거절하면 심리적으로 위축이 되었고, 성공 경험에서는 고객 맞춤형 접근이 효과적이었다는 거네요.

조 대리: 네. 지점장님. 그렇습니다.

Options (대안 탐색)

지점장: 그러면 하반기에 목표를 달성하기 위해서 어떤 방법들이 있을까요? 조 대리님 생각은 어때요?

조 대리: 우선 고객 상담 전에 고객 니즈를 조금 더 꼼꼼히 살펴보고 맞춤형 제안 포인트를 정리해두면 좋을 것 같습니다.

지점장: 좋은 생각이네요. 상담 준비 강화네요. 또 어떤 방법이 있을까요?

조 대리: 고객이 거절했을 때 당황하지 않고 자연스럽게 대처할 수 있는 고객 응대 방법 같은 것도 미리 준비해두면 좋겠어요.

지점장: 그렇죠. 상담 스크립트를 만들거나, 고객 반응에 따라 대처하는 연습을 해보면 도움이 되겠네요. 또 뭐가 있지요?

조 대리: 그리고 성과가 좋은 지점 선배 직원들의 상담을 직접 관찰해보면서 멘토링도 받고 노하우(Know-how)를 배우고 싶습니다.

지점장: 좋은 방법이에요. 관찰과 멘토링도 큰 도움이 되죠. 혹시 또 다른 방법이 있을까요?

조 대리: 올 초에 말씀드린 자산 관리 상품 관련 연수도 꾸준히 해야 할 것 같습니다. KBI Tube나 금융연수원 연수 자료를 활용해서 상품 내용도 정확히 알고 자신감을 키우고 싶어요.

지점장: 좋습니다. 그러면 지금까지 조 대리님께서 말한 내용을 정리해주실래요?

조 대리: 네. 지점장님. 정리해보면, 상담 전 고객 상황 분석 및 맞춤형 제안 준비, 고객 거절 상황 대비 세일즈 스크립트 작성 및 대응 방안 마련, 선배 직원 상담 관찰 및 멘토링 받기, KBI Tube를 통한 자산 관리 상품 연수의 지속, 이렇게 네 가지 방법을 말씀드렸습니다.

지점장: 이 네 가지 방법이 하반기 성과 달성에 도움이 될 것 같아요?

조 대리: 네, 지점장님. 저도 이 방법들이 현실적으로 도움이 될 것 같습니다.

Will (실행 계획)

지점장: 좋습니다. 그럼 이 중에서 어떤 항목부터 시작해보면 좋을까요?

조 대리: 우선 다음주부터 상담 전 고객 니즈를 사전에 확인해서 맞춤형 상담 제안 준비부터 해보겠습니다.

지점장: 좋아요. 구체적으로 어떻게 할 계획이에요?

조 대리: 고객 상담 전에 관련된 정보를 꼼꼼히 미리 확인해보고, 그 고객의 니즈에 맞는 상품 추천 포인트를 메모해두겠습니다.

지점장: 네. 그러면 고객 거절 응대 스크립트는 어떻게 준비해보면 좋을까요?

조 대리: 제가 자주 당황했던 상황들을 정리해서 예상 질문과 답변을 미리 써보려고 합니다. 일주일 안에 초안을 작성해보겠습니다.

지점장: 좋아요. 선배의 상담을 관찰하는 것은 언제쯤 해볼 수 있을까요?

조 대리: 박 과장님께 물어보고 다음주 중에 두세 번 정도 동석해보려고 합니다.

지점장: 자산 관리 상품 연수는요?

조 대리: KBI Tube 모바일 연수는 상반기보다 시간을 늘려서 매일 1시간 30분 정도 꾸준히 학습하고 주요 내용은 노트에 정리하겠습니다.

지점장: 좋아요. 혹시 실천하면서 어려움이 생기면 어떻게 하시겠어요?

조 대리: 이번에는 상반기보다 더 적극적으로 지점장님께 상담 요청을 드리고 조언을 구하겠습니다.

지점장: 좋습니다. 다음 분기에 다시 점검하면서 어떻게 진행되고 있는지 확인해보면 어떨까요?

조 대리: 네, 그렇게 하겠습니다.

지점장: 좋아요. 하반기에는 꼭 좋은 성과 낼 수 있도록 저도 적극적으로 지원하겠습니다. 어려운 일 있으면 망설이지 말고 꼭 저에게 알려주세요.

조 대리: 감사합니다. 지점장님. 열심히 해보겠습니다!

1. 이 코칭 대화를 통해 새롭게 알게 된 점은 무엇인가?

2. 이 코칭 대화에서 가장 기억에 남거나 인상적인 질문이나 대화 내용은 무엇이며, 그 이유는 무엇인가?

3. 특히 효과적이라고 느낀 인상 깊었던 코칭 스킬은 무엇인가?

4. 만약 본인이 직접 코칭을 한다면, 더욱 깊이 있고 효과적인 코칭을 위해 어떤 점을 다르게 하고 싶은가?

코칭 대화 3: 연말 성과 검토 대화 - 하반기 성과를 되돌아보고 내년을 준비하는 지점장과 직원의 코칭 대화

Goal (목표 설정)

지점장: 조 대리님, 어느덧 한 해가 마무리되어가네요. 올 한 해 정말 고생 많았어요. 하반기에 특히 자산 관리 상품의 성과가 많이 늘었더라고요. 수고 많았어요.

조 대리: 감사합니다, 지점장님. 하반기에는 정말 집중해서 노력했더니 좋은 결과가 있었던 것 같습니다.

지점장: 성과 달성을 축하해요. 며칠 전에 이메일로 알려드렸던 것처럼 오늘은 올 한 해 전체적으로 업무를 돌아보면서, 특히 잘된 점과 아쉬운 점, 그리고 내년을 위해 어떤 점을 더 보완하면 좋을지 함께 이야기해보려고 해요. 괜찮죠?

조 대리: 네, 지점장님. 좋습니다.

지점장: 우선 조 대리님 스스로 생각하기에, 올 한 해 가장 잘했던 점은 무엇이었나요?

조 대리: 하반기에 특히 자산 관리 상품 판매 실적이 크게 늘었고, 월 목표를 초과 달성한 달도 몇 번 있었습니다. 고객과 상담할 때 자신감도 많이 붙었고요. 고객 분들께서 제 설명을 듣고 상품 가입을 하실 때는 정말 뿌듯했습니다.

지점장: 좋아요. 반면에 스스로 조금 아쉽다고 느끼는 부분도 있었을 것 같은데요.

조 대리: 네… 지점장님도 알고 계시는 것처럼 고객 상담 과정에서 한 번 민원이 발생한 일이 있었거든요. 제가 상품 설명을 충분히 드린다고 했는데, 고객께서 나중에 불만을 제기하셔서… 그때 심리적으로 많이 위축됐었고 힘들었습니다.

지점장: 고생 많았어요. 오늘 대화를 통해 성과와 함께 그 부분도 함께 돌아보고, 내년에는 더 안정적이고 자신감 있는 고객 상담을 이어갈 수 있는 방향을 함께 고민해보고 찾아보면 좋겠어요.

조 대리: 네. 지점장님.

Reality (현실 점검)

지점장: 성과부터 조금 더 자세히 살펴볼까요? 하반기에 구체적으로 어떤 부분에서 목표를 초과 달성했나요?

조 대리: 네, WM 상품 신규 가입 건은 월 평균 ○건 정도였고, 방카슈랑스는 월 평균 ○건 정도로 상반기보다 확실히 늘었습니다. 자산 관리 상담도 월 ○○~○○회 정도 진행해서 상담 횟수도 계획보다 많이 늘었습니다.

지점장: 정말 대단해요. 열심히 노력하시더니, 제가 볼 때는 목표보다 훨씬 뛰어넘는 성과예요. 그렇게 탁월한 성과를 낼 수 있었던 가장 큰 원인은 뭐라고 생각해요?

조 대리: 고객 상담 전 준비를 철저히 하려고 했던 게 가장 컸던 것 같아요. 고객의 니즈를 미리 충분히 파악하고 맞춤형 상품을 준비해서 자신 있게 제안할 수 있었던 것 같아요. 또 고객 거절에도 너무 위축되지 않고 자연스럽게 대화를 이어가도록 연습한 것도 도움이 됐고요.

지점장: 맞아요. 지난번 저와 대화할 때 이야기했던 실행 계획들을 충실히 이행했던 것도 성과 달성에 한몫을 한 것 같아요. 반면에 상담 중 발생한 민원 건은 구체적으로 어떤 상황이었는지 조금 더 자세하게 이야기해줄 수 있을까요?

조 대리: 네, 고객님께 방카슈랑스 상품을 설명드렸는데, 제가 여러 특약 사항까지 설명드렸다고 생각했거든요. 그런데 고객님은 '이런 내용은 몰랐다'고 나중에 항의하셨어요. 결국 추가 설명을 드리고 마무리되긴 했지만, 제가 설명을 더 꼼꼼하게 했어야 했다는 반성을 하게 됐습니다. 배운 점도 많이 있었고요.

지점장: 조 대리님께서 고객 상담 경험이 많아지면서 자신감도 생겼지만, 상품 설명이 빨라지거나 고객께서 이해한 정도를 충분히 확인하지 못한 경우가 있었던 것 같네요.

조 대리: 맞습니다. 바쁘고 너무 성과에 집중하다 보니 설명이 부족하고, 상담 과정이 조금 매끄럽지 못했나 싶어요.

Options (대안 탐색)

지점장: 좋아요. 그럼 내년에 더 안정적인 상담과 성과를 위해서는 어떤 방법들이 있을까요?

조 대리: 우선 고객 설명 때 한 번 더 확인 질문을 하는 습관을 들이면 좋을 것 같습니다. "고객님, 이 부분 이해되셨나요? 더 궁금하신 내용은 없으세요?"라고 중간중간 확인하면서요.

지점장: 좋은 방법이네요. 설명하고 넘어가는 것보다 고객의 이해도를 확인하는 과정이 필요하죠. 또 다른 방법은 뭐가 있을까요?

조 대리: 고객 상담이 잘됐던 경우와 부족했던 경우를 상담 일지에 조금 더 구체적으로 적어보려고 합니다. 그래서 상담 스타일이나 설명 방식을 계속 점검해보면 좋을 것 같습니다.

지점장: 아주 좋아요. 혹시 상품 설명 역량을 더 강화할 수 있는 방법도 있을까요?

조 대리: KBI Tube나 금융연수원 강의를 계속 활용하는 것도 중요할 것 같고, 지점 내에서도 동료들하고 고객에게 상품 설명하는 연습이나 사례 공유를 자주 하면 도움이 될 것 같습니다.

지점장: 좋아요. 그러면 지금까지 이야기한 내용을 정리해줄래요?

조 대리: 네. 지점장님. 정리해보면, 고객 설명 중간중간 이해 확인 질문의 습관화, 상담 일지에 상담 과정과 고객 반응을 구체적으로 기록, KBI Tube 등 연수의 지속, 동료들과 상품 설명 연습 및 사례 공유, 이렇게 네 가지 항목입니다.

지점장: 네. 우리가 한 이야기 모두 다 포함되어 있는 것 같습니다.

Will (실행 계획)

지점장: 그러면 구체적으로 언제부터, 어떻게 시작해보면 좋을까요?

조 대리: 우선 내년 1월부터 상담할 때 확인 질문을 반드시 하도록 체크리스트에 넣겠습니다. 그리고 상담 일지도 내일부터 바로 작성해서 고객 반응까지 자세히 남기겠습니다.

지점장: KBI Tube 연수는요?

조 대리: 매일 계속 꾸준히 학습하면서 상품 설명이나 고객 사례를 메모해두려고 합니다.

지점장: 동료들과 사례 공유나 연습은요?

조 대리: 박 과장과 다른 동료 직원들에게 먼저 물어보고, 자산 관리 상품 설명이나 어려운 사례가 있을 때 서로 이야기 나눌 수 있는 시간을 월 1~2회 만들어보려고 합니다.

지점장: 좋습니다. 혹시 실행하다가 어려운 점이 생기면 어떻게 하실 계획인가요?

조 대리: 지난번보다 더 적극적으로 지점장님께 상담드리고 조언 구하겠습니다.

지점장: 좋아요. 그러면 3월쯤 다시 만나서 내년 초 계획들이 잘 진행되고 있는지 점검해보면 어떨까요?

조 대리: 네, 그렇게 하겠습니다.

지점장: 올해 정말 수고 많았어요. 내년에도 좋은 성과 기대할게요. 조 대리님처럼 열심히 일하는 직원들이 있어서 저도 든든합니다.

조 대리: 감사합니다, 지점장님. 내년에도 열심히 하겠습니다!

1. 이 코칭 대화를 통해 새롭게 알게 된 점은 무엇인가?

2. 이 코칭 대화에서 가장 기억에 남거나 인상적인 질문이나 대화 내용은 무엇이며, 그 이유는 무엇인가?

3. 특히 효과적이라고 느낀 인상 깊었던 코칭 스킬은 무엇인가?

4. 만약 본인이 직접 코칭을 한다면, 더욱 깊이 있고 효과적인 코칭을 위해 어떤 점을 다르게 하고 싶은가?

코칭 대화 4: 부서에 새로 전입한 직원과 부서장이 처음 나누는 코칭 대화

Goal (목표 설정)

부서장: 최 과장님! 저희 부서에 전입 오신 것을 다시 한 번 환영해요. 새롭게 합류하셨으니까 적응을 빠르게 할 수 있도록 저도 최대한 도와드릴게요. 잠깐 이야기 나누면서 앞으로 어떤 방향으로 성장하고 싶은지 같이 논의해보면 좋을 것 같은데요, 괜찮을까요?

최 과장: 네, 감사합니다! 새로운 환경에서 잘 적응하고 싶은 마음이 크지만, 아직 많이 낯설기도 해서요. 많은 도움 부탁드립니다!

부서장: 그럼요! 저도 최 과장님의 경험과 역량이 우리 팀에 좋은 영향을 줄 거라고 기대하고 있어요. 혹시 우리 부서에서 어떤 방향으로 성장하고 싶으세요? 또는 단기적으로 이루고 싶은 목표가 있으세요?

최 과장: 우선은 팀에 빠르게 적응하는 게 가장 중요할 것 같아요. 기존 팀원들과 잘 협업하면서 제가 맡게 될 업무에서 의미 있는 기여를 하고 싶습니다.

부서장: 그렇군요. 그러면 빠른 적응과 성과 이 두 가지가 중요한 목표가 되겠네요. 조금 더 구체적으로, 예를 들면 3개월 안에 이루고 싶은 목표가 있어요?

최 과장: 네! 제가 담당하게 될 ○○○ 업무에서 확실한 기여를 하고 싶고요. 그리고 팀원들과도 신뢰를 쌓아서 협업이 더 원활하게 이루어졌으면 합니다.

Reality (현실 점검)

부서장: 좋은 목표네요! 그럼 지금 상황을 한 번 볼까요? 며칠 동안 팀 분위기나 업무 방식도 경험해보셨을 텐데, 어떤 점이 잘 맞고, 어떤 점은 조금 더 적응이 필요하다고 느끼세요?

최 과장: 팀 분위기는 생각보다 자유롭고 의견도 활발하게 오가는 것 같아요. 그런데 제가 이전에 일했던 부서와는 일하는 방식이 조금 다르고, 아직 업무는 익숙하지 않은 것 같아요.

부서장: 맞아요. 우리 팀은 아이디어 공유를 중요하게 생각하고, 수평적인 협업을 많이 하는 편이거든요. 업무와 관련해서 어떤 점이 특히 어려워요?

최 과장: 특히 회의에서 서로 빠르게 의견을 내고 논의하는 문화가 익숙하지 않아요. 이전 부서에서는 조금 더 정리된 후 의견을 내는 분위기였거든요.

부서장: 그럴 수 있죠. 우리 팀은 속도감 있게 논의하는 경우가 많아서 처음에는 적응이 필요할 거예요. 하지만 익숙해지면 훨씬 효과적으로 협업할 수 있을 거예요. 업무는 어떤 부분이 가장 자신 있고, 반대로 어떤 부분을 더 배우고 싶으세요?

최 과장: 고객 데이터 분석과 관련된 업무는 자신이 있는데, 내부 업무 프로세스와 협업 방식은 조금 더 배워야 할 것 같아요.

부서장: 그렇군요. 강점은 잘 살리고, 필요한 부분은 빠르게 익힐 수 있도록 도와드릴게요.

Options (대안 탐색)

부서장: 그러면 지금 이야기한 목표와 현재 상황을 바탕으로, 빠르게 적응하고 성과를 내기 위해 어떤 방법들이 있을까요?

최 과장: 음… 우선 팀의 협업 스타일을 더 빨리 익히려면 주기적으로 팀원들과 1:1 미팅을 해보는 것도 좋을 것 같아요. 그리고 회의에서 적극적으로 의견을 내는 연습도 해봐야 될 것 같고요.

부서장: 좋은 아이디어예요! 또 어떤 방법이 있을까요?

최 과장: 또 회의 참여를 더 수월하게 하려면 사전 자료를 미리 검토하고, 핵심 포인트를 정리해보는 것도 방법이 될 수 있을 것 같아요.

부서장: 좋은데요. 또 어떤 방법들이 있을까요?

최 과장: 앞으로 2주 동안 주요 회의 전에 자료를 미리 검토하고, 제 의견을 2~3개 정리해서 회의에 참석하려고요. 그리고 일주일에 한 명씩 팀원들과 점심이나 커피 미팅을 하면서 자연스럽게 관계를 쌓아보는 거예요.

부서장: 좋은 아이디어네요! 그렇게 하면 업무 적응도 빨라지고, 팀원들과 더 친해질 수 있을 것 같아요.

Will (실행 계획)

부서장: 그러면 지금까지 이야기한 내용 중에 해보겠다고 말한 내용을 정리해주시겠어요?

최 과장: 네. 정리해보면, 앞으로 2주 동안 주요 회의 전 미리 자료 검토를 하고, 의견 2~3개 준비하기, 매주 1명씩 팀원 중의 한 명과 1:1 커피 미팅 갖기, 이렇게 실천해보려고 합니다.

부서장; 네! 그렇게 해보세요. 진행하면서 어려운 점이 있으면 언제든 편하게 이야기해주세요. 그리고 2주 후에 저와 다시 이야기 나누면서 어떤 점이 잘 되고 있는지, 잘 안 되는지, 필요한 부분이 있는지 등에 대해 점검해보면 어떨까요?

최 과장: 좋습니다! 다시 한 번 신경 써주셔서 감사합니다.

부서장: 제가 도와드릴 수 있는 부분은 최대한 지원할 테니, 부담 갖지 마시고 차근차근 해나가면 돼요. 앞으로 우리 함께 좋은 결과 만들어가봅시다!

최 과장: 네! 열심히 하겠습니다!

부서장: 네. 감사합니다.

1. 이 코칭 대화를 통해 새롭게 알게 된 점은 무엇인가?

2. 이 코칭 대화에서 가장 기억에 남거나 인상적인 질문이나 대화 내용은 무엇이며, 그 이유는 무엇인가?

3. 특히 효과적이라고 느낀 인상 깊었던 코칭 스킬은 무엇인가?

4. 만약 본인이 직접 코칭을 한다면, 더욱 깊이 있고 효과적인 코칭을 위해 어떤 점을 다르게 하고 싶은가?

코칭 대화 5: 신입 직원(행원)의 초기 업무 적응과 성과 향상을 지원하기 위한 성과 관리 코칭 대화

은행 영업점에서 근무한 지 3개월이 지났지만, 여전히 실수가 많고 업무에 익숙하지 않은 신입 직원(행원)과 지점장의 코칭 대화

Goal (목표 설정)

신입 행원: 지점장님, 요즘 제가 업무에 적응하는 과정에서 고민이 있어서 상담을 드리고 싶습니다.

지점장: 그래요? 어떤 부분이 가장 고민인지 이야기해줄래요?

신입 행원: 네. 입행(입사)한 지 석 달이 지나긴 했는데, 아직도 업무가 헷갈릴 때가 많고요. 작은 실수라도 할 때마다 너무 위축되고 자신감이 떨어지는 것 같습니다. 선배들처럼 자연스럽게 일하고 고객님들께 신뢰를 주는 직원이 되고 싶은데, 아직 멀었다는 생각이 들어요.

지점장: 그렇군요. 처음에는 누구나 그런 느낌을 받을 수 있어요. 그러면 오늘 대화에서 구체적으로 어떤 부분을 같이 고민해보면 좋을까요?

신입 행원: 음… 저는 우선 업무 기초를 확실히 다져서 실수를 줄이고, 실수를 하더라도 너무 두려워하지 않고 침착하게 대응하는 방법을 배우고 싶습니다. 그리고 선배들께 멘토링을 받아서 조금 더 도움도 얻고 싶은데요. 이런 부분들을 중심으로 이야기를 나눠보고 싶습니다.

지점장: 아주 좋은 주제를 가져오셨네요. 업무 기초 다지기, 실수에 대한 두려움 극복, 선배 멘토링 활용, 이렇게 세 가지 목표를 가지고 대화를 시작해보면 어떨까요?

신입 행원: 네, 그렇게 하면 좋겠습니다.

▶ Reality (현실 점검)

지점장: 그러면 요즘 업무를 하면서 가장 어렵다고 느꼈던 순간이 언제였을까요?

신입 행원: 네. 고객님이 여신 상담을 원하셨는데, 제가 서류를 빠뜨려서 결국 고객님께서 지점을 다시 방문하셔야 했어요. 그때 너무 죄송하기도 하고, 실수를 한 제 자신이 한심하게 느껴졌습니다.

지점장: 많이 속상했겠어요. 혹시 그런 일이 자주 있었나요?

신입 행원: 네, 비슷한 일이 몇 번 있었습니다. 고객 응대할 때 순서가 헷갈리거나, 서류 확인을 빠뜨릴 때가 가끔 있었습니다. 그러다 보니 고객께서 급하시거나 저도 바쁘면 더 실수를 하게 되더라고요.

지점장: 실수한 다음엔 어떤 기분이 들었어요?

신입 행원: 일이 손에 안 잡힐 때도 있고, 또 실수할까봐 더 긴장하게 돼요. 제가 잘할 수 있을까 하는 불안감이 커지는 것 같아요.

지점장: 그런 상황에서 지금까지 혼자 극복해보려고 했던 방법이 있었나요?

신입 행원: 그냥 더 열심히 하려고 했는데, 그게 잘 안 되더라고요. 뭐가 중요한지 모르겠고 그냥 정신없이 하다 보니 실수가 반복되는 것 같아요.

▶ Options (대안 탐색)

지점장: 지금까지 이야기한 내용을 듣고 보니, 기초 업무를 확실하게 익히고 실수를 줄이며 자신감을 회복하기 위한 몇 가지 방법을 같이 생각해보면 좋겠어요. 혹시 떠오르는 방법이 있나요?

신입 행원: 네. 지점장님. 우선, 주요 업무 흐름을 정리해서 제 자리에 붙여두면 어떨까 싶어요. 헷갈릴 때 바로 확인하고 고객님을 응대할 수 있게요.

지점장: 좋은 방법이네요. 또 어떤 방법이 있을까요?

신입 행원: 그리고 제가 자주 하는 실수 목록을 적어보고, 그 원인을 하나씩 정리해서 다음에 같은 실수를 하지 않도록 하면 도움이 될 것 같습니다.

지점장: 그것 또한 좋은 생각이네요. 또 실수를 했을 때 심리적으로 덜 위축되고, 침착하게 대처하려면 어떤 방법이 있을까요?

신입 행원: 음… 실수했을 때 너무 자책하지 말고, 오히려 이 실수를 통해 배운 게 뭔지 적어보는 습관을 들이면 어떨까요?

지점장: 좋아요. 그 방법도 실수를 성장의 기회로 바꾸는 좋은 방법인 것 같아요. 멘토링을 받는다는 것도 아까 잠깐 언급을 했는데, 구체적으로 어떤 도움을 받고 싶은 건가요?

신입 행원: 지점 선배들에게 제가 실수했던 상황에 대해서 말씀드리고, 비슷한 경험이 있었는지 물어보고, 그런 상황에서 어떻게 대처했는지에 대한 노하우를 배우고 싶습니다.

지점장: 아주 좋은 방법입니다. 그럼 지금까지 나온 방법을 정리해볼까요?

신입 행원: 네. 지점장님. 정리를 해보면, 주요 업무 흐름표를 자리 앞에 붙이기, 자주 하는 실수를 기록하고 원인을 분석하기, 실수 후 배울 수 있는 점에 대해 적어보며 두려움 극복하기, 선배에게 멘토링을 통해 경험 공유와 조언 받기입니다.

Will (실행 계획)

지점장: 이 중에서 가장 먼저 실천해보고 싶은 건 어떤 건가요?

신입 행원: 우선 내일 출근하면 바로 업무 흐름표를 만들어서 제 자리에 붙여보겠습니다. 그리고 이번 주부터는 하루 업무가 끝나면 퇴근하기 전에 시간을 내서 제가 한 실수를 기록하고, 그 원인을 노트에 적어보려고 합니다.

지점장: 좋습니다. 선배와의 멘토링은 어떻게 해보려고 해요?

신입 행원: 이번 주에 홍 차장님께 먼저 여쭤보고, 점심시간이나 퇴근 길에 짧게라도 이야기를 나눠보려고 합니다.

지점장: 실수를 했을 때 두려움을 줄이기 위한 메모 습관은 언제부터 시작해볼까요?

신입 행원: 오늘부터 바로 시작해보겠습니다. 작은 것부터라도 적으면서 제 마음가짐을 바꿔보려고요.

지점장: 아주 좋습니다. 혹시 실행해보면서 어려움이 생기면 어떻게 할 계획이에요?

신입 행원: 바로 지점장님께 말씀드리고 조언을 구하겠습니다.

지점장: 좋아요. 어려움이 생기면 바로 알려주세요. 그러면 지금까지 논의한 내용을 한 달 정도 실천해보고, 다음달에 한 번 점검해볼까요?

신입 행원: 네, 그렇게 하면 좋겠습니다.

지점장: 저도 지금까지 처음부터 업무를 잘하는 사람을 본 적이 없어요. 실수를 통해 배우는 거예요. 잘할 수 있어요. 필요하면 언제든지 이야기해주세요. 응원하겠습니다!

신입 행원: 감사합니다. 지점장님. 바로 시작해보겠습니다!

1. 이 코칭 대화를 통해 새롭게 알게 된 점은 무엇인가?

2. 이 코칭 대화에서 가장 기억에 남거나 인상적인 질문이나 대화 내용은 무엇이며, 그 이유는 무엇인가?

3. 특히 효과적이라고 느낀 인상 깊었던 코칭 스킬은 무엇인가?

4. 만약 본인이 직접 코칭을 한다면, 더욱 깊이 있고 효과적인 코칭을 위해 어떤 점을 다르게 하고 싶은가?

코칭 대화 6: 비즈니스 코칭(Business Coaching) 사례 - 코칭 주제: 팀워크 향상을 통해 팀 내 커뮤니케이션을 개선하는 코칭 대화

Goal (목표 설정)

코치: 오늘 코칭에서는 어떤 부분을 집중적으로 이야기해보면 좋을까요?

코칭 대상자: 음… 요즘 우리 팀이 커뮤니케이션 문제로 어려움을 겪고 있어요. 소통이 잘 안 되니까 협업도 잘 안 되고, 업무 진행도 원활하지 않아요. 그래서 팀원들 간의 소통을 개선하고, 조금 더 협력하는 분위기를 만들고 싶어요.

코치: 네, 부장님께서 고민하시는 부분이 잘 이해돼요. 그러면 이상적으로 생각하시는 팀의 모습은 무엇인가요?

코칭 대상자: 저는 팀원들이 각자의 업무를 하면서도 자연스럽게 서로 진행 상황을 공유하고, 어려움이 있으면 서로 도와주는 그런 팀을 만들고 싶어요. 문제가 생기면 미리 서로 이야기해서 해결하고, 업무가 원활하게 흘러가는 환경이 되면 좋겠어요.

코치: 정말 좋은 모습이에요! 만약 그런 팀 환경이 만들어진다면, 팀의 성과는 어떻게 달라질까요?

코칭 대상자: 우선, 프로젝트 일정이 지금처럼 계속 밀리는 일이 줄어들겠죠. 그리고 팀원들 간 신뢰가 높아지면서 협업이 더 원활해질 거고요. 결국 팀원 개개인의 업무 만족도도 훨씬 좋아질 거예요.

코치: 그렇다면 이 목표를 달성했을 때, 부장님 개인적으로 어떤 점에서 가장 보람을 느끼실 것 같으세요?

코칭 대상자: 음… 제가 팀원들에게 더 나은 환경을 만들어줬다는 점에서 뿌듯할 것 같아요. 팀원들이 협력하는 것을 즐기고, 성과도 좋아진다면 리더로서 보람을 느끼겠죠. 그리고 저 역시 한 단계 더 성장했다고 느낄 것 같아요.

코치: 맞아요. 좋은 팀 문화를 만드는 건 정말 의미 있는 일이죠. 오늘 대화를 통해 이 목표를 달성할 구체적인 방법을 함께 찾아보면 좋겠네요.

코칭 대상자: 네. 감사합니다. 저도 그러면 좋겠습니다.

Reality (현실 점검)

코치: 현재 팀의 상황을 볼 때, 부장님께서는 어떻게 느끼고 계세요?

코칭 대상자: 솔직히 조금 답답해요. 팀원들 간에 소통이 부족해서 업무의 전체적인 흐름이 잘 보이지 않아요. 각자 자기 일에만 집중하고 협업이 잘 안 되는 것 같아요.

코치: 최근에 그런 문제가 발생한 구체적인 사례가 있을까요?

코칭 대상자: 네, 지난주에 ○○ 프로젝트 관련해서 팀원들이 중요한 정보를 공유하지 않아서 문제가 생겼어요. 결국 어떤 팀원은 그 내용을 전혀 몰랐고, 준비가 안 된 상태로 프로젝트를 진행하려다 마감 기한을 놓쳐버렸죠.

코치: 아, 그런 일이 있었군요. 그때 가장 큰 원인은 무엇이었다고 생각하세요?

코칭 대상자: 팀원들이 서로 역할과 책임을 정확히 이해하지 못한 게 가장 큰 문제였던 것 같아요. 그리고 정보를 공유하는 것에 대해 중요하게 생각하지 않는 태도도 영향을 미쳤고요.

코치: 이 문제에 대해 팀원들과 따로 이야기해보셨나요?

코칭 대상자: 네, 그 후에 이야기를 나눴어요. 일부 팀원들은 정보 공유의 중요성에 대해 공감했지만, 여전히 '바쁜데 내 일만 잘하면 되는 거 아니야!'는 식으로 생각하는 팀원들도 있는 것 같더라고요.

코치: 팀원들의 반응이 서로 조금 다르군요. 그런 상황에서 가장 힘들다고 느끼는 부분은 어떤 점인가요?

코칭 대상자: 같은 목표를 향해 나아가고 있다는 느낌이 없다는 게 가장 힘들어요. 팀이 한 방향으로 나아가야 하는데, 각자 따로 움직이고 있는 느낌이랄까요.

코치: 만약 이 문제를 해결하지 않으면, 앞으로 어떤 영향을 미칠까요?

코칭 대상자: 일정 지연이 계속 반복될 거고, 팀원들 간 신뢰도도 낮아질 것 같아요. 그러면 결국 팀 분위기도 나빠질 것 같고요. 결국 성과 달성이 어려워지겠죠.

Options (대안 탐색)

코치: 그러면 이런 상황을 개선하려면 어떤 방법들이 있을까요? 혹시 생각해보신 대안이 있으신가요?

코칭 대상자: 몇 가지 방법이 떠오르긴 하는데요. 우선, 정기적으로 팀 미팅을 통해서 업무 진행 상황을 공유하면 좋을 것 같아요. 그래야 서로가 어떤 일을 하고 있는지 명확해질 테니까요. 그리고 팀원들 간 신뢰를 쌓으려면 팀 빌딩 활동도 필요할 것 같아요. 서로 더 친밀해지면 협업도 자연스럽게 되지 않을까요? 또 MS Teams 같은 커뮤니케이션 협업 툴을 도입해서 실시간으로 정보를 공유하는 것도 방법일 것 같고요. 마지막으로, 피드백을 통해 서로 의견을 자주 주고받도록 하면 좋을 것 같아요.

코치: 아주 다양한 방법을 잘 정리해주셨네요. 그 중에서 부장님이 보시기에 가장 효과적일 것 같은 건 어떤 방법인가요?

코칭 대상자: 우선 정기적인 팀 미팅과 팀 빌딩이 가장 필요할 것 같아요. 지금 가장 부족한 게 소통과 신뢰이니까, 이 두 가지를 먼저 해결하면 나머지도 자연스럽게 나아질 것 같아요.

코치: 네, 좋은 접근 방법이네요. 그러면 커뮤니케이션 협업 툴 도입이나 피드백 교환은 어떻게 활용해보고 싶으세요?

코칭 대상자: 그건 팀 미팅과 팀 빌딩을 어느 정도 정착시킨 후에 추가하면 좋을 것 같아요. 예를 들어 MS Teams 같은 툴은 미팅을 하면서 병행하면 효과적일 것 같고, 피드백 교환도 팀원들이 신뢰를 쌓은 후에 시작하는 게 더 자연스럽고 효과적일 것 같아요.

코치: 네, 점진적으로 도입하는 전략이 좋겠네요. 그러면 우선 정기적인 팀 미팅, 팀 빌딩 활동, 커뮤니케이션 협업 툴 도입, 피드백 교환 정착의 순서로 진행하면 될까요?

코칭 대상자: 네, 그렇게 하면 자연스럽게 해결될 것 같아요.

▶ Will (실행 계획)

코치: 이제 실행 계획을 조금 더 구체적으로 세워볼까요? 첫 번째 단계는 어떻게 시작하실 계획인가요?

코칭 대상자: 우선 다음주부터 매주 월요일과 금요일 오전 9시 30분에 30분씩 정기 팀 미팅을 진행해보려고 해요. 월요일에는 각자의 주간 목표와 진행 계획을 공유하고, 금요일에는 한 주간의 성과와 개선점을 논의하는 시간을 가져보려고 해요. 미팅은 팀원들이 부담을 느끼지 않도록 짧고 가볍게 진행하면서도, 핵심 사항들에 대해서는 정리할 수 있도록 하려고 합니다.

코치: 구체적인 시간까지 정하셨네요! 미팅 운영 방식은 어떻게 하실 건가요?

코칭 대상자: 미팅을 효과적으로 운영하기 위해 팀원별로 돌아가면서 진행자 역할을 맡도록 할 생각이에요. 이렇게 하면 단순히 정보를 공유하는 자리가 아니라, 팀원들이 적극적으로 참여하는 환경이 조성될 거라고 생각해요. 그리고 회의 내용을 간략하게 정리해서 MS Teams 팀 공간에 올려 공유해보려고 합니다.

코치: 아주 체계적인 계획이네요! 그럼 팀 빌딩 활동은 어떻게 진행하실 계획인가요?

코칭 대상자: 팀원들 간 신뢰를 높이기 위해 분기별로 한 번씩 팀 빌딩 활동을 진행하려고 해요. 예를 들면 간단한 워크숍, 게이미피케이션(Gamification)이라고 하나요? 그런 비즈니스 게임, 혹은 팀원들의 의견을 반영한 액티비티(Activity)를 포함할 계획이에요. 이를 위해 먼저 팀원들에게 어떤 방식이 가장 효과적일지 의견을 수렴해보고, 그 이후에 그에 맞춰서 프로그램을 구성할 예정입니다.

코치: 말씀하신 것처럼 팀원들이 직접 참여하는 기회를 주는 게 좋겠네요. 협업 툴 도입은 어떻게 하실 생각인가요?

코칭 대상자: 말씀드린 것처럼 정기적인 커뮤니케이션 강화를 위해 MS Teams 같은 커뮤니케이션 협업 툴을 도입할 계획이에요. 초반에는 필수 공지나 주요 업무 진행 상황을 공유하는 용도로 사용하고, 이후에는 팀원들이 자율적으로 활용할 수 있도록 하려고 합니다. 도입 초기에는 간단한 사용법을 안내하고, 적극적으로 활용한 팀원들에게 피드백을 받아 개선해 나갈 계획입니다.

코치: 피드백 교환도 말씀하셨는데, 구체적인 실행 방안이 있을까요?

코칭 대상자: 네, 피드백 교환은 다음달부터 시범적으로 운영해볼 계획이에요. 팀원들이 서로 업무에 대한 피드백을 주고받는 문화를 만들기 위해, 먼저 긍정적인 피드백

을 중심으로 가볍게 시작하려고 합니다. 익숙해지면 점점 구체적인 개선 피드백까지 확대할 생각이에요. 또한 팀원들이 부담 없이 피드백을 나눌 수 있도록 익명 피드백을 받을 수 있는 방법도 고려하고 있어요.

코치: 실행 계획이 아주 구체적이네요! 그런데 실행 과정에서 예상되는 어려움은 어떤 것들이 있을까요?

코칭 대상자: 처음에는 팀원들이 참여에 부담을 느낄 수도 있을 것 같아요. 특히 팀 미팅이나 피드백 교환 같은 새로운 방식에 익숙하지 않으면 적극적으로 참여하지 않을 가능성도 있고요.

코치: 네, 초기 적응 과정이 필요할 수도 있겠네요. 이런 예상되는 장애물을 어떻게 극복하실 계획이신가요?

코칭 대상자: 우선, 새로운 시도를 해보는 이유와 기대 효과에 대해 명확하게 설명하는 시간을 가져보려고요. 그리고 팀원들이 변화를 어렵게 느끼지 않도록 초반에는 유연하게 운영하면서 점진적으로 정착시키려고 해요. 예를 들어 처음 몇 주간은 팀 미팅을 부담 없이 진행하면서 관련된 피드백을 받고, 점차 체계적으로 발전시켜 나가는 방식을 사용할 계획입니다. 또한 팀원들의 참여를 독려하기 위해 미팅 참석률이나 피드백 활동에 대한 간단한 보상을 제공하는 방안도 고려하고 있어요. 예를 들면 적극적으로 참여한 팀원에게 작은 기프트 카드를 제공하는 방식 같은 거죠.

코치: 좋습니다! 보상이 있으면 동기부여도 되겠지요. 그러면 실행 과정에서 점검은 언제쯤 하실 계획인가요?

코칭 대상자: 한 달 정도 지나면 어느 정도 효과가 보일 것 같아요. 그래서 4주 뒤에 다시 회의를 열어 현재까지의 결과를 점검하고, 추가 조정이 필요한 부분이 있으면 논의하려고 합니다.

코치: 네, 일정까지 정하셨군요! 오늘 대화를 통해 실행 방향이 더욱 명확해진 것 같아요. 부장님의 계획이 잘 실행되길 기대하겠습니다. 진행하시면서 어려운 점이 있으면 언제든 이야기해주세요!

코칭 대상자: 감사합니다! 코치님 덕분에 확실하게 정리가 되는 것 같아요. 그리고 실행 방안을 더 구체적으로 정리할 수 있었어요. 바로 실천해보겠습니다!

코치: 네. 부장님, 응원하겠습니다.

1. 이 코칭 대화를 통해 새롭게 알게 된 점은 무엇인가?

2. 이 코칭 대화에서 가장 기억에 남거나 인상적인 질문이나 대화 내용은 무엇이며, 그 이유는 무엇인가?

3. 특히 효과적이라고 느낀 인상 깊었던 코칭 스킬은 무엇인가?

4. 만약 본인이 직접 코칭을 한다면, 더욱 깊이 있고 효과적인 코칭을 위해 어떤 점을 다르게 하고 싶은가?

코칭 대화 7: 비즈니스 코칭(Business Coaching) 사례 - 코칭 주제: 프레젠테이션 역량을 강화하기 위한 코칭 대화

Goal (목표 설정)

코치: 오늘 코칭 시간에는 어떤 부분에 대해서 이야기하고 싶으세요?

코칭 대상자: 사실 다음주에 중요한 프레젠테이션이 있거든요. 그런데 제가 발표를 잘 못해서 조금 걱정이에요. 발표 스킬을 조금 더 개선하고 싶어요.

코치: 그렇군요. 어떤 점을 특히 개선하고 싶으세요?

코칭 대상자: 음… 발표할 때 긴장을 많이 해서 목소리가 떨리는 게 문제인 것 같아요. 그리고 내용을 명확하게 전달하지 못해서 청중들이 이해를 못하는 경우도 많고요.

코치: 만약 발표 스킬이 개선된다면, 발표 중에 어떤 모습이길 기대하세요?

코칭 대상자: 제가 말할 때 청중들이 고개를 끄덕이거나 관련된 질문을 하는 모습을 보면 좋겠어요. 그리고 발표가 끝난 뒤에 "설득력이 있었다", "정말 좋았다"는 피드백을 받는다면 정말 좋을 것 같아요.

코치: 정말 멋진 목표네요. 이번 프레젠테이션에서 성공한다면 어떤 결과를 기대하시는지 말씀해주실 수 있을까요?

코칭 대상자: 음… 발표가 잘되면 프로젝트가 승인될 가능성이 높아질 거예요. 그리고 팀원들도 제가 팀에 기여하고 있다고 느낄 것 같고요.

코치: 프레젠테이션 스킬을 향상시키는 게 고객님에게 큰 의미가 있는 것 같아요. 개인적으로는 어떤 보람을 느끼실 것 같으세요?

코칭 대상자: 프레젠테이션을 잘하면 저 자신에게도 자신감이 생길 것 같아요. 그리고 팀원들이 "프레젠테이션 정말 잘했어"라고 말해준다면 뿌듯할 것 같고요.

코치: 그렇군요.

▶ Reality (현실 점검)

코치: 현재 본인의 프레젠테이션 스킬을 어떻게 평가하고 계세요?

코칭 대상자: 음… 솔직히 자신감이 많이 부족해요. 발표할 때 긴장을 너무 해서 목소리도 떨리고, 말도 빨라지거든요. 그래서 청중들이 내용을 이해하지 못하는 경우가 많은 것 같아요.

코치: 최근에 그런 경험이 있었나요?

코칭 대상자: 네, 지난주에 팀 미팅에서 프로젝트 아이디어를 프레젠테이션 했는데요. 너무 빨리 말하다 보니 팀원들이 내용을 제대로 이해하지 못하는 것 같더라고요. 그리고 프레젠테이션 후에 아무도 질문을 안 하니까 더 긴장됐어요.

코치: 그 상황에서 가장 어려웠던 점은 뭐였을까요?

코칭 대상자: 제가 하는 말이 잘 전달되지 않는다는 느낌이요. 제 아이디어가 팀에 도움이 될 수 있었는데, 전달이 제대로 안 되니까 아쉽기도 하고, 자신감이 더 떨어졌어요.

코치: 그렇군요. 프레젠테이션 스킬을 개선하기 위해 지금까지 어떤 방법들을 시도해보셨나요?

코칭 대상자: 몇 번 가족 앞에서 연습은 해봤는데, 막상 실전에서는 연습처럼 잘 안 되더라고요. 특히 청중 앞에 서면 너무 긴장해서 목소리 톤이나 제스처를 조절하는 게 어려워요.

코치: 프레젠테이션 할 때 긴장을 줄이기 위해 다른 방법도 생각해보신 적 있나요?

코칭 대상자: 음… 청중과 눈을 마주치면서 웃으려고 해본 적은 있는데요, 오히려 더 어색하게 느껴지더라고요.

▶ Options (대안 탐색)

코치: 프레젠테이션 스킬을 개선하기 위해서는 또 어떤 방법이 있을까요?

코칭 대상자: 음… 몇 가지 생각해봤는데요. 먼저, 거울 앞에서 연습을 하면서 제 목소리 톤이나 제스처 같은 걸 점검해보는 방법이 있을 것 같아요. 제가 어떤 모습으로 프레젠테이션 하고 있는지 직접 확인하면 도움이 될 것 같거든요. 또 팀원들에게 도움을 요청해서 프레젠테이션 연습을 함께 해보고 피드백을 받는 방법도 생각해봤어요. 다른 사람들이 보는 시각에서 제가 잘하는 점이나 고칠 점을 알게 되면 훨씬 효과적일 것 같아요. 그리고 프레젠테이션 내용을 다시 정리하면서 더 간결하고 이해하기 쉽게 만들어보는 것도 중요할 것 같아요. 청중이 쉽게 이해할 수 있도록 준비하면 프레젠테이션 할 때도 자신감이 더 생기겠죠. 마지막으로, 프레젠테이션 도중에는 청중과 자연스럽게 눈을 마주치고 웃는 걸 연습해보려고 해요. 처음엔 어색하겠지만, 이런 작은 시도가 긴장을 푸는 데 도움이 될 것 같아요.

코치: 좋은 방법들을 많이 생각하셨네요. 이 중에서 가장 효과적일 것 같은 방법은 무엇인가요?

코칭 대상자: 팀원들에게 프레젠테이션 연습을 같이 해달라고 부탁하는 게 가장 효과적일 것 같아요. 피드백을 받으면 제가 고칠 부분을 더 명확히 알 수 있을 것 같거든요.

코치: 다른 방법들은 보완책으로 어떻게 활용할 수 있을까요?

코칭 대상자: 네, 프레젠테이션 내용을 간결하게 정리하는 건 지금부터 준비하면 좋을 것 같고요. 가족이나 거울 앞에서 목소리와 제스처를 점검하는 것도 꾸준히 해볼 생각이에요. 실전에서는 청중과 눈을 마주치는 연습을 더 해보고요.

▶ Will (실행 계획)

코치: 이제 구체적으로 실행 계획을 세워볼까요?

코칭 대상자: 이번 주에 팀원 두 명에게 부탁해서 프레젠테이션 연습을 함께 해보려고 해요. 연습하면서 팀원들에게 피드백을 받아서 제가 부족한 점이 무엇인지 점검할 생각이에요. 그리고 매일 거울 앞에서 10분씩 연습하면서 제 목소리 톤이나 제스처를 점검하려고요. 프레젠테이션 할 때 어떻게 보일지 스스로 확인하면

더 개선할 부분이 보일 것 같거든요. 프레젠테이션 자료도 다시 한 번 검토해서 핵심 메시지를 더 간결하고 명확하게 정리하려고 해요. 그렇게 하면 청중이 내용을 더 쉽게 이해할 수 있을 것 같아요. 마지막으로 프레젠테이션 도중에는 청중과 눈을 마주치고, 자연스럽게 미소를 지으면서 분위기를 조금 더 편안하게 해보려고요. 이렇게 하면 저도 덜 긴장하고 프레젠테이션을 잘할 수 있을 것 같아요.

코치: 아주 구체적이고 체계적이네요. 이 계획을 실행하면서 예상되는 어려움은 어떤 게 있을까요?

코칭 대상자: 아무래도 연습 시간을 확보하는 게 가장 어려울 것 같아요. 다른 업무와 병행하려면 시간이 부족할 수도 있을 것 같아요.

코치: 그러면 시간을 확보하기 위해서는 어떤 노력을 해볼 수 있을까요?

코칭 대상자: 하루 일정을 다시 정리해서 오전 시간을 프레젠테이션 연습에 활용하려고 해요. 중요한 만큼 우선순위를 높이려고요.

코치: 정말 좋습니다. 그럼 이 계획이 잘 진행되고 있는지 점검하기 위해 언제 다시 논의하면 좋을까요?

코칭 대상자: 프레젠테이션을 하기 전 주에 제가 준비한 내용을 점검받는 시간을 가지면 좋겠어요.

코치: 네, 프레젠테이션을 하기 전 주에 다시 만나서 준비한 내용을 점검하고 최종 정리를 하면 좋겠네요. 오늘 코칭이 도움이 되었길 바랍니다. 꼭 실행해보세요.

코칭 대상자: 감사합니다! 덕분에 실행 방향이 확실해졌어요. 바로 시작해볼게요.

1. 이 코칭 대화를 통해 새롭게 알게 된 점은 무엇인가?

2. 이 코칭 대화에서 가장 기억에 남거나 인상적인 질문이나 대화 내용은 무엇이며, 그 이유는 무엇인가?

3. 특히 효과적이라고 느낀 인상 깊었던 코칭 스킬은 무엇인가?

4. 만약 본인이 직접 코칭을 한다면, 더욱 깊이 있고 효과적인 코칭을 위해 어떤 점을 다르게 하고 싶은가?

코칭 대화 8: 커리어 코칭(Career Coaching) 사례 - 코칭 주제: 경력 목표를 설정하고 실행 계획을 수립하는 코칭 대화

Goal (목표 설정)

코치: 오늘 코칭에서는 어떤 이야기를 해보고 싶으세요?

코칭 대상자: 요즘 커리어에 대해 고민이 많아요. 지금 회사에서 더 이상 발전이 없는 것 같고, 앞으로 제가 어떤 방향으로 나아가야 할지 잘 모르겠어요.

코치: 그렇군요. 현재 상황이 고민스럽겠어요. 구체적으로 어떤 고민이신지 조금 더 구체적으로 이야기해주실 수 있을까요?

코칭 대상자: 네. 지금 회사에서 몇 년째 비슷한 업무만 반복하고 있는데, 더 이상 성장하고 있다는 느낌이 없어요. 제가 제대로 된 방향으로 가고 있는지도 잘 모르겠고요. 이직을 준비해야 하는 건지, 아니면 회사 안에서 다른 기회를 찾아야 하는 건지도 고민입니다.

코치: 그럼 오늘 코칭을 통해 어떤 목표를 이루고 싶으세요?

코칭 대상자: 우선 제 커리어 방향을 조금 더 명확히 하고 싶어요. 그리고 이직을 준비해야 한다면 어디서부터 시작해야 할지 구체적인 계획을 세우고 싶어요.

코치: 만약 오늘 저와의 대화를 통해서 목표를 이루셨다면, 어떤 변화가 있을 거라고 생각하세요?

코칭 대상자: 음… 제일 먼저 마음이 한결 가벼워질 것 같아요. 뭘 해야 할지 명확해지면 더 이상 막막하지 않을 것 같고, 자신감도 생길 것 같아요.

코치: 좋습니다. 목표를 이루었다고 상상을 해보죠. 그러면 개인적으로 가장 뿌듯한 점은 무엇일까요?

코칭 대상자: 제가 제 커리어를 주도적으로 관리하고 있다는 자신감이 생길 것 같아요. 그리고 제가 정말 잘하고 좋아하는 일을 찾고, 그 방향으로 나아가고 있다는 확신도 들겠죠.

Reality (현실 점검)

코치: 그럼 지금 상황에 대해 조금 더 자세히 말씀해주실 수 있을까요? 현재 직장에서 어떤 부분이 가장 고민이신가요?

코칭 대상자: 음… 몇 년 동안 같은 업무를 반복하다 보니 이제는 더 이상 배울 것도 없는 것 같고, 더 이상의 개인적인 성장도 없는 것 같아요. 매일 똑같은 일을 하다 보니 지치기도 하고, 동기부여도 점점 떨어지고 있는 것 같고요.

코치: 현재 직장에서 성과는 어떤가요?

코칭 대상자: 성과는 나쁘지 않아요. 제가 맡고 있는 업무는 잘 마무리하고 있고, 팀원들과의 관계도 원만한 편이에요. 그런데 제 자신이 더 발전하고 있다는 느낌이 안 들어서 답답하기만 해요.

코치: 이직을 고려한다고 하셨는데, 어떤 분야로 이직하고 싶으신지 고민해보신 적 있으세요?

코칭 대상자: 네, 제가 관심 있는 분야는 전략 기획이나 데이터 분석이에요. 제 업무 중에서 가장 흥미롭게 느꼈던 부분도 이 분야이고, 앞으로 더 전문성을 키우고 싶기도 하고요.

코치: 지금 목표로 하는 분야에서 일하기 위해 필요한 준비가 무엇인지 생각해보셨나요?

코칭 대상자: 필요한 준비가 많을 것 같기는 해요. 우선 이력서를 업데이트해야 하고, 포트폴리오도 정리해야 할 것 같고요. 또 필요한 관련된 자격증이나 스킬이 있는지도 확인해야 할 것 같아요.

코치: 그럼 현재 상황에서 가장 큰 장애물은 무엇이라고 생각하세요?

코칭 대상자: 일단 시간이 없어요. 지금도 업무가 바빠서 집에 오면 자기 바쁘고, 이직 준비를 할 시간을 따로 내기가 어렵거든요. 그리고 제 나름대로 우선순위를 정하지 못하고 있는 것도 큰 문제인 것 같고요.

Options (대안 탐색)

코치: 목표를 이루기 위해 어떤 방법들을 생각해보셨어요?

코칭 대상자: 음… 제가 생각해본 건 몇 가지가 있어요. 첫 번째로는, 제 커리어 목표를 명확히 정리하고 관련 직무를 조사하는 것부터 시작하려고요. 지금 제가 어떤 방향으로 가야 할지 정리하는 게 가장 먼저 해야 할 일 같아요. 뭘 좋아하고 잘하는지, 그리고 어떤 직무가 제 커리어에 맞는지 확실히 정리해보는 시간이 필요할 것 같아요. 두 번째로는, 이력서와 포트폴리오를 업데이트하면서 그동안의 성과를 정리하는 작업이에요. 제가 맡았던 주요 업무와 프로젝트를 잘 정리해두면 제 강점과 전문 분야가 더 명확해질 것 같거든요. 특히 그동안 쌓아온 성과를 깔끔하게 정리하면 자신감도 생길 것 같아요. 세 번째로는, 필요한 자격증이나 스킬에 대해 알아보고 관련된 공부 계획을 세우는 것이에요. 데이터 분석 관련해서 요즘 필요한 스킬들이 어떤 건지 살펴보고, 부족한 부분이 있다면 채워 나갈 계획이에요. 필요한 자격증도 있다면 준비를 시작해야 할 것 같고요. 마지막으로는, 네트워킹을 통해 같은 분야에서 일을 하는 사람들에게 조언을 구하고 기회를 찾아보는 거예요. 세미나나 관련 행사에 참석하면 업계의 최신 흐름도 알 수 있을 것 같고, 경험 많은 사람들로부터 유용한 정보를 얻을 수도 있을 것 같아요. 이렇게 하면 새로운 기회도 더 많이 생기지 않을까 기대하고 있어요.

코치: 정말 좋은 아이디어네요. 그 중에서 지금 가장 먼저 실행할 수 있는 건 뭐라고 생각하세요?

코칭 대상자: 이력서와 포트폴리오를 정리하는 게 가장 먼저 필요할 것 같아요. 지금까지 해온 일들을 명확히 정리하면서 제 강점과 성과를 더 잘 파악할 수 있을 것 같아요.

코치: 다른 방법들은 어떻게 활용하실 생각이세요?

코칭 대상자: 우선 직무 조사와 자격증 공부 계획은 주말에 별도로 시간을 내서 해볼 생각이에요. 네트워킹은 시간이 조금 더 여유로울 때 관련 이벤트나 세미나를 찾아서 참석해보려고요.

Will (실행 계획)

코치: 아주 체계적으로 정리하셨네요. 그럼 구체적인 실행 계획을 세워볼까요?

코칭 대상자: 첫 번째로는, 이번 주부터 매일 퇴근 후 30분에서 1시간 정도 시간을 내서 이력서와 포트폴리오를 정리하려고 해요. 지금까지 제가 해왔던 주요 업무와 프

로젝트를 우선순위에 맞춰 기록하면서 어떤 부분이 제 강점인지 정리해볼 생각이에요. 특히 성과를 구체적으로 숫자나 결과로 표현할 수 있는 부분은 최대한 명확하게 작성해보려고요. 이 작업을 통해 제 경력을 한눈에 보기 좋게 만들고, 제 자신에게도 자신감을 줄 수 있을 것 같아요. 두 번째로는, 주말 시간을 활용해서 관심 있는 직무와 회사에 대해 리서치를 시작해보려고 해요. 제가 목표로 하는 분야에서 어떤 스킬이 필요하고, 어떤 자격증이나 경험이 도움이 되는지를 알아보는 게 중요할 것 같아요. 그러면서 제가 어떤 점이 부족한지, 앞으로 어떤 준비가 필요한지도 정리할 수 있을 것 같아요. 특히 구체적인 회사나 직무를 타깃으로 삼으면 준비 방향이 더 뚜렷해질 것 같아서 기대가 돼요. 마지막으로는, 다음달부터 네트워킹 행사나 세미나에 참석할 계획이에요. 관련 업계 사람들을 직접 만나면 그들의 경험이나 조언을 들을 수 있을 것 같고, 그 과정에서 새로운 기회도 생길 수 있을 것 같아요. 세미나에서 제가 어떤 사람인지 간단히 소개할 준비도 하고, 필요한 경우에는 제 이력서나 포트폴리오를 보여줄 수 있도록 준비하려고요. 이런 활동들을 통해 업계 트렌드도 배우고, 실질적인 도움을 받을 수 있을 것 같아서 기대가 돼요.

코치: 실행하면서 어떤 어려움이나 장애물이 있을 것 같으세요?

코칭 대상자: 가장 큰 장애물은 아마도 제 자신일 듯해요. 아무래도 바쁜 일정 때문에 꾸준히 시간을 내는 게 가장 어려울 것 같기 때문에요. 업무가 많아서 계획을 지키기 힘들 수도 있을 것 같고요.

코치: 그 어려움을 극복하기 위해 어떤 방법을 활용해볼 수 있을까요?

코칭 대상자: 하루 일정을 구체적으로 다시 짜서 퇴근 이후의 시간을 우선순위에 두려고요. 그리고 가족이나 친구들에게도 제가 이직 준비를 하고 있다고 말해서 응원을 받고, 꾸준히 실천할 수 있도록 도움을 요청해보려고요.

코치: 정말 좋은 아이디어네요. 그러면 말씀하신 계획이 잘 진행되고 있는지 점검하기 위해 언제 다시 논의하면 좋을까요?

코칭 대상자: 한 달 뒤에 저의 이력서와 포트폴리오 초안을 완성한 이후에 추가 계획에 대해 말씀드리면 좋을 것 같아요.

코치: 네, 한 달 뒤에 다시 만나서 논의해보시죠. 오늘 저와의 대화가 도움이 되었길 바랍니다. 꼭 실행해보세요! 응원하겠습니다!

코칭 대상자: 감사합니다! 제가 실행할 방향이 명확해졌어요. 바로 시작해보겠습니다.

1. 이 코칭 대화를 통해 새롭게 알게 된 점은 무엇인가?

2. 이 코칭 대화에서 가장 기억에 남거나 인상적인 질문이나 대화 내용은 무엇이며, 그 이유는 무엇인가?

3. 특히 효과적이라고 느낀 인상 깊었던 코칭 스킬은 무엇인가?

4. 만약 본인이 직접 코칭을 한다면, 더욱 깊이 있고 효과적인 코칭을 위해 어떤 점을 다르게 하고 싶은가?

코칭 대화 9: 라이프 코칭(Life Coaching) 사례 - 코칭 주제: 일과 삶의 균형을 돌아보고, 개인적인 삶의 목표를 설정하는 코칭 대화

Goal (목표 설정)

코치: 오늘 우리 어떤 이야기를 해볼까요?

코칭 대상자: 요즘 일이 너무 바빠서 제 개인 생활은 전혀 챙기지 못하고 있어요. 출근하면 하루 종일 업무에 치이고, 퇴근하고 나서도 이메일 확인이나 다음날 업무 준비를 하다 보니 제 시간이 거의 없는 것 같아요. 그래서 일과 개인 생활의 균형을 조금 더 잘 맞추고 싶어요.

코치: 지금 말씀하신 것처럼 일과 개인 생활의 균형이 깨진 상태가 계속되면 힘드실 것 같아요. 균형을 잘 맞춘다면 어떤 모습이 이상적일까요?

코칭 대상자: 음… 일을 할 때는 완전히 집중해서 효율적으로 처리하고, 퇴근 후에는 완전히 일을 내려놓고 저만의 시간을 보내는 거요. 예를 들어 산책을 하거나 책을 읽으면서 온전히 쉬는 거죠. 주말에는 친구들을 만나거나 새로운 취미를 시작하면서 스트레스를 푸는 시간을 갖고 싶어요.

코치: 정말 좋은 목표 같아요. 만약 말씀하신 삶의 균형을 이루신다면 어떤 변화가 있을 것 같으세요?

코칭 대상자: 스트레스가 확실히 줄어들 것 같아요. 그리고 하루하루가 더 만족스럽고 보람차게 느껴질 것 같아요. 재충전이 되면 업무에서도 더 좋은 결과를 낼 수 있을 것 같고요.

코치: 맞아요. 균형을 찾으면 개인적으로나 업무적으로도 큰 도움이 되겠네요. 그럼 이 목표를 달성했을 때, 개인적으로는 어떤 점이 가장 뿌듯할 것 같으세요?

코칭 대상자: 음… 제가 제 삶을 잘 관리하고 있다는 자신감이 생길 것 같아요. 그리고 친구나 가족과 더 좋은 관계를 유지할 수 있을 것 같아요.

Reality (현실 점검)

코치: 지금 상황을 조금 더 자세히 이야기해주실 수 있을까요? 삶의 균형을 찾는 데 있어서 가장 힘든 부분은 어떤 점인가요?

코칭 대상자: 하루 일정을 보면 거의 대부분이 일과 관련된 활동이에요. 출근해서는 바쁘게 업무를 보고, 퇴근 후에도 이메일 확인이나 다음날 회의를 준비하느라 시간이 훌쩍 가요. 그러면 잠자리에 들어야 하고요. 그래서 개인적으로 쉴 수 있는 시간이 거의 없어요.

코치: 하루에 얼마나 많은 시간을 업무에 쓰고 계신 것 같으세요?

코칭 대상자: 출퇴근 시간을 포함하면 하루 12시간, 13시간은 기본이고, 집에 와서도 한두 시간은 업무 관련 일을 해요. 그러다 보니 개인적인 시간은 거의 없는 거죠.

코치: 그럼 지금 하루 중에서 온전히 쉬거나 충전할 수 있는 시간은 얼마나 되세요?

코칭 대상자: 음… 딱히 '쉬는 시간'이라고 할 만한 게 없어요. 그냥 TV를 보거나 잠깐 누워서 시간을 보내긴 하는데, 그 시간에도 일이 계속 떠오르니까 완전히 쉬는 기분이 들진 않아요.

코치: 그렇군요. 그러면 지금 삶에서 만족감을 느끼는 순간은 언제인가요?

코칭 대상자: 일을 잘 마무리했을 때 잠깐 성취감을 느끼긴 해요. 그런데 그 외에는 내가 뭘 하고 싶어 하는지조차 잘 모르겠어요. 만족감을 느끼는 일이 별로 없다고 해야 할까요?

코치: 삶의 균형이 깨진 가장 큰 원인은 뭐라고 생각하세요?

코칭 대상자: 제가 일을 너무 우선시하고 있는 것 같아요. 모든 걸 다 해야 한다는 생각 때문에 스트레스가 쌓이고, 시간이 부족하다는 생각만 들어요. 그리고 제 시간을 잘 관리하지 못하고 있는 것도 문제인 것 같아요.

Options (대안 탐색)

코치: 삶의 균형을 찾기 위해 어떤 방법들을 생각해보셨나요?

코칭 대상자: 음… 몇 가지 생각해봤어요.
첫 번째는요, 일의 우선순위를 정해서 정말 중요한 일에만 집중하는 거예요. 지금은 모든 일을 다 해야 한다고 생각하니까 너무 힘들더라고요. 뭘 먼저 해야 할지 정리하면 훨씬 수월해질 것 같아요. 두 번째는 퇴근 후에는 업무와 관련된 일을 아예 끊고 개인 시간을 확보하는 거예요. 이메일 확인도 하지 않고, 완전히 쉬는 시간을 보내려고요. 그래야 머리도 비우고 스트레스도 덜 받을 것 같아요. 세 번째는 하루 일정을 다시 짜서 개인 시간을 조금 더 확보하는 거예요. 예를 들면 아침 시간을 활용해서 하루 계획을 세운다든지, 점심시간에 잠깐이라도 산책을 하면 좋을 것 같아요. 그렇게 하면 일상 속에서도 재충전할 기회가 생길 것 같아요.
마지막으로는 주말에 새로운 활동을 해보는 거요. 요리 수업 같은 거 하나 시작해보거나, 친구들과 야외 활동을 계획해서 재충전하는 시간을 보내면 좋겠어요. 뭔가 새로운 걸 해보는 게 기분 전환에도 큰 도움이 될 것 같아요.

코치: 정말 좋은 방법들을 많이 생각하셨네요. 그 중에서 지금 가장 효과적일 것 같은 건 뭐라고 생각하세요?

코칭 대상자: 일단 우선순위를 정하는 게 가장 필요할 것 같아요. 지금은 모든 게 중요하게 느껴져서 스트레스를 더 많이 받는 것 같거든요.

코치: 나머지 방법들은 어떻게 활용할 수 있을까요?

코칭 대상자: 퇴근 후에는 이메일 알람을 아예 꺼두고, 저만의 시간을 보내려고 해요. 그리고 주말에는 요리 수업 같은 새로운 취미를 시작해서 스트레스를 푸는 시간을 보낼 생각이에요.

Will (실행 계획)

코치: 아주 체계적으로 계획하셨네요. 그럼 이제 구체적으로 실행 계획을 세워볼까요?

코칭 대상자: 첫 번째로는, 이번 주부터 매일 아침 10분씩 시간을 내서 그날의 업무 우선순위를 정리해보려고요. 뭐가 중요한지 미리 정리해두면 하루가 훨씬 수월할 것 같거든요. 두 번째로는, 퇴근 후에는 회사 이메일 알람을 아예 꺼둘 거예요. 저녁 시간에는 산책을 하거나 책을 읽으면서 온전히 저만의 시간을 보내보려고요. 그렇게 하면 하루 동안 쌓인 스트레스도 조금 풀리고, 마음도 한결 가벼워질 것 같아요. 그리고 세 번째로는, 주말에는 요리 수업 같은 새로운 걸 찾아서 등록하거나, 친구들과 시간을 보내면서 새로운 활동을 계획해볼까 해요. 요리도 배우고, 친구들과 즐거운 시간을 보내면 기분도 전환되고 에너지도 더 생길 것 같아요.

코치: 정말로 좋은 계획이네요. 실행하면서 예상되는 어려움은 어떤 게 있을까요?

코칭 대상자: 아무래도 퇴근 후에 이메일을 확인하지 않는 게 제일 어려울 것 같아요. 습관처럼 계속 확인하게 될 것 같거든요.

코치: 그렇다면 그런 어려움을 극복하기 위해 어떤 노력을 해보실 수 있을까요?

코칭 대상자: 이메일 알람을 끄고, 가족에게 제가 퇴근 후에는 업무를 하지 않겠다고 미리 말해두려고 해요. 그러면 약속을 지키려는 동기가 더 생길 것 같아요.

코치: 정말 좋은 방법이에요. 그러면 이 계획이 잘 진행되고 있는지 점검하기 위해 우리 언제 다시 이야기해볼까요?

코칭 대상자: 한 달 뒤에 다시 만나서 실행 결과를 점검하고, 필요한 추가 사항에 대해 논의드리면 좋을 것 같아요.

코치: 좋아요. 한 달 뒤에 다시 논의하면서 계획을 점검해보죠. 오늘 이야기 나누면서 목표와 실행 방향이 명확해진 것 같아요. 꼭 실천해보세요!

코칭 대상자: 감사합니다! 오늘 대화가 정말 큰 도움이 됐어요. 바로 시작해볼게요.

1. 이 코칭 대화를 통해 새롭게 알게 된 점은 무엇인가?

2. 이 코칭 대화에서 가장 기억에 남거나 인상적인 질문이나 대화 내용은 무엇이며, 그 이유는 무엇인가?

3. 특히 효과적이라고 느낀 인상 깊었던 코칭 스킬은 무엇인가?

4. 만약 본인이 직접 코칭을 한다면, 더욱 깊이 있고 효과적인 코칭을 위해 어떤 점을 다르게 하고 싶은가?

CAI 모델에 기반한 피드백 대화

피드백 대화 1:
팀원의 반복된 지각에 대해 부서장이 건설적인 피드백을 제공하는 대화

상황 (Situation)

부서장: 김 대리님, 잠깐 시간 괜찮아요? 요즘 업무도 많고 바쁠 텐데, 고생 많죠?

김 대리: 네, 괜찮습니다. 부장님.

부서장: 다름이 아니라 요즘 아침에 출근하는 게 조금 힘들어 보이더라고요. 혹시 무슨 일 있는가 해서요.

행동 (Behavior)

부서장: 제가 보니까 지난 2주 동안 출근 시간이 조금씩 늦어지는 경우가 있었어요. 아침 회의를 시작하려고 보면 김 대리님 자리가 비어 있어서 저나 다른 팀원들도 조금 기다리는 경우가 있더라고요.

김 대리: 아… 네. 사실 요즘 아이가 아침마다 보채서요. 제가 어린이집 등원까지 챙기다 보니까 가끔 시간이 애매해져서 늦어지게 되더라고요. 죄송합니다.

부서장: 아, 그런 사정이 있었군요. 몰랐어요. 요즘 육아도 챙기면서 출근까지 하려면 정말 정신없겠어요.

김 대리: 네, 요즘 조금 정신이 없긴 하네요.

영향 (Impact)

부서장: 김 대리님 사정을 이해해요. 다만 회의를 시작할 때 팀원들이 기다려야 하는 경우가 생기다 보니 팀 전체 일정이 조금씩 밀리는 영향이 있더라고요. 저도 '아, 이렇게 되면 팀의 업무 흐름이 끊기지 않을까?' 하는 걱정이 되더라고요.

김 대리: 네, 맞아요. 저도 신경 써야겠다는 생각은 했어요.

부서장: 김 대리님도 최대한 출근 시간을 맞추려고 노력하고 계신 거 알지만, 그래도 아침 일정이 팀 전체에도 영향을 주는 부분이 있어서요. 혹시 김 대리님 생각하기에 좋은 방법이 있을까요?

김 대리: 음… 일단 제가 조금 더 일찍 준비해서 나오는 걸로 노력해보겠습니다.

부서장: 좋아요. 그런데 아무래도 육아하다 보면 어쩔 수 없이 늦어지는 날도 있을 수 있잖아요? 그럴 땐 미리 알려주면 저도 회의 시간을 조정해볼 수도 있을 것 같아요. 시차 출퇴근 제도를 활용하는 방법도 있을 것 같은데요, 대리님은 어떻게 생각하세요?

김 대리: 아, 그 방법 괜찮을 것 같아요. 저도 부담이 덜할 것 같고요. 생각을 조금 더 해보고 말씀드리겠습니다.

부서장: 좋습니다. 그러면 앞으로는 최대한 시간 맞춰서 출근하되, 혹시 어려운 날은 전날이나 아침에 미리 저에게 말씀해주시고, 시차 출퇴근 제도를 활용하는 방법에 대해서도 생각해보고 알려주세요.

김 대리: 네, 그렇게 하겠습니다.

부서장: 좋아요. 앞으로 혹시라도 힘든 부분 있으면 너무 혼자 고민하지 말고 언제든 알려주세요. 저도 최대한 지원할게요.

김 대리: 네, 신경 써주셔서 감사합니다.

1. 이 피드백 대화를 통해 새롭게 알게 된 점은 무엇인가?

2. 이 피드백 대화에서 가장 기억에 남거나 인상적인 질문이나 대화 내용은 무엇이며, 그 이유는 무엇인가?

3. 특히 효과적이라고 느낀 인상 깊었던 피드백 스킬은 무엇인가?

4. 만약 본인이 직접 피드백을 한다면, 더욱 깊이 있고 효과적인 피드백을 위해 어떤 점을 다르게 하고 싶은가?

피드백 대화 2: 업무 마감 지연이 잦은 직원과 부서장이 개선 방향을 논의하는 피드백 대화

상황 (Situation)

부서장: 박 과장님, 잠깐 시간 괜찮아요? 요즘 정말 바쁘죠?

박 과장: 네, 요즘 정신이 조금 없긴 하네요.

부서장: 그렇죠. 그래서 오늘 업무 진행 관련해서 잠깐 이야기 나눠보면 좋을 것 같아요.

행동 (Behavior) 및 영향 (Impact)

부서장: 최근 한 달 동안 업무들을 쭉 보니까 지난주 ○○보고서, 그 전에 △△기획안, 그리고 2주 전 XXX자료까지 마감기한을 세 번 넘기셨더라고요.

박 과장: 네… 알고 있습니다. 죄송합니다. 일이 겹치다 보니까 우선순위를 잘못 둔 것도 있고, 예상보다 시간이 더 걸린 경우도 있어서요.

부서장: 네, 저도 그럴 수 있다고 생각해요. 그런데 마감이 밀릴 때마다 다른 팀 일정도 같이 늦춰지게 되고, 우리 팀 신뢰에도 영향을 미칠 수 있거든요. 저도 부서장으로서 조율이 조금 어려운 부분이 있었어요.

박 과장: 네, 저도 그 점이 신경 쓰이긴 했습니다.

부서장: 그럼 박 과장님 생각하기에 주된 원인이 뭐였을까요?

박 과장: 음… 일단 업무가 몰릴 때 우선순위를 정하는 게 조금 서툴렀던 것 같고요. 그리고 예상보다 오래 걸리는 일이 있어도 미리 말씀드리지 않고 어떻게든 혼자 해결하려다가 마감을 놓쳐버린 경우가 많았어요.

부서장: 그럴 수도 있죠. 일이 많으면 누구나 고민될 수밖에 없잖아요. 그런데 마감이 어려울 것 같으면 미리 얘기해주면 저도 조정할 방법을 찾을 수 있었을 텐데, 혹시 '미리 말하면 팀에 민폐일 수도 있다'고 생각하는 건가요?

박 과장: 맞아요. '이 정도는 내가 해결해야지' 하는 생각이 조금 컸던 것 같아요.

부서장: 그럴 수 있죠. 하지만 팀에서 같이 해결할 수 있는 문제는 미리 공유해주는 게 더 좋을 수도 있어요. 그럼 앞으로 비슷한 상황이 생기면 어떻게 하면 좋을까요?

박 과장: 우선, 업무가 몰릴 때는 저 혼자 고민하기보다 그때그때 부장님께 간단히 보고드리고 우선순위를 조율하는 게 좋을 것 같습니다.

부서장: 좋아요. 그러면 일주일에 한 번 정리해서 보고하는 방식보다는 업무가 몰릴 때마다 바로 공유하는 걸로 해볼까요? 업무용 대화 메신저 혹은 이메일로 짧게 'OO 건과 △△ 건 중 어느 걸 먼저 할까요?' 이런 식으로요.

박 과장: 네, 그렇게 하면 저도 혼자 끙끙대지 않고 빨리 조율할 수 있을 것 같아요. 그리고 기한 마지막 날까지 혼자 붙잡고 있다가 놓친 적이 많으니까 앞으로는 마감 2일이나 3일 전에 한 번 중간보고 드리고 점검받으면 좋을 것 같습니다.

부서장: 그거 좋네요. 마감 하루 전보다 2~3일 전에 체크하면, 혹시 문제가 있어도 조정할 시간이 있으니까 훨씬 나을 거예요.

박 과장: 그리고 사실 캘린더에는 일정만 적어두고 마감 시간 리마인드는 설정 안 했거든요. 앞으로는 일정 관리 툴 알람을 활용해서 마감 3일 전, 1일 전에 알람을 설정해두겠습니다.

부서장: 좋아요. 일정 관리 툴을 활용해서 스스로 리마인드하는 습관을 들이면 놓치는 일이 확실히 줄어들 거예요.

부서장: 그러면 우리 지금까지 이야기한 내용을 정리해볼까요?

박 과장: 네. 부장님. 업무가 몰릴 때 바로 우선순위 조율 요청, 마감 2~3일 전에 중간보고, 일정 관리 툴 리마인드 설정, 이렇게 세 가지를 실천해보는 걸로 하면 될까요?

부서장: 네. 좋아요. 그렇게 하면 좋겠어요. 혹시 실행해보면서 어려움이 있거나 더 좋은 방법이 떠오르면 언제든 알려주세요. 2주 후 이 방식이 잘 적용되고 있는지도 같이 점검해보면 좋겠어요.

박 과장: 네, 알겠습니다. 제가 더 신경 쓰겠습니다.

부서장: 박 과장님, 요즘 업무 정말 열심히 하시는 거 저도 잘 알고 있어요. 이 부분만 조금 더 신경 쓰면 훨씬 더 원활하게 될 수 있을 거예요. 같이 잘 맞춰가보시죠!

박 과장: 네, 감사합니다. 더 신경 써서 해보겠습니다!

1. 이 피드백 대화를 통해 새롭게 알게 된 점은 무엇인가?

2. 이 피드백 대화에서 가장 기억에 남거나 인상적인 질문이나 대화 내용은 무엇이며, 그 이유는 무엇인가?

3. 특히 효과적이라고 느낀 인상 깊었던 피드백 스킬은 무엇인가?

4. 만약 본인이 직접 피드백을 한다면, 더욱 깊이 있고 효과적인 피드백을 위해 어떤 점을 다르게 하고 싶은가?

피드백 대화 3: 회의 중 다른 직원의 의견을 경청하지 않고 자신의 의견을 고집한 직원에게, 부서장이 팀워크와 소통 문화 개선을 위한 피드백을 제공하는 대화

상황 (Situation)

부서장: 이 차장님, 잠깐 시간 괜찮을까요? 지난주 화요일 오전에 있었던 부서 주간 회의에 대해 잠시 이야기 나누고 싶어요.

이 차장: 네, 괜찮습니다. 무슨 일이신데요?

부서장: 지난주 화요일, 우리 팀이 진행 중인 프로젝트와 관련해서 회의를 했었잖아요. 회의 중에 이 차장님께서 다양한 아이디어를 제시하면서 논의가 활발하게 진행됐죠.

행동 (Behavior)

부서장: 그런데 제가 보니까 이 차장님께서 회의 중에 다른 동료들의 의견을 충분히 듣기보다는 본인의 의견을 더 강조하는 모습이 보였어요. 예를 들면 다른 동료가 의견을 말하는 중간에 끼어들거나, 그 의견을 깊이 검토하기 전에 바로 반박하는 듯한 상황이 몇 번 있었어요. 그리고 특정 아이디어에 대해 부정적인 반응을 보이면서 대화를 빨리 마무리하려는 느낌도 들었고요.

이 차장: 아… 제가 그랬나요? 제 입장에서는 조금 더 효율적으로 논의를 진행하려고 했던 건데, 다른 팀원들이 그렇게 느낄 수도 있었겠네요.

부서장: 네, 물론 효율성도 중요하지만, 다양한 의견을 충분히 공유하는 것도 팀워크에서 중요하잖아요. 혹시 당시 상황에서 이 차장님은 어떤 생각이었는지 말씀해주실 수 있을까요?

이 차장: 음… 사실 저는 회의가 길어지는 걸 막고 빠르게 결론을 내고 싶었어요. 그리고 제 아이디어가 프로젝트 방향에 더 적합하다고 생각해서 그것을 조금 더 강하게 주장했던 것 같아요. 하지만 돌이켜보면 다른 팀원 분들의 의견을 충분히 듣지는 못했던 것 같네요.

영향 (Impact)

부서장: 네, 그 부분이 제가 오늘 말씀드리고 싶었던 부분이에요. 이 차장님의 적극적인 태도와 아이디어는 팀에 큰 도움이 되지만, 다른 동료들이 자신의 의견을 자유롭게 표현하는 분위기가 조금 위축될 수도 있겠다는 생각이 들었어요. 회의에서 모든 팀원이 골고루 의견을 낼 수 있어야 창의적인 해결책이 나오고, 서로 협업하는 과정도 더 원활해지잖아요. 그런데 특정 의견이 너무 강하게 주장되면 다른 팀원들이 자유롭게 아이디어를 내기가 어려워질 수 있어요. 그 결과, 팀 내 협업과 문제 해결 과정에 문제가 생길 가능성이 있죠.

이 차장: 네, 알겠습니다. 제가 너무 제 주장에 집중하다 보니까 다른 팀원 분들이 어떻게 느낄지는 미처 생각을 못했던 것 같아요. 앞으로는 조금 더 신중하게 의견을 나누도록 하겠습니다.

부서장: 네, 그렇게 해주시면 팀 전체적으로 더 균형 잡힌 논의가 될 거라고 생각합니다. 이 차장님께서는 워낙 전문성이 뛰어나고 아이디어도 훌륭해서 팀에 큰 기여를 하고 계신 거 잘 알고 있습니다. 앞으로 회의나 팀 업무를 진행할 때, 본인의 의견을 제시하는 것뿐만 아니라, 다른 동료들의 의견도 한 번 더 경청해주시면 어떨까요? 특히 동료들이 아이디어를 이야기할 때 잠깐 멈추고 끝까지 들어보거나, 먼저 의견을 수용하는 태도를 보여주면 다른 팀원들도 더 적극적으로 참여할 수 있을 거예요.

이 차장: 네, 알겠습니다. 앞으로는 팀 동료들의 의견도 더 열린 마음으로 듣고, 서로 조율하는 방향으로 개선해보겠습니다.

부서장: 고마워요. 그렇게 함께 맞춰가다 보면 우리 팀의 협업 분위기도 더 좋아지고, 프로젝트 결과도 훨씬 더 나아질 거라고 믿습니다. 앞으로도 함께 좋은 방향으로 만들어가면 좋겠습니다.

이 차장: 네, 좋은 피드백 주셔서 감사합니다. 저도 더 신경 써보겠습니다!

부서장: 그래요. 좋은 하루 보내세요.

이 차장: 네, 부장님. 감사합니다. 좋은 하루 보내세요.

1. 이 피드백 대화를 통해 새롭게 알게 된 점은 무엇인가?

2. 이 피드백 대화에서 가장 기억에 남거나 인상적인 질문이나 대화 내용은 무엇이며, 그 이유는 무엇인가?

3. 특히 효과적이라고 느낀 인상 깊었던 피드백 스킬은 무엇인가?

4. 만약 본인이 직접 피드백을 한다면, 더욱 깊이 있고 효과적인 피드백을 위해 어떤 점을 다르게 하고 싶은가?

피드백 대화 4: 세일즈 성과가 지속적으로 하락하고 있음에도 불구하고, 원인을 외부 환경 탓으로 돌리는 직원에게 행동 개선을 요하는 피드백을 제공하는 대화

부서장: 하 대리님, 잠시 이야기할 수 있을까요? 최근 성과 관련해서 함께 점검해보면 좋을 것 같아요.

하 대리: 네, 조금 바쁘긴 한데요. 어떤 일 때문에 그러세요?

부서장: 최근 몇 달 동안 하 대리님의 세일즈 성과가 계속 하락세를 보이고 있어서요. 하 대리님도 아시겠지만, 실적과 관련된 성과 관리는 우리 팀에서 중요한 부분이니까, 같이 이야기 나누면서 개선 방향을 찾아보면 좋을 것 같아요.

하 대리: 네… 그런데 요즘 금융 시장 상황이 전반적으로 좋지 않아서 그런 거 아닐까요? 저만 그런 게 아니라 다른 직원들도 많이 힘들어하잖아요.

상황 (Situation)

부서장: 맞아요. 금융 시장 상황이 쉽지 않은 건 사실이지만, 같은 환경에서도 성과를 내는 팀원들이 있어요. 하 대리님 성과를 보면 이번 분기 연속 목표 대비 70% 이하로 유지되고 있어요. 특히 이번 달에는 신규 고객 확보가 목표의 절반도 달성되지 않았고, 기존에 관리하는 고객 세일즈 성과도 낮아졌어요.

하 대리: 음… 그렇기는 하지만, 요즘 경기도 안 좋고 불황이라 고객들도 지갑을 닫고, 비용을 줄이는 분위기고요. 제가 노력하지 않은 건 아닙니다.

행동 (Behavior)

부서장: 하 대리님이 노력하고 있다는 건 저도 충분히 알고 이해해요. 하지만 몇 가지 패턴을 보면 개선할 수 있는 부분이 있는 것 같아요. 먼저, 기존 고객 대상 리텐션(Retention) 활동이 부족한 편이에요. 지난달 CRM 데이터를 보면 하 대리님이 연락한 고객 수가 팀 평균보다 30% 이상 낮았어요. 두 번째로, 신규 고객 접속 횟수도 다른 팀원들보다 적은 편이에요. 한 달 동안 고객 미팅이 5건 정도였는데, 다른 팀원들은 10~15건씩 진행했거든요. 마지막으로, 고객과의 미팅 후 후속 조치가 원

활하게 이루어지지 않은 경우가 많아요. 예를 들어 지난번 OOO 고객사 미팅 후 추가 자료 요청이 있었는데, 대응이 늦어지면서 경쟁사 쪽으로 계약이 넘어간 사례가 있었잖아요.

하 대리: 음… 제가 조금 더 적극적으로 연락했어야 했던 건 인정하지만, 고객들도 요즘 바빠서 피드백이 늦고, 제가 연락을 해도 반응이 미지근한 경우가 많아요.

영향 (Impact)

부서장: 맞아요, 고객님도 바쁘고 반응이 늦는 경우도 있죠. 하지만 그렇기 때문에 우리가 더 적극적으로 움직여야 하는 거예요. 제가 볼 때는 신규 고객 미팅이 적다 보니 새로운 세일즈 기회가 줄어들었고, 후속 연락이 부족하다 보니 고객 이탈이 발생한 것 같아요. 또 내부적으로 하 대리님이 맡았던 고객사의 세일즈 성사율이 팀 평균보다 낮은 상황이라 팀 전체 실적에도 영향을 주고 있어요.

하 대리: 제가 팀에 피해를 주려고 한 건 아닌데요… 그냥 요즘 상황이 다들 어렵다 보니까요.

부서장: 당연하죠. 하 대리님이 일부러 그런 게 아니라는 거 잘 알아요. 그리고 세일즈가 항상 쉬운 건 아니니까요. 어려움을 겪는 것도 이해하고요. 다만 지금 중요한 건 이 문제를 우리가 어떻게 개선하고 해결할 수 있을지 함께 고민해보는 거예요. 저도 도와드릴 테니까 몇 가지 실천할 방법을 찾아보면 어떨까요? 어떤 방법이 있을까요?

하 대리: 우선, 성과를 개선할 수 있는 방법은요. 첫 번째, 기존 고객 리텐션 강화를 위해 고객 미팅 후 48시간 이내에 후속 연락을 완료하는 룰을 만들어보면 어떨까요? 그리고 두 번째로 한 달에 한 번씩 주요 고객에게 맞춤 제안을 하는 걸 시도해보겠습니다. 세 번째로 신규 고객 미팅 확대를 위해 다음달부터 최소 주 2회 이상 신규 고객 미팅을 목표로 잡고, 적극적으로 기회를 만들어보겠습니다. 마지막으로 속도를 높이기 위해 고객이 요청한 자료나 제안은 48시간 이내에 전달하는 기준을 세우고, 고객 응대 속도를 높이는 방법을 더 고민해보겠습니다.

부서장: 좋아요! 부담스럽다면 처음부터 목표를 너무 크게 잡기보다는 일단 이번 달에는 기존 고객 후속 연락 방법부터 개선해보고, 다음달부터 신규 미팅을 늘려가는 방식으로 해보면 어떨까요?

하 대리: 네, 그렇게 하는 게 좋을 것 같아요.

부서장: 좋습니다! 중요한 건 하 대리님이 세일즈 역량을 충분히 가지고 계시고, 조금만 더 적극적으로 고객에게 접근하면 성과가 충분히 나아질 수 있다는 거예요. 저는 하 대리님이 잘할 수 있다고 믿어요. 어려운 점이 있으면 망설이지 말고 언제든지 이야기해주세요. 저도 적극적으로 지원하겠습니다.

하 대리: 감사합니다. 이번 달에는 말씀해주신 대로 실천해보겠습니다.

부서장: 좋아요! 2주 후에 오늘 우리가 논의한 내용을 한 번 더 점검하면서 어떤 부분이 잘되고 있고, 어떤 부분을 강화하거나 개선하면 좋을지 같이 이야기해보면 어떨까요?

하 대리: 네, 그렇게 하겠습니다!

부서장: 네. 하 대리님. 시간 내줘서 고마워요.

1. 이 피드백 대화를 통해 새롭게 알게 된 점은 무엇인가?

2. 이 피드백 대화에서 가장 기억에 남거나 인상적인 질문이나 대화 내용은 무엇이며, 그 이유는 무엇인가?

3. 특히 효과적이라고 느낀 인상 깊었던 피드백 스킬은 무엇인가?

4. 만약 본인이 직접 피드백을 한다면, 더욱 깊이 있고 효과적인 피드백을 위해 어떤 점을 다르게 하고 싶은가?

제 **4** 장

금융인을 위한 코칭 툴킷(Toolkit): 코칭 실전 도구 모음

학습 목표

제4장의 학습 목표는 다음과 같다.

- 코칭 기록 양식, 피드백 체크리스트, 목표 설정 대화 도구 등 다양한 코칭 실전 도구(Toolkit)의 구조와 목적을 이해하고, 코칭 대상자와의 실제 코칭 상황에 맞게 효과적으로 활용할 수 있다.
- 코칭의 핵심 단계별 질문 기법을 체계적으로 학습하고, 이를 바탕으로 실제 코칭 대화에서 신뢰와 성장을 이끄는 코칭을 효과적으로 실행할 수 있다.
- 다양한 코칭 툴킷(Toolkit) 활용을 통해 자신의 코칭 방식을 객관적으로 점검하고, 지속적인 코칭 스킬 향상을 위한 방향에 대해 이해하고 이를 실천할 수 있다.

학습 개요

조직 구성원의 잠재된 역량을 이끌어내고 성장할 수 있도록 지원하는 방향으로 진화하고 있는 현대의 환경에서, 특히 금융업과 같이 빠른 의사결정과 높은 성과가 요구되는 산업에서는 리더가 팀원과의 코칭 대화를 통해 몰입을 유도하고 자발적인 실행을 지원하는 코칭 역량을 갖추는 것이 매우 중요하다. 이번 장에 수록된 코칭 툴킷(Toolkit)은 이러한 리더십의 변화를 실질적이고 효과적으로 지원하기 위해 개발되었으며, 현장에서 바로 활용 가능한 실무 중심의 도구 모음으로 구성하였다. 코칭 기록 양식, 피드백 체크리스트, 리더의 성찰 도구, 목표 설정 및 성과 대화 양식, 코칭 단계별 활용할 수 있는 코칭 질문 목록 등은 실제 현업에서 바로 활용할 수 있도록 설계되었으며, 리더 개인의 코칭 활동을 지속적으로 지원하는 도구(Tool)로 활용 가능하다.

각 도구는 리더가 코칭 대화를 준비하고, 실제 팀원과 코칭 대화를 통해 팀원의 성장 과정을 이끄는 데 실질적인 도움을 제공할 수 있도록 구성하였다. 또한 이 도구 모음을 통해 리더 스스로의 코칭 방식을 되돌아보고 코칭 근육을 강화할 수 있도록 리더의 성찰 도구도 함께 포함하였다. 이를 통해 리더의 코칭은 팀원의 성장과 팀의 성과를 위한 연결고리로 자리매김할 것이다.

이 툴킷을 효과적으로 활용하기 위해서는 코칭 대화의 전과 후에 양식(Template)을 작성하는 단계를 넘어 정기적으로 성과를 점검하는 리더의 실천 도구로 활용하는 것을 적극 추천한다. 도구의 진정한 가치는 형태에 있는 것이 아니라, 그것을 어떻게 활용하는가에 달려 있다. 리더가 코칭을 통해 구성원과 신뢰를 구축하고, 목표를 공유하며, 자율적인 실행을 이끌어내는 역량을 강화하는 데 있어 이 코칭 툴킷은 그 여정을 함께할 실질적인 코칭 안내서이며, 일상적인 리더십 활동 속에서 반복적으로 활용함으로써 리더의 근육을 키울 수 있는 도구로 자리매김할 것을 기대한다.

제 4 장

금융인을 위한 코칭 툴킷(Toolkit): 코칭 실전 도구 모음

1절 코칭 기본 툴(Tool)

1 코치 체크리스트

분류	체크리스트 항목
1. 소통 및 신뢰 구축	팀원의 의견을 경청하고 공감하며 반응한다.
	팀원과 신뢰를 형성하며 열린 소통을 한다.
	심리적으로 안전한 환경을 조성하여 팀원이 의견을 자유롭게 이야기하도록 한다.
2. 피드백 및 성과 관리	팀원 개개인의 니즈에 기반한 건설적인 피드백을 제공한다.
	팀원의 성과를 주기적으로 검토하고 함께 개선 방향을 검토한다.
	팀원이 피드백을 수용하고 지속적으로 개선하려는 태도를 가질 수 있도록 동기를 제공한다.
	팀원이 이루어낸 성과를 인정하고 칭찬한다.
3. 목표 설정 및 방향 제시	SMART 원칙에 기반하여 명확하고 달성 가능한 목표를 설정하도록 지원한다.
	팀원의 업무 목표가 조직과 사업 부서의 전략과 일치하도록 지원한다.
	문제를 해결할 수 있도록 적극적으로 지원한다.
4. 팀원 성장 및 동기 제공	팀원의 학습과 성장을 지원한다.
	팀원에게 학습 기회를 제공하고 지속적인 성장과 발전을 지원한다.
	팀원의 장기적인 경력 목표를 고려한 코칭을 한다.
	팀원이 자신의 잠재력을 최대한 발휘할 수 있도록 동기를 제공한다.

분류	체크리스트 항목
5. 강점 및 자율성 활용	팀원의 강점에 대해 파악하고 이를 업무에서 구체적으로 활용할 수 있도록 동기를 제공한다.
	팀원의 자율성과 책임감을 강화한다.
	팀원이 새로운 아이디어를 적극적으로 낼 수 있도록 격려한다.
6. 도전적인 상황 대처	도전적인 상황에서도 인내하고 이를 해결할 수 있도록 지원한다.
	팀원이 업무에 필요한 자원(Resource)을 제공하여 지원한다.

활용 방법

1. 체크리스트를 정기적으로 활용하여 자신의 코칭 스타일을 점검하고, 개선해야 할 요소들을 도출한다.
2. 팀원 개개인의 상황에 맞는 코칭과 성장 기회를 제공한다.
3. 팀원들의 목표 설정과 성과 평가 과정에서 체크리스트를 활용하여 팀원의 지속적인 성장과 발전을 지원하고, 업무의 명확한 방향성을 알 수 있도록 한다.

2 코칭 기록 양식

항목	내용
1. 기본 정보	
코칭 일자/시간	
코칭 장소	
팀원 이름	
2. 코칭 목표	
이번 코칭의 주요 목표	(코칭을 하는 이유와 배경을 간략히 기술)
단기 목표	(이번 코칭 세션에서 달성하고자 하는 구체적인 목표)
장기 목표	(코칭의 최종 목표)
3. 코칭 세션 요약	
핵심 논의 내용	(코칭 세션 중 논의된 주요 주제와 내용을 간략히 정리)
주요 질문	(리더가 사용한 주요 질문과 팀원의 반응을 간략히 정리)
팀원의 통찰 및 발견	(코칭 세션 중 팀원이 얻은 새로운 깨달음 혹은 통찰에 대해 간략히 기술)

항목	내용
4. 실행 계획 (Action Plan)	
팀원의 실행 계획	(코칭 세션 후 팀원이 수행할 구체적인 행동 계획)
실행 계획 목표 1	
실행 계획 목표 2	
실행 계획 목표 3	
실행 기한	(각 목표의 완료 예정일)
5. 피드백 및 개선 사항	
리더의 피드백	(팀원이 개선해야 할 점 또는 추가로 고려해야 할 사항)
팀원의 피드백	(코칭 세션에 대한 팀원의 의견 및 요청 사항)
6. 코칭 성과 평가	
목표 달성도 평가	(코칭 세션에서 설정한 목표 달성 여부와 성과를 평가, 5점 척도 또는 간략히 기술)
세션에 대한 총평	(코칭 세션의 전체적인 효과와 개선점을 기술)
7. 다음 코칭 계획	
다음 코칭 일정	
다음 코칭에서 다룰 주제	(다음 코칭에서 논의하기로 한 주요 주제 및 내용)

활용 방법

1. 각 코칭 세션 종료 후 즉시 이 양식을 작성하여 정리한다.
2. 작성된 기록을 통해 코칭 진행 상황을 체계적으로 관리하고, 팀원의 성장 과정을 기록하며 성장과 발전을 지원하는 데 활용한다.
3. 코칭 완료 후 기록을 검토하여 향후 코칭에서 팀원의 성장과 발전 방향을 더욱 효과적으로 준비하는 자료로 활용한다.

3 GROW 코칭 모델에 기반한 코칭 기록 양식

항목	내용
1. 기본 정보	
코칭 일자/시간	
코칭 장소	
팀원 이름	
2. Goal(목표 설정)	
코칭 세션 목표	(이번 코칭에서 팀원이 달성하고자 하는 구체적인 목표를 명확히 기술)
장기 목표	(팀원의 최종적인 비전이나 장기적으로 달성하고자 하는 목표)
성공 기준	(목표 달성 여부를 판단할 수 있는 구체적이고 측정 가능한 기준)
목표의 중요성	(이 목표가 팀원에게 중요한 이유와 의미)
3. Reality(현실 점검)	
현재 상황	(팀원의 현재 상황을 구체적으로 기술. 예: 현재 성과, 도전 과제 등)
주요 이슈	(팀원이 해결해야 하는 주요 문제나 극복해야 할 장애물 등)
팀원의 강점	(팀원이 보유하고 있는 강점, 스킬, 경험 등)
과거의 성공 사례	(과거에 비슷한 상황에서 성공적으로 해결한 사례가 있다면 기술)
현재 활용 가능한 자원(Resource)과 지원	(팀원이 목표 달성을 위해 활용할 수 있는 자원이나 지원 사항을 기재)
4. Options(대안 탐색)	
가능한 대안	1. (목표 달성을 위해 팀원이 시도해볼 수 있는 첫 번째 대안)
	2. (두 번째 대안)
	3. (세 번째 대안)
각 대안의 장단점	(각 대안의 실행 가능성, 위험 요소, 예상 성과 등을 기록)
우선순위 설정	(논의된 대안 중에서 가장 실행 가능성이 높거나 효과적인 방안을 우선적으로 선택)
새로운 아이디어	(팀원이 제안한 대안 외에 새로운 가능성 있는 해결 방안이 있다면 기록)
5. Will(실행 계획)	
구체적인 실행 계획	1. (팀원이 실행할 첫 번째 실행 계획)
	2. (두 번째 실행 계획: 해당하는 경우에 기술)
	3. (세 번째 실행 계획: 해당하는 경우에 기술)
실행 일정	(각 실행 계획의 실행 일자와 마감 기한을 명확히 기록)
책임 및 역할 분담	(리더와 팀원이 각각 맡아야 할 역할이나 책임)
필요한 자원	(목표 달성을 위해 팀원이 요청하거나 활용할 자원)
기대 효과	(계획 실행 시 팀원이 성취할 수 있는 구체적인 성과와 변화 등)

항목	내용
6. 피드백 및 점검	
코치의 피드백	(팀원의 실행 계획과 코칭 내용을 기반으로 한 구체적인 피드백을 기술)
점검 계획	(성과 점검을 위한 다음 코칭 세션 일자, 점검 방식, 주요 지표 등)
장애물 관리	(실행 중 예상되는 어려움과 이를 극복하기 위한 방안 등)
7. 성과 평가(후속 기록)	
목표 달성 여부	(팀원이 실행 계획을 이행하고 목표를 달성했는지 평가)
주요 성과	(실행 후 팀원이 달성한 주요 성과와 변화)
추가 발전 방향	(추가적으로 개선하거나 발전할 수 있는 부분)
후속 코칭 세션 필요 여부	(필요 시 다음 코칭 세션에서 다룰 주제나 향후의 계획)

활용 방법

1. 목표 설정부터 실행 계획까지 자세하게 기록하고, 각 코칭 단계에서 논의된 내용을 체계적으로 정리한다.
2. 팀원이 직접 실행할 수 있는 구체적인 실행 계획을 수립하고, 실행 여부와 성과 진척도를 주기적으로 점검한다.
3. 목표 달성 여부를 평가하고, 장애물 극복 전략을 포함한 후속 코칭 계획을 수립하여 팀원의 지속적인 성장을 지원한다.

2절 성찰 및 평가 도구

1 코칭 성찰 양식

항목	내용 작성란
기본 정보	
코칭 일자/시간	
코칭 대상	
코칭 주제	
코칭 목표	이번 코칭의 목표는 무엇이었는가?
진행 내용	코칭 세션에서 다룬 주요 내용은 무엇인가? (구체적으로 작성)
성과 평가	
목표 달성 정도	1~5점 척도 (1: 전혀 달성하지 못함, 5: 달성)
이유	
코칭 대상자의 반응	
긍정적인 부분	
개선이 필요한 부분	
코칭 방식 평가	
잘한 점	
개선이 필요한 점	
코칭의 어려움	
어려웠던 점	
극복 방법	
추후 계획	
개선할 점	
추가 지원 필요 사항	
기타 성찰	이번 코칭 세션을 통해 느낀 점이나 배운 점을 자유롭게 기술

활용 방법

1. 코칭 종료 후 충분한 시간을 들여 성찰(Reflection)이 가능하도록 자세하게 작성한다.
2. 코치로서 긍정적인 영역과 개선 영역을 균형 있게 작성하여 객관성을 유지하기 위해 노력한다.

3. 각 항목을 작성하며 다음 코칭의 개선 방안을 검토 및 계획하고 다음 코칭 세션에서 작성한 내용을 충분히 활용한다.

2 ERRC 프레임워크에 기반한 코칭 성찰 양식

카테고리	성찰 질문	성찰 내용
Eliminate (제거)	코칭 중 불필요하거나 비효율적인 요소는 무엇이었는가?	
	팀원의 성장에 방해가 되었던 태도나 접근 방식(예: 지나친 지시, 지나친 설명)은 무엇이었는가?	
	팀원이 자유롭게 사고하거나 의견을 표현하는 것을 저해했던 특정 행동(예: 지나친 개입, 압박감 조성)은 무엇이었는가?	
Reduce (감소)	과도했던 부분(예: 지나친 정보 제공, 세부 지시)이 있었다면 무엇인가?	
	팀원의 자율성을 높이기 위해 줄여야 할 코칭 방식이나 대화 내용은 무엇인가?	
	불필요하게 시간을 많이 할애했던 영역은 어디였는가?	
Raise (증가)	팀원의 강점을 더욱 발전시키기 위해 노력하거나 확대해야 할 요소는 무엇인가?	
	팀원의 목표 달성을 지원하기 위해 추가적으로 어떻게 질문하거나 피드백을 제공해야 하는가?	
	팀원의 업무 몰입도와 동기부여를 높이기 위해 어떤 방식(예: 칭찬과 인정, 구체적 목표 설정)을 더 활용해야 하는가?	
Create (창출)	코칭 과정에서 새롭게 시도해볼 만한 방법(예: 새로운 질문 방식, 경청 등의 코칭 스킬)은 무엇인가?	
	팀원의 성장을 위해 어떤 새로운 기회(예: 새로운 프로젝트, 리더십 경험, 계 이동을 통한 업무 변경 등)를 제공할 수 있을까?	
	팀원의 잠재력을 끌어내기 위해 이전과는 다른 접근 방식(예: 더 개방적인 대화, 비판보다 격려 위주의 대화)을 어떻게 적용할 수 있을까?	

활용 방법

1. "좋았다" 또는 "개선이 필요하다"와 같은 단순한 표현이 아니라, 코칭 스킬을 강화하기 위해 구체적으로 작성한다.
2. 코칭 종료 후 즉시 기록 및 정리하여 성찰의 효과를 극대화한다.
3. 작성된 내용을 정기적으로 검토하여 리더로서 코칭 역량을 체계적으로 발전시키는 기회로 활용한다.

ERRC 모델: Eliminate(제거), Reduce(감소), Raise(증가), Create(창출)의 네 가지 요소를 중심으로 전략을 도출하거나 개선 방향을 설정하는 데 활용되는 프레임워크(Framework)

3절 피드백 툴(Tool)

1 피드백 체크리스트

분류	체크리스트 항목
1. 피드백 전달의 기본 원칙	피드백은 구체적이고 명확하며 이해하기 쉬워야 한다.
	피드백은 관찰된 사실(Fact)에 기반하여 제공해야 한다.
	피드백의 목적과 의도를 명확히 설명해야 한다.
	피드백은 짧고 간결하게 하지만, 필요한 정보를 충분히 포함해야 한다.
2. 피드백의 타이밍 및 효과성	피드백을 적시에 제공하여 효과를 극대화한다.
	지속적인 피드백을 통해 행동의 변화 과정을 트래킹(Tracking)하고 지원한다.
	피드백의 효과를 높이기 위해 상황과 팀원의 성향에 맞게 피드백 전달 방식을 맞춤화한다.
3. 내용의 균형 및 구체성	긍정적인 행동의 강화와 바람직한 행동의 개선이 필요한 영역을 균형 있게 포함한다.
	구체적인 예시를 사용하여 피드백 내용을 뒷받침한다.
	개선점뿐 아니라 강점과 성과에 대해 인정 및 칭찬을 한다.
4. 개선점과 실행 가능성	현실적이고 실행 가능한 구체적인 개선 방법에 대해 제안한다.
	피드백이 팀원의 업무 목표, 팀의 목표, 그리고 조직의 목표와 연계되도록 한다.

분류	체크리스트 항목
5. 상대방의 관점 고려 및 대화	상대방의 감정과 관점을 충분히 고려하고, 공감하는 태도로 피드백을 전달한다.
	상대방이 충분히 말할 기회를 주고 쌍방향 대화로 피드백이 이루어지도록 한다.
	상대방이 피드백의 내용을 충분히 이해했는지 확인하고, 필요하면 다시 자세히 설명한다.
6. 피드백의 동기 부여 요소	피드백이 성장과 변화를 촉진할 수 있도록 동기 제공 요소로 활용한다.
	피드백과 관련하여 제안되거나 합의된 개선 사항에 대해 스스로의 계획을 정리 및 수립할 수 있도록 한다.
	팀원이 피드백을 수용하고 행동에 옮길 수 있도록 최대한 지원한다.
7. 존중 및 신뢰	팀원의 성향, 가치관 등에 대해 비판하지 않고 구체적으로 관찰된 행동이나 결과만을 기반으로 피드백한다.
	피드백을 제공할 때 존중과 신뢰를 바탕으로 전달한다.

활용 방법

1. 체크리스트를 활용하여 피드백의 기본 원칙, 타이밍, 내용을 점검하여 효과적이고 명확한 피드백을 전달한다.
2. 현실적이고 실행 가능한 개선점을 제안 혹은 합의하고, 팀원의 업무 목표, 팀의 목표, 그리고 조직 목표와 연계하여 실행력을 강화한다.
3. 상대방의 관점과 감정을 존중하며, 동기부여 요소를 포함한 쌍방향 대화를 통해 팀원과 신뢰를 구축하고 성장과 변화를 촉진한다.

2 피드백 기록 양식

항목	내용
1. 기본 정보	
피드백 일자	
피드백 시간	
피드백 대상자	
피드백 주제	(예: 프로젝트 진행 상황, 업무 성과, 특정 행동의 강화 혹은 개선 등)

항목	내용
2. 피드백 배경	
피드백의 목적	(피드백을 제공하는 이유와 목적)
관련된 업무/활동	(피드백과 관련된 특정 프로젝트, 세일즈 성과, 과제, 행동, 상황 등)
피드백 기준	(목표, 성과 평가 기준, 행동 등)
3. 피드백 내용	
긍정적 측면 (강점)	1.
	2.
	3.
행동의 개선이 필요한 사항	1.
	2.
	3.
구체적 예시	(긍정적/개선 사항에 대한 구체적 상황 혹은 사례)
4. 행동 합의(제안) 및 개선 계획	
구체적인 행동 합의 (제안)	1.
	2.
	3.
실행 방법	(개선 사항에 대한 구체적 실행 방안)
기대 효과	(합의 혹은 제안된 행동이 달성될 경우 기대되는 성과나 효과)
5. 피드백 대상자의 의견	
대상자의 반응	(피드백에 대한 수용 여부 및 의견)
추가 요청 사항	(대상자가 요청한 내용 혹은 필요한 지원 사항)
6. 실행 일정 및 점검 계획	
실행 계획	(개선 방안을 실행하기 위한 구체적 일정 및 활동)
점검 시점	(성과 확인 및 후속 피드백 일자)
7. 피드백 성과 평가 (후속 기록용)	
성과 달성 여부	(개선 목표 달성 여부를 기술)
후속 피드백의 필요성	(필요한 경우 후속 피드백 계획)

활용 방법

1. 피드백 과정에서 논의된 내용을 구체적으로 기록하여 체계적으로 정리하고 관리한다.
2. 피드백 제공자와 대상자가 합의한 개선 계획과 실행 계획을 명확하게 정리하고 상호 합의한 내용을 기록하고 관리한다.
3. 기록된 내용을 정기적으로 검토하고, 후속 피드백 대화에서 효과적으로 활용한다.

3 CAI 피드백 모델에 기반한 피드백 기록 양식

항목	내용
1. 기본 정보	
피드백 일자/시간	
피드백 대상자	
피드백 주제	(예: 프로젝트 진행 상황, 업무 성과, 특정 행동의 강화 혹은 개선 등)
2. 상황 (Context & Circumstances)	
발생한 상황	(피드백이 발생한 구체적 상황: 시간, 장소, 관련된 업무 또는 사건)
배경 설명	(해당 상황이 발생하게 된 배경과 맥락을 간단히 설명)
3. 행동 (Action)	
대상자의 행동	(대상자가 한 구체적인 행동을 명확하고 객관적으로 기술: "이랬다"가 아닌, 실제로 관찰한 구체적인 행동을 기록)
관련된 구체적 사례	(피드백과 관련된 행동이나 구체적인 사례 또는 데이터, 예: 고객 응대, 제출한 보고서, 팀 주간 회의에서의 발언 내용 등)
행동의 긍정적 측면	(잘한 점, 강화해야 할 행동, 긍정적으로 작용한 부분)
행동의 개선이 필요한 부분	(개선해야 할 행동, 해당 행동이 바람직하지 않았던 맥락 혹은 이유)
4. 영향 (Impact)	
긍정적 영향	(대상자의 행동이 긍정적으로 영향을 미친 부분, 예: 팀 목표 달성에 기여, 팀워크에 긍정적인 영향, 효율적인 업무 진행 등)
부정적 영향	(대상자의 행동이 초래한 부정적인 영향이나 결과를 구체적으로 기술: "문제가 발생했다" 대신 그로 인해 발생한 상황에 대해 구체적으로 언급)
관련 데이터/사례	(영향을 뒷받침할 수 있는 구체적인 데이터나 사례, 예: 프로젝트 지연, 고객 불만, 팀원 간 갈등과 이로 인한 불신 증가 등)
5. 추가 의견 및 제안	
긍정적 강화 제안	(긍정적인 행동을 강화하기 위한 구체적 제안, 예: 이와 비슷한 방식을 다른 업무에도 적용할 수 있도록 피드백)
개선 행동 제안	(개선이 필요한 행동에 대해 구체적인 실행 가능성을 제안, 예: 보고서 작성 시 검토 과정을 추가하고 마감 시한을 준수, 고객 요구 사항에 대한 빠른 확인 등)
기대 효과	(제안된 행동을 통해 달성할 수 있는 결과와 성과, 예: 업무 효율성 증대, 팀원 협업 증대 등)

항목	내용
6. 대상자의 반응	
대상자의 수용 여부	(피드백에 대한 대상자의 태도와 수용 여부: 긍정, 부정, 묵묵부답 등)
대상자의 의견 및 요청	(피드백과 관련된 대상자의 추가 의견, 제안 또는 필요한 지원 사항 등)
7. 실행 및 점검 계획	
실행 목표	(개선해야 할 행동이나 강화해야 할 행동에 대한 구체적인 목표 설정)
실행 일정	(실천을 위한 세부 일정: 언제, 어떤 방식으로 실행할 것인가 등)
점검 방법	(실행 상황과 결과를 점검할 방법, 예: 주간 회의, 성과 평가 보고, 1:1 피드백 대화 등)
점검 시점	(성과를 확인하고 후속 피드백을 제공할 시점)
8. 피드백 성과 평가	
성과 달성 여부	(합의된 행동이 실행되었는지 여부와 결과에 대한 평가: 개선이 이루어진 사례를 구체적으로 기술)
추가 피드백 필요성	(필요시 후속 피드백 또는 지원 방안에 대한 합의나 제안)

활용 방법

1. 피드백 대상자의 객관적인 사실과 행동에 집중하고, CAI 피드백 모델을 활용하여 명확하고 구체적으로 기록한다.
2. 피드백 대상자와 실행 계획을 함께 논의하고, 실질적인 변화를 이끌어낼 수 있도록 실행 가능성이 높은 개선 방안을 제안하거나 합의한다.
3. 기록된 피드백을 주기적으로 검토하고 후속 피드백 대화에서 활용하여 지속적인 성장과 발전을 지원한다.

4절 목표 설정 및 성과 대화 지원 도구

1 목표 설정 대화 양식

주제	질문	답변	메모
1. 작년 성과와 성찰	작년에 이루었던 성과 중 가장 기억에 남는 것은 무엇인가요? 그것은 올해 목표와 어떠한 관련성이 있나요?		
	작년에 아쉬웠던 점은 무엇인가요? 그리고 올해 더 잘해보고 싶은 업무가 있다면 무엇인가요?		
	올해 목표를 설정할 때 본인이 중요하게 생각하는 기준은 무엇인가요? 그 이유는 무엇인가요?		
	정기적으로 피드백 대화를 하고 있는데 지금 대화 방식에 대한 피드백이 있나요?		
2. 올해의 개인 목표 설정	올 한 해 어떤 부분에서 가장 성장하고 싶은가요? 그 이유는 무엇인가요?		
	올해 본인이 이루고 싶은 가장 큰 목표는 무엇인가요?		
	현재 업무와 관련해 새롭게 도전하거나 학습하고 싶은 분야는 무엇인가요?		
	올해 업무에서 가장 기대되는 부분은 무엇인가요?		
3. 조직과의 연계	올해 팀의 목표와 본인의 목표를 어떻게 연결할 수 있을까요?		
	팀의 성공을 위해 본인이 기여할 수 있는 핵심적인 역할은 무엇이라고 생각하시나요?		
	올해 팀 내에서 어떤 방식으로 협력하거나 팀워크를 강화하고 싶으신가요?		
	회사의 방향성이나 비전에 대해 궁금한 점이나 더 알고 싶은 점이 있으신가요?		

주제	질문	답변	메모
4. 실행 계획의 구체화	올해 목표를 이루기 위해 가장 중요한 우선순위는 무엇이라고 생각하시나요?		
	목표 달성을 위해 어떤 단기적인 행동 계획이 필요할까요?		
	목표 달성 과정에서 팀이나 제가 어떤 지원을 해드리면 좋을까요?		
	올해 목표 진행 상황을 점검하고 조율하기 위해 어떤 방식이 효과적일까요?		
5. 장기적인 관점 반영	올해가 본인의 커리어에서 어떤 전환점이 되기를 바라시나요?		
	3년 혹은 5년 뒤 목표를 생각했을 때, 올해 어떤 준비를 하면 좋을까요?		
	장기적인 목표를 위해 올해 반드시 달성해야 한다고 생각하는 것은 무엇인가요?		
	이번 연도를 본인의 전문성이나 경력(커리어) 개발에 어떻게 활용하고 싶으신가요?		

활용 방법

1. 지난해 성과와 개선점을 분석하여 올해의 목표를 설정하고, 개인 목표와 팀 목표를 효과적으로 정렬(Alignment)한다.
2. 업무 목표와 관련한 구체적인 실행 계획을 수립하고, 정기적인 피드백과 대화를 통해 목표 진행 상황을 점검하고 조정한다.
3. 팀원의 장기적인 커리어 목표와 팀과 조직의 방향성을 반영하여 목표를 설정하고, 협업과 팀워크를 강화한다.

2 분기 성과 대화 양식

카테고리	질문
성과 (Performance)	지난 분기 동안 본인이 가장 의미 있게 느낀 성과는 무엇인가요? 왜 그렇게 생각하나요?
	지난 분기에 아쉬움이 남았던 부분이 있다면 어떤 점이었고, 그 이유는 무엇인가요?
	다음 분기에는 어떤 업무에 가장 집중하고 싶은가요? 그 이유와 함께, 어떻게 추진해 나갈 계획인지 설명해주실래요?
성장 (Growth)	지난 분기 동안 본인의 성장과 관련해 노력했던 것이 있다면 어떤 것이 있었고, 그 결과는 어땠나요?
	다음 분기에 본인이 성장하고 싶은 부분이나 집중하고 싶은 역량은 어떤 것인가요? 그렇게 계획한 이유는 무엇인가요?
웰빙 (Wellbeing)	지난 분기 본인의 웰빙 상태는 어땠다고 평가하나요? 그렇게 평가한 이유는 무엇인가요?
	다음 분기에는 본인의 웰빙을 위해 어떤 점을 더 신경 쓰고 싶은가요? 그리고 그 이유는 무엇인가요?
팀 협업 (Team Collaboration)	우리 팀이 더 잘 협업하고 성장하기 위해 시도해볼 수 있는 변화나 제안이 있다면 무엇인가요?

활용 방법

1. 분기 성과 대화 전에 사용할 질문을 팀원에게 공유하고, 성과 대화 시 이를 중심으로 자유롭게 이야기한다.
2. 성과, 성장, 웰빙, 그리고 팀 협업 영역을 균형 있게 다룸으로써 업무뿐만 아니라 팀원 개개인의 동기와 상황도 함께 구체적으로 파악하도록 한다.
3. 팀원이 스스로 지난 분기 성과와 성장 과정을 돌아보고, 다음 분기의 핵심 집중 영역을 스스로 계획할 수 있도록 한다.

3 연말 성과 평가 대화 양식

성장(Growth) 관련 질문	답변	메모
올해의 성과 및 개인의 성장에 대해 어떻게 평가하시나요? 그렇게 평가한 이유는 무엇인가요?	•	
본인의 성장과 관련하여 얼마만큼 성장했나요?	•	
어떠한 측면에서 성장을 하였나요? 그렇게 생각하는 이유는 무엇인가요?	•	
본인의 성장과 관련하여 아쉬운 부분은 무엇인가요? 그렇게 생각하는 이유는 무엇인가요?	•	
성과(Performance) 관련 질문	**답변**	**메모**
공유하고 싶은 본인의 성과 Top 3~5는 무엇인가요? 본인의 성과가 조직, 팀, 그리고 본인에게 어떻게 기여했나요?	•	
본인의 성과와 관련하여 아쉬운 부분은 무엇인가요? 그렇게 생각하는 이유는 무엇인가요?	•	
한 해 동안 나의 성장을 가장 많이 도와준 조직 내 직원(1~3명)은 누구인가요?	•	
그들로부터 무엇을 배우고 활용해보았나요?	•	
피드백(Feedback) 관련 질문	**답변**	**메모**
올해 받은 피드백 중 가장 기억에 남는 피드백은 무엇이며, 그 이유는 무엇인가요?	•	
피드백 수렴 후 행동 강화나 개선을 위해 노력한 영역이 있나요? 있다면 무엇인가요? 결과는 어떠했나요?	•	

웰빙(Wellbeing) 관련 질문	답변	메모
올 한 해 본인의 웰빙(Wellbeing)을 어떻게 평가하시나요?	•	
그렇게 평가한 이유 혹은 근거는 무엇인가요?	•	
내년도 웰빙(Wellbeing)을 위해서 집중하고 싶은 것은 무엇인가요?	•	
내년도 우선순위(Priorities) 관련 질문	**답변**	**메모**
내년도에 업무 추진 중점 사항은 어떠한 것이 있나요?	•	
내년도에 개인의 성장을 위해 집중해야 할 것은 무엇이 있을까요?	•	
내년도에 팀으로서 함께 성장하기 위해 집중해야 할 것은 무엇이 있을까요?	•	
기타(Others) 질문	**답변**	**메모**
그 외 논의하고자 하는 주제가 있다면 무엇인가요?	•	

활용 방법

1. 성장, 성과, 피드백, 웰빙(Wellbeing), 내년도 우선순위를 균형 있게 다루는 질문을 통해 팀원의 한 해 성과와 개선점을 평가하고, 내년도 목표와 성장 방향을 구체화한다.
2. 한 해 성과와 조직 내 협업 경험을 성찰하며, 팀원 개인의 팀 기여도를 정리하고 다른 팀원과의 협력을 더욱 강화할 수 있는 계획을 논의한다.
3. 팀원의 웰빙 상태 확인을 통해 업무와 개인적 삶의 균형을 유지하고, 내년도 업무 목표와 관련된 우선순위를 설정한다.

5절 경청 및 코칭 핵심 역량 점검

1 경청 체크리스트

항목	문항
경청 태도	상대방의 말을 끝까지 듣고 중간에 끼어들지 않는다.
	대화 중 스마트폰이나 다른 외부 자극에 주의를 빼앗기지 않는다.
	상대방의 말을 듣는 동안 고개를 끄덕이거나 적절한 반응을 보인다.
	상대방이 말할 때 집중하기 위해 마음속으로 자신의 답변을 준비하지 않는다.
	상대방의 말이 끝난 후에도 말한 내용을 충분히 이해하려 한다.
공감 및 존중	상대방의 감정을 존중하며 공감의 표현을 한다.
	상대방이 불편함을 느끼지 않도록 분위기를 조성한다.
	상대방의 말에 대해 비판하거나 방어적으로 반응하지 않는다.
	상대방이 공유하기 꺼려하는 내용에 대해 억지로 캐묻지 않는다.
관찰 및 비언어적 신호	대화 중에 상대방의 표정, 몸짓, 톤을 주의 깊게 관찰한다.
	대화 중 상대방이 사용하는 비언어적 신호를 주의 깊게 파악한다.
요약 및 확인	상대방이 말하는 내용의 핵심을 이해하려고 노력한다.
	대화 후 상대방이 말한 주요 요점을 다시 요약하거나 확인하기 위해 질문한다.
반응 및 피드백	자신의 의견을 말하기 전에 상대방의 의견을 충분히 고려한다.
	상대방이 사용하는 단어나 표현을 그대로 반영하여 답변한다.
	"이해했습니다" 또는 "맞아요" 등의 표현으로 적절히 반응한다.
질문과 호기심	상대방이 이야기의 방향을 이끌 수 있도록 열린 질문을 던진다.
	상대방의 이야기에 대해 더 알고 싶다는 호기심을 지속적으로 보인다.
침묵과 기다림	상대방이 침묵하거나 망설일 때 말을 끊거나 끼어들지 않고 여유를 가지고 기다린다.
관점 수용	상대방이 나와는 견해가 다를 수도 있다는 시각을 가지고, 상대방의 생각과 관점을 이해하려고 노력한다.

활용 방법

1. 체크리스트를 활용하여 자신의 대화 태도를 점검하고 개선할 점을 파악한다. 그리고 상대방의 말에 집중하고 비언어적 신호와 감정을 읽고 최대한 공감한다.
2. 대화 중 상대방이 하는 말의 요약과 확인을 통해 주요 대화 내용을 명확히 이해하고, 대화의 효과성과 상호 간의 신뢰를 높인다.
3. 적절한 열린 질문을 통해 대화를 이끌고, 상대방이 편안하게 이야기하도록 하는 동시에 열린 마음으로 상대방의 관점을 수용한다.

6절 코칭 대화 지원 자료

1 GROW 코칭 모델의 각 단계에서 활용할 수 있는 질문 목록

단계	주요 내용
Goal (목표 설정)	목표를 설정하고 대화의 결과에 대해 상호 합의하는 단계
Reality (현실 점검)	현실을 검토하고 코칭 대상자가 현재 일어나고 있는 일을 검토할 수 있도록 도움을 제공하는 단계
Options (대안 탐색)	니즈에 가장 적합한 대안이 무엇인지 살펴보고 코칭 대상자에게 가장 적합한 대안을 찾는 데에 집중하는 단계
Will (의지 확인)	코칭 대상자와 무엇을 하고 있는지, 언제까지 그것을 할 것인지, 성공을 어떻게 측정할 것인지에 대해 합의하고 코칭 대상자의 실행 의지를 확인하는 단계

Goal(목표 설정): 목표를 설정하고 대화의 결과에 대해 상호 합의하는 단계

목표 명확화 관련 질문

- 이 목표가 당신에게 중요한 이유는 무엇인가요?
- 현재 상황에서 달성하고 싶은 가장 큰 목표는 무엇인가요?
- 이 목표를 달성했을 때 어떤 변화를 기대하나요?
- 이 목표가 당신의 인생에 어떤 영향을 미칠 것 같나요?
- 이 목표는 당신의 장기적인 비전과 어떻게 연결되나요?

동기부여와 개인적인 의미 관련 질문

- 이 목표가 당신의 삶에서 어떤 의미를 갖고 있나요?
- 이 목표가 당신의 가치관이나 신념과 어떻게 연결되나요?
- 당신이 이 목표에 집중하는 이유는 무엇인가요?

- 이 목표를 통해 당신이 얻고자 하는 것은 무엇인가요?
- 이 목표를 이루었을 때 가장 기뻐할 당신은 어떤 모습일까요?

목표 설정 관련 질문

- 목표를 더 구체적으로 설명해주실 수 있나요?
- 이 목표가 현실적으로 얼마나 가능하다고 생각하나요?
- 언제까지 이 목표를 이루고 싶은가요?
- 목표를 이루기 위해 필요한 첫 번째 단계는 무엇인가요?
- 이 목표를 이루기 위해 필요한 자원(Resource)이나 지원은 무엇이 있을까요?

현재와의 연결 관련 질문

- 현재 상황에서 이 목표는 얼마나 중요한가요?
- 현재 상황에서 목표를 이루는 데 가장 큰 장애물은 무엇인가요?
- 현재 상황에서 이 목표를 어떻게 현실화할 수 있을까요?
- 현재 당신이 가진 자원(시간, 에너지, 지원)이 이 목표와 얼마나 잘 맞는다고 생각하시나요?
- 지금 당장 이 목표에 더 가까이 가기 위해 무엇을 할 수 있을까요?

목표의 중요성과 우선순위 관련 질문

- 이 목표가 다른 목표들과 비교했을 때 얼마나 중요한가요?
- 이 목표를 다른 것들보다 우선시해야 하는 이유는 무엇인가요?
- 이 목표가 장기적인 성공과 어떻게 연결되나요?
- 이 목표를 달성하지 않으면 어떤 일이 생길까요?
- 이 목표를 이루기 위해 희생해야 할 것은 무엇인가요?

Reality(현실 점검): 현실을 검토하고 코칭 대상자가 현재 일어나고 있는 일을 검토할 수 있도록 도움을 제공하는 단계

현재 상황 평가와 관련된 질문

- 지금 현재 상황을 어떻게 평가하시나요?
- 이 목표와 관련된 현재 위치는 어디쯤이라고 생각하나요?
- 지금 직면한 가장 큰 도전 과제는 무엇인가요?
- 현재 목표를 향해 나아가는 과정에서 어떤 진전을 이루었나요?
- 현재 상황에서 가장 자신 있는 부분은 무엇인가요?

강점과 자원 탐색 관련 질문

- 당신의 강점은 무엇인가요?
- 지금까지 목표와 관련해 무엇을 잘해왔나요?
- 이 목표와 관련하여 발휘할 수 있는 당신만의 특별한 능력은 무엇인가요?
- 목표를 이루기 위해 지금 당장 활용할 수 있는 자원은 무엇인가요?

약점과 장애물 파악 관련 질문

- 현재 상황에서 가장 큰 어려움은 무엇인가요?
- 목표 달성을 방해하는 주요 장애물은 무엇인가요?
- 당신이 가지고 있지 않은 자원이나 스킬은 무엇인가요?
- 지금 상황에서 가장 걱정되는 부분은 무엇인가요?
- 목표를 향해 나아가는 데 있어 어떤 실수가 가장 우려되나요?

시점과 시간적 요소 관련 질문

- 이 목표를 달성하기 위해 얼마나 많은 시간이 필요할 것 같나요?
- 현재 상황에서 시간을 어떻게 활용하고 있나요?
- 목표 달성을 위해 지금 당장 우선시해야 할 것은 무엇인가요?
- 현재의 시간 배분이 목표와 얼마나 일치하나요?
- 시간을 더 효율적으로 사용할 수 있는 방법은 무엇인가요?

감정과 태도 관련 질문

- 현재 상황에서 느끼는 가장 강한 감정은 무엇인가요?
- 현재 이 상황에서 당신의 동기부여 수준은 얼마나 높다고 생각하시나요?
- 목표를 향해 나아가는 과정에서 얼마나 자신감을 느끼고 있나요?
- 이 상황에서 자신을 어떻게 격려할 수 있을까요?
- 지금 느끼는 감정을 한 단어로 표현한다면 무엇인가요?

데이터와 사실 확인 관련 질문

- 현재 상황과 관련하여 구체적으로 확인할 수 있는 데이터나 증거는 무엇이 있나요?
- 목표와 관련하여 과거에 어떤 경험을 했나요?
- 현재 상황에서 가장 중요한 정보는 무엇이라고 생각하나요?
- 현재 상황을 숫자로 표현하거나 시각적으로 나타낸다면 어떤 모습일까요?
- 지금 가지고 있는 정보는 목표를 달성하는 데 얼마나 충분하다고 느끼나요?

행동과 결과 분석 관련 질문

- 지금까지 목표를 달성하기 위해 어떤 행동을 취했나요?

- 이러한 행동이 어떤 결과를 만들어냈나요?
- 지금의 행동 패턴에서 바꿔야 할 점은 무엇인가요?
- 현재의 행동이 목표와 얼마나 일치하나요?
- 행동의 결과를 더 효과적으로 측정할 수 있는 방법은 무엇인가요?

미래 대비 관련 질문

- 이 상황을 바꾸기 위해 앞으로 무엇을 할 수 있을까요?
- 현재 상황을 조금이라도 개선하기 위해 무엇을 시도할 수 있나요?
- 현재 상황에서 목표를 달성하기 위해 추가로 필요한 것은 무엇인가요?
- 앞으로 이 상황을 더 잘 관리하기 위해 무엇을 할 수 있을까요?
- 현재의 어려움을 기회로 바꿀 수 있는 방법에는 무엇이 있을까요?

Option(대안 탐색): 니즈에 가장 적합한 대안이 무엇인지 살펴보고 코칭 대상자에게 가장 적합한 대안을 찾는 데 집중하는 단계

아이디어 탐색 관련 질문

- 이 목표를 달성하기 위해 생각해볼 수 있는 가능한 모든 대안은 무엇이 있을까요?
- 지금 떠오르는 아이디어는 무엇인가요?
- 이 문제를 해결하기 위한 창의적인 방법은 무엇이 있을까요?
- 이 목표를 달성하기 위해 어떤 접근 방식을 활용할 수 있을까요?
- 요술 방망이를 쥐고 있다면 제일 먼저 어떤 방법을 시도해보고 싶나요?

가능성 평가 관련 질문

- 각각의 대안이 얼마나 현실적이라고 생각하나요?

- 이 대안들이 얼마나 실행 가능할 것 같나요?
- 지금 가장 실현 가능성이 높은 대안은 무엇인가요?
- 각 대안이 목표에 얼마나 효과적일까요?
- 각 대안이 단기적으로, 그리고 장기적으로 어떤 영향을 미칠까요?

기존 자원(Resource)의 활용 관련 질문

- 현재 자원을 활용할 수 있는 대안은 무엇인가요?
- 지금 가진 자원으로 할 수 있는 방법은 무엇인가요?
- 목표 달성을 위해 기존의 네트워크를 어떻게 활용할 수 있을까요?
- 현재 가지고 있는 지식과 스킬을 활용할 방법은 무엇인가요?
- 기존에 성공했던 방법 중 어떤 것을 다시 활용할 수 있을까요?

리스크(Risk) 탐색 관련 질문

- 각 대안의 가장 큰 리스크는 각각 무엇인가요?
- 특정 대안을 선택했을 때 어떤 어려움이 예상되나요?
- 이 대안이 실패할 가능성은 얼마나 될까요?
- 리스크를 최소화하기 위해 어떤 대안을 추가할 수 있을까요?
- 각 대안이 목표에 도달하지 못할 가능성은 얼마나 될까요?

창의적 접근 관련 질문

- 지금까지 생각하지 못했던 창의적인 대안은 무엇이 있을까요?
- 이 목표를 달성하기 위해 시도해볼 만한 완전히 새로운 방법에는 어떤 것이 있을까요?
- 기존의 방식을 벗어나려면 무엇을 시도해야 할까요?

- 이 문제를 해결하기 위한 최선의 방법은 무엇이라고 생각하시나요?
- 과거의 성공 사례에서 힌트를 얻으려면 어떤 방법을 활용할 수 있을까요?

실행 계획 관련 질문

- 각 대안을 실행하려면 어떤 단계를 거쳐야 할까요?
- 선택한 대안을 실천하기 위해 지금 당장 무엇을 할 수 있을까요?
- 가장 효과적인 대안을 실행하는 첫 번째 단계는 무엇인가요?
- 실행 계획이 실패하지 않도록 하기 위해 무엇을 할 수 있을까요?
- 실행 후 대안이 잘 이행하는지 평가하기 위해 어떤 지표를 사용할 수 있을까요?

대안 비교와 선택 관련 질문

- 말씀하신 대안들 중 가장 쉬운 방법은 무엇일까요?
- 모든 대안을 비교했을 때 가장 효과적인 방법은 무엇인가요?
- 단기적인 성공 가능성이 가장 높은 대안은 무엇인가요?
- 장기적으로 가장 효과적인 대안은 무엇인가요?
- 실행 가능한 대안들의 우선순위를 정한다면, 어떤 기준으로 순서를 매기고 싶나요? 그리고 그 이유는 무엇인가요?

장애물 극복 관련 질문

- 각 대안은 장애물에 어떻게 효과적으로 대응할 수 있을까요?
- 실행 과정에서 장애물이 발생한다면, 이를 해결하기 위해 어떤 대안을 활용할 수 있을까요?
- 예상되는 가장 큰 장애물은 무엇이며, 이를 극복하기 위한 해결책은 무엇인가요?

- 장애물을 극복하기 위해 계획을 조정한다면, 어떤 부분을 변경하고 싶나요?
- 장애물을 극복한 후 기대할 수 있는 결과는 무엇인가요?

Will(의지 확인): 코칭 대상자와 무엇을 하고 있는지, 언제까지 그것을 할 것인지, 성공을 어떻게 측정할 것인지에 대해 합의하고 코칭 대상자의 실행 의지를 확인하는 단계

실행 의지 확인 관련 질문

- 이 목표를 이루기 위해 어떤 결정을 내리셨나요?
- 지금 당장 실행할 준비가 되어 있나요?
- 이 목표를 달성하는 데 있어 얼마나 강한 의지를 가지고 있나요?
- 실행 과정에서 어떤 마음가짐을 가지고 접근하고 싶나요?
- 실행 의지를 더욱 높이기 위해 무엇이 필요할까요?

구체적 행동 계획 수립 관련 질문

- 이 목표를 위해 구체적으로 무엇을 할 계획인가요?
- 첫 번째로 무엇을 실행하고 싶은가요?
- 구체적인 실행 단계를 어떤 순서로 나눌 수 있을까요?
- 다음 24시간 안에 무엇을 실행할 수 있을까요?
- 목표를 달성하기 위해 하루 일정을 어떻게 조정할 수 있을까요?

지원과 자원 관련 질문

- 실행 계획을 성공적으로 달성하기 위해 어떤 지원이 필요할까요?
- 누구에게 도움을 요청할 수 있나요?

- 목표 달성을 위해 기존의 네트워크를 어떻게 활용할 수 있을까요?
- 필요한 자원은 어디서 구할 수 있나요?
- 현재 계획을 더욱 보완하려면 어떤 추가 자원이 필요할까요?

잠재적 장애물 대비 관련 질문

- 이 계획을 실행하면서 가장 큰 장애물은 무엇일까요?
- 예상되는 어려움을 어떻게 극복할 수 있을까요?
- 장애물을 극복하기 위한 구체적인 전략은 무엇인가요?
- 실행 도중 문제가 생긴다면 어떻게 대처할 생각인가요?
- 장애물을 피하거나 해결하기 위해 무엇을 준비할 수 있나요?

실행 동기 강화 관련 질문

- 목표를 이루었을 때의 기분은 어떨 것 같나요?
- 이 목표가 당신에게 중요한 이유는 무엇인가요?
- 이 목표를 달성하면 당신의 삶에 어떤 변화가 생길까요?
- 행동 계획을 실천하기 위해 스스로에게 어떤 동기부여를 해줄 수 있나요?
- 목표 달성을 축하하기 위해 스스로에게 어떤 보상을 준비하고 싶은가요?

진행 상황 점검 관련 질문

- 실행 계획이 진행되는 동안 스스로 어떻게 점검할 계획인가요?
- 진행 상황을 추적하기 위해 어떤 도구나 방법을 사용할 수 있나요?
- 계획이 잘 진행되고 있는지 확인하려면 어떤 기준을 세울 수 있을까요?
- 진행 상황을 점검하기 위한 주기는 어떻게 설정하고 싶은가요?
- 실행 도중 어떻게 진척 상황을 점검하고 피드백을 받을 생각인가요?

행동 계획 실행 후 피드백 관련 질문

- 행동 계획 실행 후 얻은 교훈은 무엇인가요?
- 행동 계획 실행 결과가 목표와 얼마나 일치했는지 어떻게 알 수 있을까요?
- 다음 단계로 나아가기 위해 무엇을 준비해야 할까요?
- 행동 계획 실행 후 무엇을 유지하고 무엇을 바꾸고 싶나요?
- 행동 계획 실행 후 더 나아질 수 있는 부분은 무엇인가요?

목표 지속 가능성 관련 질문

- 이 행동 계획을 지속적으로 유지하기 위해 어떤 방법을 활용할 수 있을까요?
- 행동 계획을 장기적으로 유지하려면 어떤 습관을 형성하는 것이 도움이 될까요?
- 목표가 변경되더라도 이 행동 계획을 유연하게 조정하려면 어떻게 해야 할까요?
- 행동 계획이 자연스럽게 일상이 되도록 하기 위해 어떤 루틴을 만들면 좋을까요?
- 목표를 달성한 이후에도 지속적인 발전을 위해 어떤 행동을 이어갈 수 있을까요?

참고문헌

제1장 - [Why] 금융 코칭의 모든 것: 코칭의 기본 이해와 코칭이 필요한 이유

1. 한국코치협회 홈페이지
   https://www.kcoach.or.kr/cms/FrCon/index.do?MENU_ID=140&CONTENTS_NO=1
2. 한국코칭심리협회 홈페이지
   https://www.ikcpa.or.kr/%EC%BD%94%EC%B9%AD%EC%9D%B4%EB%9E%80/
3. 국제코칭연맹 홈페이지
   https://coachingfederation.org/credentials-and-standards/core-competencies
4. 에노모토 히데타케. (2004) 마법의 코칭. 새로운제안
5. 티머시 골웨이. (2019) 이너게임. 가을여행
6. 피터 G. 노스하우스. (2018) 리더십 - 이론과 실제[제7판]. 경문사
7. 캐롤 드웩. (2023). 성장 마인드셋. 스몰빅라이프
8. 에이미 에드먼슨. (2019). 두려움 없는 조직. 다산북스
9. 에이미 에드먼슨. 하버드 비즈니스 리뷰, 2011년 4월
10. 나심 니콜라스 탈레브. (2018). 블랙스완. 동녘사이언스
11. 행정안정부(www.mois.go.kr). 대한민국 정책브리핑(www.korea.kr)
12. 2005 SEC 코칭 효과성 조사, 세일즈 임원 위원회 연구; 세일즈 리더십 라운드테이블 연구
13. 2005 SEC 코칭 효과 설문조사, 세일즈 임원 위원회 연구; 세일즈 리더십 라운드테이블 연구; 금융 서비스 CEO 위원회 연구
14. Bennis, Warren G. (2009). On Becoming a Leader. Basic Books

15. 존 코터. (2007). 기업이 원하는 변화의 리더. 김영사

16. 스티븐 코비. (2023). 성공하는 사람들의 7가지 습관. 김영사

17. 더글라스 맥그리거. (2006). 기업의 인간적 측면. 미래의창

제2장 - [How] 금융인을 위한 코칭 스킬: 어떻게 코칭할 것인가?

1. Mehrabian, A., & Wiener, M. (1967). Decoding of inconsistent communications. Journal of Personality and Social Psychology, 6(1), 109-114.

2. 데이비드 마이스터. (2009). 신뢰의 기술. 해냄

3. 존 휘트모어. (2019). 성과 향상을 위한 코칭 리더십. 김영사

4. 스티븐 코비. (2023). 성공하는 사람들의 7가지 습관. 김영사

5. 메리 올리버. (2015). 휘파람 부는 사람. 마음산책

6. 국립국어원 표준국어대사전 https://stdict.korean.go.kr/search/searchView.do?pageSize=10&searchKeyword=%ED%94%BC%EB%93%9C%EB%B0%B1

7. Bandura, A. (1977). Social Learning Theory. Prentice Hall

8. Losada, M., & Heaphy, E. D. (2004). "The Role of Positivity and Connectivity in the Performance of Business Teams". American Behavioral Scientist

9. Luft, J., & Ingham, H. (1955). The Johari window, a graphic model of interpersonal awareness. Proceedings of the Western Training Laboratory in Group Development. Los Angeles: University of California, Los Angeles

10. 리처드 윌리엄스. (2007). 피드백 이야기. 토네이도

저자소개

최 철 순

학　　력　서울시립대학교 경영학 석사

경　　력　㈜한국스탠다드차타드은행 인재개발부장
국제코칭연맹(ICF) 인증 전문코치 ACC
한국금융연수원 겸임교수
한국금융연수원 금융 리더 아카데미 - 코칭 과정 강사

금융인을 위한 코칭 가이드

초판1쇄　2025년 8월 12일
발 행 인　이준수
발 행 처　한국금융연수원 출판미디어사업부
03053 서울시 종로구 삼청로118
전　　화　02) 3700-1500
팩　　스　02) 3700-1530
홈페이지　www.kbi.or.kr
등　　록　1990년 4월 20일(제1-1040호)
I S B N　978-89-287-8281-9 13320　　〈정가 22,000원〉

※ 도서의 오류내용(오탈자 등)을 제보해주시어 채택되신 분께는 소정의 상품을 보내드리오니 독자 여러분들의 많은 참여 바랍니다(상세정보는 www.kbi.or.kr 참조)

※ 본 도서의 내용은 한국금융연수원의 견해와 다를 수 있습니다.

한국금융연수원 자격검정시험 안내

• 「국가공인자격」은 자격기본법에서 정한 기준과 절차에 따라 국가가 공인한 자격으로 신용분석사, 여신심사역, 국제금융역, 자산관리사(FP), 신용위험분석사(CRA), 외환전문역 I종, 외환전문역 II종 등 7개의 자격이 있습니다.

• 「자체인증자격」은 우리 원이 인정, 수여하는 자격으로 공개시험형 자체자격인 프라이빗 뱅커(CPB), 은행텔러, 영업점 컴플라이언스 오피서(은행)(보험)(증권), KBI 금융DT 테스트 등 6개 자격이 있습니다.

구분	자 격 명 (공인/등록번호)	응시료	자격소개
국가공인자격	신용분석사 (제2024-1호) (2008-0438)	전과목 : 6만원 1부 : 2만5천원 2부 : 3만5천원	금융회사의 여신관련 부서에서 기업에 대한 회계 및 비회계자료 분석을 통하여 종합적인 신용상황을 판단하고 신용등급을 결정하는 등 기업신용 평가업무를 담당하는 금융전문가
	여신심사역 (제2024-2호) (2008-0439)	전과목 : 6만원 1부 : 2만5천원 2부 : 3만5천원	금융회사의 여신심사 담당자로서 경제상황과 기업의 재무, 비재무상태 등을 분석, 파악하여 적정한 대출심사 의견서 작성, 대출이율 및 대출기간 결정 등 대출실행 여부를 판단하고 자금의 효율적 운용, 대손 방지를 위한 제반조치, 여신의 법률적 검토, 사후관리업무 등 여신업무와 관련한 종합적인 업무를 수행하는 금융전문가
	국제금융역 (제2021-1호) (2008-0440)	전과목 : 6만원 1부 : 3만원 2부 : 3만원	금융회사의 국제금융 관련 부서에서 국제금융시장의 동향파악, 분석 및 예측 등을 통하여 외화자금의 효율적 조달과 운용업무를 담당하고 이에 따른 리스크관리 등 국제금융 관련 업무를 수행하는 금융전문가
	신용위험분석사(CRA) (제2020-2호) (2008-0442)	1차 : 7만원 2차 : 8만원	금융회사 및 기업신용평가기관 등에서 개인과 기업에 대한 신용상태를 조사평가하고 신용위험을 측정 · 관리하는 여신전문가
	자산관리사(FP) (제2020-1호) (2008-0441)	전과목 : 5만원 1부 : 2만5천원 2부 : 2만5천원	금융회사 영업부서의 PB(Private Banking) 팀에서 고객의 수입과 지출, 자산 및 부채현황, 가족상황 등 고객에 대한 각종 자료를 수집, 분석하여 고객이 원하는 Life Plan 상의 재무목표를 달성할 수 있도록 종합적인 자산설계에 대한 상담과 실행을 지원하는 금융전문가
	외환전문역 I종 (제2020-1호) (2008-0436)	전과목 : 5만원	금융회사의 외환업무 중 외국환 거래 법규 및 외환거래실무를 이해하고 고객의 외화 자산에 노출되는 각종 외환 리스크를 최소화시키는 등 주로 개인 외환과 관련된 직무를 담당
	외환전문역II종 (제2020-1호) (2008-0436)	전과목 : 5만원	금융회사의 외환업무 중 수출입업무 및 이와 관련된 국제무역규칙을 이해하고 외환과 관련된 여신 업무를 수행하는 등 주로 기업 외환과 관련된 직무를 담당
자체인증자격	은행텔러 (2008-0437)	전과목 : 5만원	창구에서 일어나는 제반업무에 대해 신속하고 친절한 업무수행과 정확한 업무처리로 고객에게 도움을 주고 상담을 통해 문제해결을 하도록 도와주는 금융전문가
	영업점 컴플라이언스 오피서(은행) (2010-0118) (보험, 증권) (2013-0702,0703)	전과목 : 각 4만원	금융회사의 영업점에서 준법관련 법규와 감독기관의 감독규정이 정한 내용과 취지를 충분히 이해하고 업무 수행과정에서 이를 준수하며, 영업점에서 발생 가능한 금융사고 및 민원사항이 발생하지 않도록 사전적 예방 차원에서 그 준수사항의 이행을 점검하는 금융전문가(은행, 보험, 증권 분야별로 자격이 구분됨)
	프라이빗뱅커 (CPB) (2018-004091)	1차: 10만원 2차: 33만원 내외 (실무교육)	개인고액자산가의 자산 및 수익증대를 실현하기 위해 금융분야 전반에 걸쳐 종합적인 금융상담과 실행을 지원할 수 있는 최고급 수준의 금융자산설계전문가
	KBI 금융DT 테스트 (2021-001872)	전과목 : 4만원	금융인 및 예비금융인을 대상으로 디지털금융 전반에 대한 기본지식과 업무활용능력 등 금융DT 관련 기본역량 평가

소비자 알림사항

• 상기 "프라이빗뱅커(CPB)", "영업점컴플라이언스 오피서(은행)(보험)(증권)", "KBI 금융DT 테스트", "은행텔러" 자격은 자격기본법 규정에 따라 등록한 민간자격으로, 국가로부터 인정받은 공인자격이 아닙니다.

• 민간자격 등록 및 공인 제도에 대한 상세내용은 민간자격정보서비스 (www.pqi.or.kr)의 '민간자격 소개'란을 참고하여 주십시오.

기타

• 응시료 환불 규정 : 접수기간 중 100%, 접수기간 종료 후 시험일 5일전 18시까지 50% 환불/이후 환불 불가

• 자격 공인번호는 재공인시점에 따라 변경될 수 있으며, 응시료, 환불규정 등은 응시 시점에 따라 변경될 수 있으니 자격시험 응시 전 반드시 한국금융연수원 홈페이지에서 응시하고자 하는 자격시험에 관한 최신 정보를 확인하시기 바랍니다. 자격시험에 관한 자세한 사항은 한국금융연수원 홈페이지를 참조하시기 바랍니다.

• 주소 : 서울특별시 종로구 삼청로 118 / TEL : 02-3700-1500 / 홈페이지 : www.kbi.or.kr